# Metamorfoses do racismo

Flávio Thales Ribeiro Francisco

# Metamorfoses do racismo

## Uma história do ativismo negro nos Estados Unidos

ZAHAR

*Grafia atualizada segundo o Acordo Ortográfico da Língua Portuguesa de 1990, que entrou em vigor no Brasil em 2009.*

*Capa*
Julia Custódio

*Foto de capa*
National Archives photo nº 306-SSM-5F-63-5152

*Preparação*
Diogo Henriques

*Checagem*
Érico Melo

*Índice remissivo*
Probo Poletti

*Revisão*
Ana Alvares
Nestor Turano Jr.

Dados Internacionais de Catalogação na Publicação (CIP)
(Câmara Brasileira do Livro, SP, Brasil)

---

Francisco, Flávio Thales Ribeiro
Metamorfoses do racismo : Uma história do ativismo negro nos Estados Unidos / Flávio Thales Ribeiro Francisco. — 1ª ed. — Rio de Janeiro : Zahar, 2025.

Bibliografia.
ISBN 978-65-5979-236-8

1. Ativismo 2. Ciências políticas 3. Desigualdades sociais 4. Negros – Condições sociais 5. Negros – Estados Unidos 6. Racismo – Estados Unidos 7. Sociologia política I. Título.

25-286279 CDD-305.80973

---

Índice para catálogo sistemático:
1. Ativismo negro : Estados Unidos : Relações raciais : Sociologia 305.80973

Eliete Marques da Silva — Bibliotecária — CRB-8/9380


EDITORA SCHWARCZ S.A.
Praça Floriano, 19, sala 3001 — Cinelândia
20031-050 — Rio de Janeiro — RJ
Telefone: (21) 3993-7510
www.companhiadasletras.com.br
www.blogdacompanhia.com.br
facebook.com/editorazahar
instagram.com/editorazahar
x.com/editorazahar

*Dedicado aos meus filhos Catarina e Thales*

# Sumário

# Introdução

No dia 20 de janeiro de 2025, Donald Trump tomou posse como presidente dos Estados Unidos, retornando ao poder após um primeiro mandato entre 2017 e 2020. Durante a campanha eleitoral, emitiu uma série de declarações racistas, seja abordando temas associados à imigração ilegal seja ressaltando aspectos das experiências afro-americanas no país. Dessa forma, ficava claro que em seu segundo mandato não haveria qualquer tipo de contenção de extremistas associados com os movimentos de supremacia branca. Se em sua primeira passagem pela Casa Branca Trump havia flertado com supremacistas, que entraram em conflito com grupos progressistas e manifestantes antirracistas nas ruas após sua derrota em 2020, na campanha para a reeleição ele dobrou a aposta e impulsionou os ataques às minorias raciais por meio de um Partido Republicano cada vez mais radicalizado. Assim, mesmo sem o controle do governo federal, os republicanos deram início ao desmonte de políticas de inclusão de minorias raciais no âmbito estadual, principalmente em escolas e universidades.

A disputa pela presidência com a candidata democrata Kamala Harris, uma mulher negra com ascendência jamaicana e indiana, colocou em cena o confronto entre dois imaginários sobre a sociedade norte-americana. De um lado, o trumpismo vislumbrando um horizonte de recuperação de uma era idealizada de prosperidade das classes trabalhadoras e médias brancas, de outro o simbolismo de Harris, que, assim como Barack Obama, representava a ascensão de uma ordem multicultural no país, reivindicando o reconhecimento das populações não brancas no desenvolvimento dos Estados Unidos, sem incluir os problemas das dinâmicas de classe. De qualquer forma, estava em disputa, se levarmos em consideração a teoria do historiador Gary Gerstle, duas tradições distintas de nacionalismos que se configuraram em diferentes épocas na história do país. Há momentos em que as forças políticas confluem para um nacionalismo étnico, que associa a cidadania de primeira classe ao privilégio racial, se organizando em torno da ideia de nação branca. Em outros, emergem as noções de um nacionalismo cívico, que evoca a igualdade entre os cidadãos, afirmando uma democracia capaz de incorporar diferentes grupos sociais independentemente de suas origens.

A volta triunfal de Donald Trump de pronto deu indícios de que a tradição de nacionalismo étnico vai se revigorar nos próximos quatros anos, intensificando uma hostilidade direcionada para as iniciativas de inclusão de minorias raciais. Depois de difundir fake news sobre haitianos que comiam cães, durante a eleição de 2024, Trump já nos primeiros dias na Casa Branca tomou medidas para iniciar a prometida deportação em massa de imigrantes ilegais. Através de uma ordem executiva, também tentou suspender a cidadania por direito de nascença para filhos de imigrantes. Além disso, iniciou a desarticulação de políticas de promoção da diversidade, dando impulso à restauração de uma "meritocracia" para constituir uma ordem social menos "injusta" para os brancos. No trumpismo, a raça cumpre a função de eixo organizador que reposiciona as hierarquias raciais constituídas historicamente, articulando símbolos supremacistas e mobilizando políticos e empresários com trajetórias e posturas ligadas ao campo da extrema direita, como Elon Musk.

Assim, organizações e lideranças negras encaram um cenário cada vez mais hostil, que limita sua capacidade de exercer influência e pressão sobre as políticas públicas e as instituições do Estado. Contudo, como acompanharemos ao longo deste livro, a história do ativismo afro-americano é marcada pelas construções e transformações de agendas políticas que respondem às metamorfoses do racismo. Dito de outra forma, a estrutura de desigualdades baseada na distinção racial segue sendo reproduzida, embora o atual repertório de práticas racistas não mais se sustente numa doutrina que ganha a forma de ações governamentais forjadas para garantir uma ordem social segregada.

No início do século XX, entretanto, as correntes ideológicas que fundamentavam o nacionalismo étnico eram a ordem do dia, viabilizando toda a estrutura institucional de separação racial e também a violência física que faria o país ganhar a fama de "inferno racial". Não sem motivo, muitos afro-americanos foram procurar em outras sociedades vias e referências alternativas de convívio.

No ano de 1923, por exemplo, o jornalista e ativista negro Robert Abbott teve uma breve passagem pelo Brasil. Em visita às cidades do Rio de Janeiro e de São Paulo, observou as dinâmicas das relações raciais e entrevistou profissionais negros que haviam ascendido socialmente. A intenção de

Abbott era comprovar a existência de uma fraternidade racial brasileira, ideia disseminada entre uma parcela dos norte-americanos desde o período da escravidão.[1] O jornalista, a partir do imaginário em torno do paraíso racial brasileiro, elogiado por figuras importantes como o abolicionista negro Frederick Douglass, procurava entender como os brasileiros e os latino-americanos haviam construído ordens sociais multirraciais sem as tensões existentes nos Estados Unidos. Através do jornal *The Chicago Defender*, de alcance nacional e do qual foi fundador, Abbott denunciava a violência racial e, ao mesmo tempo, identificava alternativas à brutalidade das relações raciais no país. O sucesso de seu periódico lhe permitiu mobilizar os recursos para fazer uma viagem pela América Latina e se posicionar como testemunha ocular da realidade de outras experiências negras nas Américas.

Robert Abbott, de acordo com seus próprios relatos, teve hospedagem negada em hotéis do Rio de Janeiro e de São Paulo, e enfrentou hostilidades também em outras cidades, como Buenos Aires. O jornalista, entretanto, não considerou as discriminações sofridas na América Latina como práticas associadas a um regime racista, como nos Estados Unidos. O que acabou prevalecendo em sua perspectiva foi a representação das sociedades latinas como ordens sociais racialmente harmoniosas. Uma questão fundamental para ele foi a suposta ausência de certas práticas de violência racial, como os linchamentos e os enforcamentos frequentes em seu país.[2] Além disso, verificou uma presença relevante de "negros" nos extratos superiores da sociedade brasileira, contrastando profundamente com as dinâmicas sociais norte-americanas. Abbott chegou a afirmar que o país já havia sido governado por um negro: o presidente Nilo Peçanha, que apresentava traços físicos de sua ascendência africana, ainda que ela não fosse reconhecida pelos brasileiros.

Embora muitos negros em São Paulo, ao dialogarem com Abbott, apontassem o preconceito de cor entre os brasileiros, o *Chicago Defender* reproduziria a visão idílica da América Latina entre o público afro-americano, por mais de dez anos. O paraíso racial brasileiro construído no periódico de Abbott começou a ser desconstruído em uma outra jornada, empreendida pelo intelectual e jornalista negro norte-americano George Schuyler. Estimulado pela possibilidade de integração racial nas Forças Armadas, Schuyler resolveu viajar e testemunhar a presença dos negros nas fileiras militares latino-americanas em 1948. Diferentemente de Abbott, ele identificou uma pobreza negra comum em países como Cuba, Venezuela, Colômbia e Brasil, e percebeu que, mesmo se tratando de sociedades miscigenadas para o olhar norte-americano, elas apresentavam um outro padrão de racismo. Nas Forças Armadas, segundo seus relatos, os negros estavam presentes e não eram segregados, embora raramente fossem promovidos aos níveis superiores. Em parte, a desconfiança de George Schuyler com os paraísos raciais da América Latina tinha relação com sua postura conservadora e a adesão ao excepcionalismo da democracia norte-americana — ele afirmava frequentemente que, mesmo com todos os seus problemas, o melhor lugar do mundo para os negros ainda eram os Estados Unidos.

Outra figura importante que se dedicou a escrever sobre as sociedades latino-americanas foi o ativista negro Abdias Nascimento, que naquele momento se destacava na liderança do

Teatro Experimental do Negro (TEN). Em um breve encontro, relatado tanto pelo *Pittsburgh Courier* — jornal que publicava os textos de Schuyler — quanto pelo periódico *O Quilombo*, editado pelo TEN, Nascimento criticou a noção de democracia racial brasileira e apontou para Schuyler as minúcias das dinâmicas raciais no Brasil.[3] Ao retornar aos Estados Unidos, Schuyler, assim como Robert Abbott em 1923, publicou uma série de textos sobre a experiência na América Latina, mas negou a existência das fraternidades raciais.

Nos Estados Unidos, ao mesmo tempo que se questionava a ideia de paraísos raciais na América Latina no pós-guerra, uma série de mudanças institucionais, como veremos, alterariam a percepção de parte do ativismo afro-americano sobre a democracia, diminuindo profundamente o interesse dos negros pelas relações raciais brasileiras em um momento de articulação do Movimento pelos Direitos Civis nas comunidades segregadas do Sul.[4] No entanto, é importante frisar como as viagens de Robert Abbott e George Schuyler, além de escritos produzidos por outras lideranças negras, revelam o caráter comparativo do debate sobre relações raciais nos Estados Unidos. Em diferentes momentos históricos, os intelectuais afro-americanos olharam para as relações raciais em outras nações para pensar estratégias de integração racial e reimaginar a democracia. Dessa forma, o exercício intelectual e a mobilização política no país foram pensados em uma perspectiva transnacional.

No caso do Brasil não foi diferente. É difícil discutir as relações raciais no país sem recorrer a uma lógica comparativa. Seja para afirmar ou, principalmente, negar a existência do racismo, os brasileiros sempre se remetem aos Estados Unidos, apontando para a violência da Ku Klux Klan, não presente no Brasil, ou questionando a ausência do "Martin Luther King brasileiro". No mesmo período em que Abbott elogiava as relações raciais aqui, o militante negro José Correia Leite e seus colegas no jornal *O Clarim d'Alvorada* observavam algumas iniciativas dos afro-americanos, enfatizando os desafios da violência racial nos Estados Unidos e a necessidade de elaborarem suas próprias estratégias para as especificidades do "preconceito de cor" no Brasil.[5] Para eles, era importante acompanhar os "irmãos da América do Norte", mas sem esquecer que os negros brasileiros e as populações negras nos Estados Unidos tinham histórias distintas e que os avanços obtidos lá só poderiam ser alcançados no Brasil a partir de um repertório que respondesse às nossas dinâmicas sociais.

Contudo, as narrativas que prevaleceram ao longo do século XX, na perspectiva comparativa entre as relações raciais no Brasil e nos Estados Unidos, foram a do inferno racial norte-americano e a da democracia racial brasileira. Os discursos sobre a excepcionalidade das dinâmicas raciais no Brasil ganharam suas versões mais sofisticadas entre os pioneiros das ciências sociais e, posteriormente, passaram a fundamentar o senso comum de que não existia o "problema de raça" no país.[6] A noção de um Brasil formado pela união de três raças no século XIX ganhou corpo e se transformou em discurso oficial da nação brasileira a partir da era Vargas. Enquanto explorávamos as imagens de confronto racial nos Estados Unidos, também mobilizávamos imagens de interação inter-racial em uma sociedade extremamente desigual para afirmar a existência da harmonia entre as raças no Brasil em um processo intenso de "mistura racial".

A partir da década de 1960, os acadêmicos começaram a questionar a democracia racial brasileira, apontando para as práticas racistas que comprometiam a mobilidade social dos negros e revelavam um padrão de racismo aqui.[7] Vinte anos depois, começaram a ser organizados os estudos sobre as desigualdades raciais no país, reforçando ainda mais a noção de um racismo sistemático que não desapareceria com a modernização da sociedade brasileira.[8] Porém, mesmo com os fortes indícios da existência de um racismo à brasileira, persistiu no senso comum um imaginário sobre o excepcionalismo do país, que continuava a tratar as tensões cotidianas como episódicas e a recorrer às narrativas da presença de um racismo efetivo somente nos Estados Unidos e na África do Sul. Nesse sentido, foi necessária a mobilização do movimento negro brasileiro, ao longo da redemocratização, para iniciar a desconstrução da representação do paraíso racial constituída ao longo do século XX.

O Brasil havia identificado seu lugar na modernidade como a nação que havia impulsionado um processo civilizatório que expressou sua universalidade na harmonização das raças, que em outros espaços nacionais se encontrariam em conflito. À medida que assumia o desafio de compreender a singularidade brasileira, a intelligentsia criava narrativas que sustentariam a democracia racial e a lógica comparativa genérica que reforçava o caráter violento das relações de raça nos Estados Unidos. Portanto, o exercício comparativo, que ganhava suas versões populares, limitou as possibilidades de compreensão do racismo norte-americano. Sob a chave do inferno racial, restringimos as dinâmicas sociais dos Estados Unidos a um birracialismo violento marcado pelas cruzes flamejantes da Ku Klux Klan, o enfrentamento de grupos raciais em centros urbanos, o radicalismo de algumas organizações negras e o assassinato de lideranças como Malcolm X e Martin Luther King.

O distanciamento provocado pelo discurso comparativo comprometeu a possibilidade de entendermos as complexidades das relações raciais nos Estados Unidos. As diferenças entre o racismo brasileiro e o norte-americano estão presentes nas instituições, no perfil demográfico e nas ideologias, constituindo hierarquias raciais com dinâmicas distintas. Um elemento importante nas relações raciais nos Estados Unidos ao longo da história, por exemplo, foi a supremacia branca. Os historiadores, ao analisarem a estruturação do racismo no país, não se ocuparam somente da subalternidade dos descendentes de africanos, mas também do processo de racialização dos descendentes de europeus, que se operou de maneira diversa à da América Latina.[9] As colônias britânicas que deram origem aos Estados Unidos formaram populações majoritariamente brancas que escravizaram os africanos e avançaram sobre os territórios indígenas.

Os colonos britânicos, ao organizarem as primeiras atividades econômicas, recorreram a diferentes modalidades de trabalho forçado que envolveram não somente indígenas e africanos, mas ingleses, escoceses e irlandeses que passaram pelo regime de servidão a fim de pagar dívidas ou cumprir sentenças da Justiça britânica. A condição desses trabalhadores não era de servidão perpétua, ao contrário dos africanos, cuja condição de escravizados foi determinada por códigos que decidiram uma fronteira entre o trabalho forçado de europeus e a escravidão definitiva. Entre os séculos XVII e XVIII, esses códigos já estavam sistematizados de forma a estabelecer uma hierarquia racial entre brancos e negros, mesmo que, em várias circunstâncias, estes desempenhassem as mesmas funções e compartilhassem os mesmos espaços de trabalho. A precarização de segmentos da população branca reforçou a importância da branquitude como um capital social para manter o distanciamento simbólico entre os brancos empobrecidos sem propriedades e os africanos escravizados.[10]

No século XIX, esse capital social se consolidou com a construção de uma linguagem que dignificava o trabalho braçal dos brancos, valorizando a ideia de contratação, ou a venda da força de trabalho. Nesse sentido, a classe trabalhadora branca constituiu sua própria subjetividade, que, entre 1800 e 1860, se expressou em práticas culturais que revelavam as tensões com as elites norte-americanas, por um lado, e, por outro, com os negros escravizados, sobretudo os livres, que passaram a formar comunidades na Filadélfia e em Nova York. Esse é o período histórico em que emergiu uma cultura popular que celebrava a branquitude e popularizava as representações caricatas dos negros por meio do *blackface*. O surgimento da classe trabalhadora branca foi essencial para a constituição da supremacia branca enquanto um conjunto de crenças que embasavam a ideia de que a nação havia sido fundada por brancos e deveria assegurar o privilégio dos descendentes de europeus sobre as minorias raciais. As ideias supremacistas, que foram encarnadas pela Ku Klux Klan, tiveram grande circulação nas primeiras décadas do século XX e ultrapassaram as contingências temporais, manifestando-se por meio de comemorações de uma memória confederada que ainda hoje enaltecem uma ordem social escravocrata.

O padrão de racialização norte-americano constituiu uma ordem social na qual a eurodescendência se transformou não somente em capital político como também em um amplo repertório de práticas culturais que orientou as experiências de parte da população branca. Essa celebração da branquitude, de caráter popular, foi uma engrenagem importante na hierarquia racial norte-americana que transcendeu o birracialismo branco/negro e subalternizou outros grupos, como chineses, judeus, mexicanos e populações europeias que não se enquadravam na branquitude anglo-saxã. O racismo, que teve como pilar histórico fundamental a escravidão, desumanizou sistematicamente os descendentes de africanos e hierarquizou outros sujeitos racializados associados a outras modalidades de trabalho. A complexidade do sistema envolveu o trabalho precário de chineses no Oeste e a exploração de italianos e irlandeses em cidades como Chicago e Nova York.

Durante o governo de Theodore Roosevelt (1901-9), os europeus hierarquizados começaram a se integrar à sociedade sob a ideia do melting pot, discurso que valorizava a fusão de culturas a uma matriz norte-americana, mas que não incorporava asiáticos, latinos, indígenas e negros. Nesse período, vigorava no país, por exemplo, a Lei de Exclusão Chinesa, de 1882, que proibia a imigração de trabalhadores chineses por dez anos e foi renovada posteriormente.[11] Os trabalhadores brancos da Califórnia haviam feito pressão para que se controlasse o fluxo de chineses que tinham sido empregados na construção das linhas férreas no estado, mas começaram a competir por espaço na mineração durante a Corrida do Ouro. Os apoiadores da exclusão chinesa procuraram, com a Lei de Imigração de 1924, estender a proibição a outras populações de imigrantes racializados, como japoneses, indianos e grupos do Oriente Médio. As três primeiras décadas do século XX, portanto, redefiniram as fronteiras entre as populações brancas e aquelas enquadradas pelas hierarquias raciais dos Estados Unidos.

Ao mesmo tempo que as instituições da democracia se consolidavam, uma variedade de mecanismos foi empregada para definir o cidadão padrão no país. A raça, enquanto dispositivo por excelência de desumanização, a partir de diferentes dinâmicas ao longo da história, reforçou as desigualdades entre os eurodescendentes e as demais populações racializadas. Enquanto um dos pilares fundantes da nação norte-americana, a escravidão dos afrodescendentes transformou o racismo antinegro num eixo estruturador das relações raciais. Assim como em outras sociedades escravocratas, o pós-abolição nos Estados Unidos não marcou o início de um processo gradual de integração social dos negros, tendo constituído um arranjo político que criou novas hierarquias raciais por meio de códigos segregacionistas que reorganizaram a subordinação da população afro-americana. Os espaços segregados foram reproduzidos em todo o território nacional, ganhando certa institucionalidade no Sul e se sustentando informalmente nas cidades do Norte.

A história do racismo norte-americano é muito mais complexa do que um simples inferno racial. Além de hierarquizar diversos grupos racializados por meio de diferentes repertórios de subalternização, ela se transformou ao longo do tempo. Não apenas reenquadrou os negros na transição entre a escravidão e o segregacionismo, como se reconfigurou no momento em que se imaginou que a sociedade superaria o problema da raça com os avanços impulsionados pelo ativismo negro na década de 1960. O Movimento pelos Direitos Civis foi incorporado às narrativas de excepcionalidade da nação, que consideravam o suposto fim do racismo como o último estágio de evolução da democracia norte-americana. A ascensão e a consolidação de uma classe média negra, nessa perspectiva, expressava o caráter democrático de uma sociedade que enfim expurgava a supremacia branca. No entanto, mais uma vez, o racismo se reelaborou a partir de um novo conjunto de práticas racistas, fundamentadas na guerra às drogas e no encarceramento em massa.

Os Estados Unidos, assim como outras sociedades estruturadas pela raça, ingressavam em uma era de racismos contemporâneos, marcada pelo fim do colonialismo, do apartheid e do segregacionismo. Nesse contexto, as práticas racistas mais violentas foram criminalizadas nas formalidades inclusivas das democracias liberais,[12] porém, mesmo que o léxico liberal alimentasse o discurso de indiferença à cor da pele, as práticas institucionais e as percepções sobre as alteridades culturais continuaram a fomentar o imaginário sobre a raça, fundamentando a violência policial e a precarização do trabalho das populações racializadas. As hierarquias raciais, portanto, foram reorganizadas nas contradições entre as molduras democráticas e os repertórios racistas reatualizados ao longo de tempo.

No caso dos Estados Unidos, a ascensão de figuras como Colin Powell, Condoleezza Rice, Barack Obama e Kamala Harris serviu de referência para reforçar a capacidade do país de integrar grupos historicamente marginalizados. Contudo, a violência sistemática das forças policiais sobre as comunidades afro-americanas, que provocou uma reação através de levantes em várias cidades do país liderados pelo movimento Black Lives Matter, acabou por revelar a persistência das práticas racistas na era pós-direitos civis. Essas tensões também estão presentes em outros países, como o Reino Unido, onde pessoas identificadas como imigrantes foram agredidas após a vitória do Brexit, ou a França, com o racismo pós-imperial que discrimina os descendentes de argelinos e senegaleses sob discursos do universalismo republicano.

As trajetórias das hierarquias raciais não são lineares; alguns avanços antirracistas são acompanhados de reações racistas. A possibilidade de inclusão e de quebra das dinâmicas de exclusão dos grupos racializados quase sempre enfrenta os ressentimentos dos grupos historicamente estabelecidos. Dessa forma, sociedades estruturadas racialmente passam por processos nos quais políticas de integração e promoção da igualdade convivem com a violência sistemática das forças policiais. O racismo não é consequência natural de choques culturais, mas de relações de poder que desumanizam e organizam a exploração das populações racializadas. Assim, as relações sociais estão sempre abertas ao retrocesso. O mesmo Estado que impõe legislações antirracistas também pode conduzir políticas destinadas a desmontar as redes sociais de apoio e promover a repressão sobre os grupos marginalizados. Nesses contextos, as democracias liberais revelam diferentes dimensões de violência, que implicam eventos como os assassinatos de George Floyd, Jenifer Gomes, Breonna Taylor, Ketellen Gomes, Michael Brown, Eric Garner, Freddie Gray, Sandra Bland, Rekia Boyd, Kauan Peixoto, Adama Traoré,

Kauã Rozário, Tanisha Anderson, Kauê Ribeiro, Ágatha Félix, João Pedro Mattos, Rodrigo Cerqueira e Kathlen Romeu.

Trataremos neste livro, em uma perspectiva histórica, das articulações do ativismo negro e das estratégias de luta nos Estados Unidos, a partir das primeiras décadas do século XX, contra o racismo, que se transformou ao longo dos anos. O objetivo é organizar temas e questões que permitam quebrar as ideias simplistas de inferno racial, apontando para as complexidades da sociedade norte-americana no tocante às relações raciais. Acompanharemos aqui, principalmente, a trajetória de organizações e lideranças negras e a diversidade de correntes ideológicas que procuraram responder aos desafios impostos pelas práticas racistas sustentadas pelas instituições ou por segmentos supremacistas da população branca. Esse percurso do ativismo afro-americano acompanha eventos importantes no país. Portanto, este livro também apresenta uma narrativa histórica dos Estados Unidos, mas sob a perspectiva das experiências negras.

No primeiro capítulo, abordaremos a institucionalização do movimento negro no país. A intenção é identificar certas correntes ideológicas e posições políticas que respaldaram agendas conservadoras, integracionistas, nacionalistas e socialistas. No segundo, acompanharemos a trajetória do ativismo negro durante a Grande Depressão e as respostas das lideranças negras às políticas implementadas pelo New Deal, que obrigaram as organizações negras a reorganizar os repertórios de ações políticas em um momento de profunda crise econômica. No terceiro capítulo, trataremos da ascensão do Movimento pelos Direitos Civis na década de 1960, levando em consideração as aberturas institucionais estimuladas pela

Guerra Fria e as mudanças nas estruturas sociais dos centros urbanos do Sul que propiciaram a mobilização de uma ampla base política nas comunidades negras para confrontar os supremacistas brancos. Além disso, destacaremos também a radicalização de lideranças e organizações a partir de 1966, que delineou uma cultura política distinta da agenda de figuras como Martin Luther King. No último capítulo, discutiremos as mudanças ocorridas na era pós-direitos civis, observando os processos socioculturais, econômicos e políticos que reorganizaram o racismo nos Estados Unidos e deram forma ao atual cenário, com o retorno dos supremacistas brancos ao mainstream e a ascensão de um novo ativismo negro.

# 1. O novo negro

## Tempos de segregação

Em 1895, o educador negro Booker T. Washington fez um discurso diante da elite proprietária da cidade de Atlanta. Seu objetivo era demonstrar o engajamento de lideranças negras no processo de desenvolvimento econômico da população afro-americana. Washington enfatizou que a prioridade da agenda negra, sobretudo no Sul do país, não era a luta pela igualdade de direitos. Havia, em sua perspectiva, um estágio anterior a ser encaminhado: os afro-americanos deveriam primeiramente aprender a construir a própria casa, incorporar técnicas para desenvolver a produção agrícola e assimilar valores como a livre iniciativa para a formação de redes de comércio, que estimulariam a emergência de economias especificamente negras no país. Booker T. Washington acreditava que os libertos formavam uma classe em atraso, que deveria passar por um processo profundo de aperfeiçoamento antes de se alinhar à modernidade norte-americana.[1]

Seu discurso ficou marcado pela metáfora da relação "entre dedos em uma mão", imagem com a qual o educador sinalizava caminhos paralelos para negros e brancos nos Estados Unidos. As populações negras e brancas eram dedos separados em uma mão, mas deveriam, dependendo das circunstâncias, se articular para a busca de um objetivo comum. Para as elites brancas do Sul do país, onde se concentravam os afro-americanos, devido à escravidão, a agenda de Washington surgira como uma solução para os conflitos raciais. Desde a abolição, em 1865, as forças conservadoras sulistas desenvolviam estratégias para garantir a manutenção das hierarquias raciais locais, enquadrando principalmente a mão de obra negra em modalidades de exploração similares à escravidão.[2] Nesse projeto, a segregação racial aparecia como o principal instrumento para a consolidação de uma nova ordem social controlada pelas elites brancas. A moderação de Washington foi considerada uma posição política interessante para a formação de comunidades segregadas.

A trajetória de Booker T. Washington acompanha todo o processo de institucionalização da segregação racial nos Estados Unidos. Nascido em 1856, foi um escravizado no estado da Virgínia, viveu a Guerra Civil (1861-5) e, depois da abolição, testemunhou os esforços de lideranças negras e de quadros radicais do Partido Republicano para prover os libertos com recursos a fim de garantir sua cidadania em um país marcado por 246 anos de escravidão. Quando jovem, o educador acessou uma rede de escolas técnicas e instituições de ensino superior que tinham a função de impulsionar a integração econômica e social do povo negro.

Sua agenda foi um produto dos embates políticos em nível federal que tiveram consequências nos estados do Sul. Dentre as fraturas na classe política que marcam a história norte-americana ao longo do século XIX, a mais importante dizia respeito ao sistema escravocrata e culminou na intransigente disputa entre o projeto político dos estados do Sul, que defendiam a manutenção do regime escravista, e o dos estados do Norte, que consideravam a escravidão um entrave para a economia. A Guerra Civil foi resultado do aprofundamento desse confronto e teve como consequência o fim da escravidão no país.

Na historiografia norte-americana, o período que se seguiu a esse conflito é conhecido como Reconstrução (1865-77). Nesse momento, os Estados Unidos passaram por um esforço de restauração do pacto federativo. Como a guerra foi vencida pela União (o grupo do Norte), algumas lideranças republicanas em torno do presidente Abraham Lincoln aproveitaram o capital político da vitória para promover políticas de inclusão dos libertos. Além de iniciativas no campo da educação, terras incorporadas durante o conflito foram disponibilizadas ao recém-formado campesinato negro. Os projetos de inclusão foram articulados pela Agência dos Libertos, que, com muita dificuldade, financiou através do Banco dos Libertos empreendimentos negros no Sul do país.[3] Os estímulos governamentais tiveram alguns resultados positivos, sobretudo na política. A presença das forças militares da União nos estados do Sul conteve o ímpeto dos supremacistas brancos, possibilitando a formação de um amplo eleitorado negro. A expansão dos direitos, considerada um ultraje pelos racistas, abriu espaço para a ascensão de uma classe política afro-americana em estados como o Mississippi.

Entretanto, alguns dos avanços no período enfrentaram resistência sistemática de ex-escravocratas ligados ao Partido Democrata nos estados do Sul. Após o assassinato de Lincoln, por exemplo, o presidente Andrew Johnson procurou incorporar e perdoar as elites sulistas envolvidas na guerra.

Johnson seguiu a orientação de Lincoln de restabelecer a União sem necessariamente fazer cobranças rigorosas, como a que dizia respeito à inclusão dos libertos. Durante a Reconstrução, ele acabou por colaborar com a instauração de uma ordem social hierarquizada, comprometendo vários experimentos de integração dos ex-escravizados, como a proposta de concessão de terras que ficou conhecida como "Quarenta acres e uma mula". Andrew Johnson enfrentou uma oposição ferrenha de congressistas republicanos a partir da aprovação da Décima Quarta Emenda, que garantia a cidadania dos libertos e a igualdade de todos os cidadãos perante a lei.[4]

Mas as transformações do período não foram proporcionadas somente pelas dinâmicas das políticas de Estado. A população negra desempenhou uma função importante desde a Guerra Civil, fugindo de fazendas e aderindo às tropas do Norte para combater as forças escravocratas. Em um primeiro momento, não havia por parte de Lincoln nenhum interesse em abolir a escravidão; sua prioridade era restaurar a União, pacificando os estados rebeldes. Entretanto, um levante popular dos negros desintegrou o escravismo no país, de modo que a única alternativa naquele momento era reconhecer o fim da ordem social escravista. Em meio ao processo de construção de uma cidadania negra nos Estados Unidos, os negros resistiram às tentativas de reconstituição de modalidades de trabalho compulsório na era da Reconstrução. Assim, enquanto houve um amparo das forças militares do Norte nos estados do Sul, a população negra atuou em diferentes dimensões a fim de garantir a igualdade de direitos em uma sociedade ainda imersa na cultura escravocrata.[5]

Na década de 1870, quando os republicanos perderam o fôlego, as portas para a inclusão dos afro-americanos se fecharam. Nesse momento, Booker T. Washington iniciava seus estudos no Hampton Institute, escola profissionalizante que formou importantes lideranças negras no Sul do país. Assim, à medida que o educador ganhava destaque ao advogar o ensino técnico para a juventude negra, uma hierarquia racial que somente seria desmantelada na década de 1960 começava a se reestruturar. O retorno dos democratas ao poder nos estados sulistas resultou na criação de códigos que afastavam os afro-americanos das urnas e legalizavam a segregação racial em espaços públicos. O racismo segregacionista, portanto, não foi uma consequência natural da escravidão; foram as elites do Sul, apoiadas por setores das classes populares e das elites políticas do Norte, que constituíram uma nova ordem social racista no pós-abolição, após um período de avanços na inclusão social dos libertos.

Quando Booker T. Washington se transformou na maior liderança negra dos Estados Unidos, a segregação racial já se consolidava no Sul. Em meio a uma hierarquia racializada sustentada por uma série de práticas violentas, como o enforcamento, Washington procurou construir uma agenda para as comunidades negras sem enfrentar diretamente os supremacistas brancos. Assim, ao buscar uma cooperação entre negros e brancos sem desafiar os códigos segregacionistas, conquistou o apoio de setores da elite sulista. Dentre os projetos que impulsionou com recursos de apoiadores como Andrew Carnegie e John D. Rockefeller, um dos mais importantes foi o Tuskegee Institute, onde Washington promoveu a formação de professores negros para as escolas segregadas e uma educação prática que valorizava o trabalho braçal nas zonas agrícolas. Mais tarde, com a ascensão de uma nova geração de ativistas negros baseados nas cidades do Norte, o educador seria acusado de aceitar os termos dos supremacistas brancos ao não apoiar a formação de uma classe de intelectuais negros. Em sua autobiografia, ele debochou daqueles que aprendiam grego e latim mas não conseguiam elaborar projetos de ordem prática, como construir uma casa.

Booker T. Washington nunca defendeu a segregação racial, apenas procurou responder aos anseios da população negra sulista que enfrentava a violência racial no cotidiano. Sua trajetória, contudo, nos ajuda a compreender o processo de construção de uma nova ordem racial nos Estados Unidos. Em 1896, um ano após o discurso que marcara a emergência de Washington como a grande figura da militância negra no país, a Suprema Corte legalizava as práticas segregacionistas com a sentença do caso Plessy v. Ferguson, que decidiu, por 7 a 1, que a segregação racial não violava a Constituição, apesar da Décima Quarta Emenda.[6] A interpretação dos juízes do Supremo ficou conhecida como "Iguais, mas Separados". O argumento dos defensores dessa doutrina era que a segregação, por si só, não transgredia os valores da democracia norte-americana, já que não havia a associação direta entre separação racial e distribuição desigual dos recursos públicos.

A segregação nos estados do Sul, que implicou a separação de espaços para negros e brancos, ficou conhecida informalmente como Jim Crow. O nome vem de um personagem de Thomas Rice que ganhou popularidade entre as massas em apresentações no Bowery Theater de Nova York, nas quais o ator e dramaturgo pintava a face de preto a fim de ridicularizar o estilo de vida dos negros sulistas.[7] As primeiras leis com o objetivo de segregar racialmente espaços de parques, restaurantes, zoológicos, transporte público e cabines telefônicas, entre outros, foram promulgadas já na década de 1870. A intenção dos supremacistas era evitar ao máximo o contato entre negros e brancos, e essa obsessão levou a regulações que até mesmo proibiam as relações íntimas e os casamentos inter-raciais. A segregação, entretanto, não se restringiu ao âmbito dos costumes. Como se tratava de um projeto de poder, as autoridades também aprovaram leis exigindo o pagamento de taxas de registro de eleitores e testes de alfabetização. Tal iniciativa vedou a participação no processo eleitoral não somente à grande maioria dos negros como também a uma grande parcela de brancos dos segmentos populares. Na Louisiana, o declínio do voto negro foi de cerca de 96%; no Mississippi, em uma população de 300 mil, apenas 3500 eleitores negros estavam habilitados a votar.[8]

Contudo, a era do Jim Crow foi muito além da mera aprovação de leis; o repertório segregacionista contava com a participação ostensiva de grupos racistas, como a Ku Klux Klan, que ameaçava negros, judeus e católicos que questionavam o "estilo de vida do Sul". O grupo funcionava como uma espécie de sociedade secreta, e ganhou terreno durante a Reconstrução ao mobilizar diferentes setores das populações brancas preocupados com o fortalecimento político dos afro-americanos. A população negra almejava uma cidadania de primeira classe e lutava pela participação política, e a população branca interpretava as políticas inclusivas do período como uma subversão da ordem natural sustentada pela superioridade racial dos brancos. Os discursos de lideranças negras e de republicanos radicais não foram interpretados como o anúncio de uma nova fase de um processo civilizatório, mas apenas como retórica da barbárie.

Um traço marcante do grupo era a vestimenta, composta de capuzes pontiagudos e túnicas brancas que preservavam a identidade dos membros. A Ku Klux Klan organizava encontros secretos, mas também se manifestava publicamente para amedrontar aqueles que ousavam desafiar os códigos segregacionistas. A organização, de certa forma, era a manifestação articulada de práticas brutais que transcendiam as sociedades secretas racistas, uma vez que o repertório violento do Jim Crow se revelava também em hordas que se levantavam espontaneamente e linchavam negros em várias cidades do Sul. Em muitas ocasiões, quando havia a percepção generalizada de que um cidadão negro violara os códigos segregacionistas, as forças populares passavam por cima das autoridades policiais e da Justiça local para impor seu próprio veredicto. O racismo norte-americano do início do século XX pode ser ilustrado pelas imagens de enforcamentos ou desmembramento de negros em praça pública, espetáculos com grande presença do público infantil e cujas fotografias eram tratadas como cartões-postais.[9]

Nesse período, estudiosos já produziam relatórios sobre o fenômeno do linchamento nos Estados Unidos. Entre as principais motivações identificadas para a explosão do número de tais agressões estavam o medo das relações inter-raciais e de pequenas transgressões sociais. Cerca de 25% dos casos de linchamentos de negros foram baseados em alegações de estupro, raramente comprovadas. Vários casos exemplificam o caráter dramático dessa modalidade de violência. Ao adentrar uma sala na qual estavam sentadas três mulheres brancas, Keith Bowen foi considerado um infrator e linchado por toda a vizinhança. Já Jesse Thornton foi linchado em Luverne, no Alabama, por não utilizar o tratamento "senhor" ao se dirigir a um policial. Jeff Brown, por sua vez, foi espancado por populares ao esbarrar em uma mulher branca quando se apressava para alcançar o trem. Os linchamentos não tinham como objetivo afirmar a justiça social, mas manter o controle sobre as populações negras. As turbas violentas entravam em ação quando as populações brancas, movidas pelo preconceito racial, percebiam que as linhas raciais estavam sendo transgredidas.

Em 1904, o furor racista ganhou proporções macabras na cidade de Doddsville, no Mississippi. Depois de ter sido acusado de assassinar um proprietário de terras branco, Luther Holbert foi capturado, junto com a esposa, arrastado e amarrado em praça pública diante de centenas de pessoas. Os justiceiros arrancaram os dedos do casal e os distribuíram como relíquias, para depois arrancarem as orelhas e golpearem a cabeça dos dois até os olhos saltarem das órbitas. As famílias presentes trataram o linchamento como um evento qualquer, com comida e bebida, como se estivessem participando de um piquenique. O enforcamento e o esquartejamento de cidadãos negros eram práticas naturalizadas em várias comunidades do Sul.

Entretanto, os alvos da violência nem sempre foram os indivíduos suspeitos de violar os códigos segregacionistas. Não faltam registros históricos de comunidades negras que foram varridas por hordas de brancos enfurecidos, muitas vezes estimuladas por políticos ou comerciantes interessados em destruir economias prósperas que poderiam competir com seus empreendimentos. Em outros casos, como na cidade de Hernando, também no Mississippi, empregadores contratavam gangues para dar uma lição em trabalhadores negros que ousavam desafiar as relações de trabalho. Em 1918, o reverendo T. A. Allen foi assassinado com vários tiros, e seu corpo arremessado em um rio, com o objetivo de desarticular a formação de um sindicato de trabalhadores agrícolas que confrontaria os proprietários de terras. O capitalismo que se estruturou no Sul do país não expurgou o legado do sistema escravista, apenas incorporou as práticas racistas para aprofundar a exploração dos trabalhadores negros.

Na virada entre os séculos XIX e XX, consolidava-se a ideia de que os Estados Unidos eram uma nação singular, graças às diferentes correntes migratórias europeias que lhe garantiam uma suposta superioridade racial. Ainda que as ideias racistas que sustentavam as diferenças biológicas fossem questionadas por acadêmicos, a cultura popular, por todo o país, incorporava diferentes discursos sobre o excepcionalismo das populações brancas norte-americanas. A supremacia branca tinha repercussões domésticas e internacionais, marginalizando as populações não brancas da sociedade e legitimando as ações imperialistas dos Estados Unidos na América Central e na região do Pacífico. Historiadores como Reginald Horsman observaram como a identidade nacional norte-americana se transformou ao longo da história, deixando de se orientar somente por matrizes religiosas ou republicanas para assumir uma natureza racializada.[10] No contexto de então, o traço identitário fundamental do norte-americano já não era necessariamente o protestantismo, podendo se transmutar em um anglo-saxonismo.

O governo do presidente Theodore Roosevelt (1901-9) representou essa face da supremacia branca nos primeiros anos do século XX. Embora tenha recepcionado Booker T. Washington na Casa Branca, provocando a ira dos racistas no país, o líder republicano nunca apoiou qualquer iniciativa para conter a violência racial nos estados do Sul. Roosevelt encampou um projeto de inclusão de imigrantes europeus, celebrando o melting pot, um discurso que enaltecia a fusão de culturas e etnias que convergiriam para um americanismo.[11] Este caldeirão de culturas, no entanto, não incorporava as experiências de negros, latinos e chineses; a identidade norte-americana, naquele momento, era orientada apenas pela pluralidade cultural europeia. Assim, enquanto uma minoria política, os afro-americanos se viam obrigados a desafiar as práticas violentas do repertório racista e a simbologia europeizada que sustentava a identidade nacional dos Estados Unidos.

Nesse período, portanto, se iniciou o processo de inclusão econômica e simbólica dos imigrantes europeus e seus descendentes. Theodore Roosevelt abordou as diferenças sociais na sociedade norte-americana e criticou o papel do baronato do capitalismo que formava oligopólios e comprometia o funcionamento da democracia. O sentimento de justiça social do presidente, entretanto, não contemplou os afro-americanos. As dinâmicas políticas e econômicas que impulsionavam o progresso social de diferentes setores da sociedade norte-americana tinham um impacto muito pequeno sobre os negros, principalmente sobre a maioria que se concentrava nas comunidades sulistas. Desse modo, a moderação de Booker T. Washington, com sua filosofia de acomodação, bastante difundida na virada do século, procurou responder a uma hierarquia racial que se reestruturava e mantinha os negros como um elemento fora da órbita da ordem social dos Estados Unidos. No entanto, como veremos, um conjunto de fatores sociais, políticos e econômicos provocaria mudanças importantes nas relações raciais no país, possibilitando a emergência de novos atores no ativismo negro e novas agendas políticas que competiriam com as redes articuladas pelo ilustre educador.

## A Grande Migração e a formação das metrópoles negras

Em 1892, a redação do jornal negro *The Free Speech* foi empastelada por uma turba de brancos racistas furiosos com a disposição do jornal em defender empreendedores negros que haviam sido ameaçados por seus concorrentes na cidade de Memphis. Entretanto, a destruição da estrutura do periódico não era o único objetivo dos agressores. O principal alvo era a ativista negra Ida B. Wells, referência na luta contra os linchamentos no Sul e do movimento de sufragistas negras que vinha então se articulando. Assim que surgiram as primeiras ameaças, os editores do *Free Speech* abandonaram a redação e desapareceram. Wells, entretanto, insistiu em sua aguerrida campanha de defesa do comerciante negro. Naquele momento, ela não somente promovia um debate intelectual sobre o padrão de relações sociais no Sul do país, como também revelava sua vocação para enfrentar a face mais violenta do Jim Crow. Mas a destruição das dependências do jornal a obrigou a deixar Memphis e se instalar em Chicago. Quando a horda racista reagiu, ela estava na Filadélfia. Se estivesse na cidade ou, pior, presente na redação, certamente teria sido agredida.

O caso de Ida B. Wells ajuda a ilustrar um fenômeno comum da experiência afro-americana no século XIX que se acentuou nas primeiras décadas do século XX: o deslocamento de indivíduos e grupos negros do Sul para outras regiões do país, revelando sua insatisfação com a violência ou com as condições econômicas das comunidades sulistas. Um movimento comum no período escravocrata foi a fuga de escravos, que procuravam acessar uma rede de caminhos alternativos construída por abolicionistas que conduziam os fugitivos do Sul para cidades menos hostis. Em algumas ocasiões, para evitar qualquer possibilidade de reescravização, os negros que deixavam as plantações do Sul preferiam iniciar uma nova vida no Canadá.[12] Havia também, nesse período, uma pequena classe de negros livres que mudava de cidade em busca de ambientes mais favoráveis para a atuação profissional. Nota-se, portanto, que a experiência da migração é marcante entre os afro-americanos, respondendo não somente às dinâmicas econômicas, mas também às dinâmicas das relações raciais nos Estados Unidos.

No período pós-abolição, com a constituição dos regimes segregacionistas do Sul, sustentados pela repressão institucional e a violência popular, trabalhadores e famílias negras começaram a pegar a estrada em número cada vez maior para os grandes centros urbanos, de modo a evitar as práticas mais violentas de racismo nas zonas rurais. No caso de Ida B. Wells, que contava com o apoio de uma rede de ativistas e intelectuais, a mudança para uma cidade do Norte foi menos complicada do que a da maioria dos trabalhadores que abandonavam seus postos sem avisar os empregadores, pois poderiam ser reprimidos pelas polícias locais, que também cumpriam o papel de controladores da mão de obra. Num primeiro momento, a tendência entre os migrantes negros foi a de se deslocar das áreas rurais para as áreas urbanas no próprio Sul. Havia, na época, uma percepção de que os estados da região não se recuperariam da crise econômica que se arrastava desde o desmantelamento do sistema escravista. Contudo, a situação era muito mais complexa, e estados como a Flórida e o Texas apresentavam avanços econômicos interessantes.[13]

Assim, algumas ilhas de prosperidade no Sul atraíam trabalhadores negros das zonas rurais, sobretudo New Orleans, Birmingham, San Antonio, Dallas e Houston. O perfil dos migrantes era de homens jovens que não se identificavam com o trabalho agrícola tradicionalmente realizado por suas famílias. Entretanto, quando os parques industriais começaram a impulsionar as economias de algumas cidades na região, mesmo os mais velhos partiram e deixaram suas terras e seu estilo de vida para trás. Os passos seguintes, portanto, envolveram o aprendizado da vida urbana e a luta para acessar o mercado de trabalho que se constituía nesses centros. Os postos na indústria ofereciam remunerações maiores do que as atividades da economia rural, e possibilitavam aos negros uma margem de autonomia que não estava disponível no campo, onde a hierarquia racial era muito mais rígida.

Essa tendência migratória teve início na década de 1890, mas só começou a ter impacto demográfico nas primeiras décadas do século XX. Nesse período, foram constituídos grandes parques industriais em cidades como Chicago, Detroit,

Nova York, Boston e Pittsburgh. As primeiras ondas de trabalhadores negros, no entanto, foram obrigadas a enfrentar a hostilidade de espaços urbanos marcados pela pluralidade de nacionalidades já estabelecidas. Desde a década de 1850, imigrantes alemães, irlandeses, poloneses e italianos, entre outros, formavam a mão de obra típica das cidades do Norte.[14] Os sindicatos que então se organizavam obviamente não abriram espaço para os negros que chegavam do Sul, sendo as tensões étnicas e raciais um traço da cultura operária que se formava nos centros urbanos. Além das rivalidades raciais, havia também enfrentamentos entre os trabalhadores nativos e os grupos mais numerosos de imigrantes, como os irlandeses, por exemplo.

A Primeira Guerra Mundial, contudo, teria forte impacto sobre o mercado de trabalho nesses grandes centros. Além da interrupção do fluxo regular de trabalhadores imigrantes europeus, já havia na indústria norte-americana o estímulo para a produção de armas, que atenderia à demanda dos países da Europa envolvidos no confronto. O crescimento da produção aumentou a necessidade de operários e abriu caminho para a contratação de negros e mulheres, movimento que se intensificou com a entrada dos Estados Unidos na guerra, em abril de 1917, e a convocação de milhares de trabalhadores para defender o país.[15]

A migração da mão de obra para as indústrias, entretanto, não foi uma operação simples. Os capitalistas precisaram recorrer a agentes, incumbidos de divulgar os postos de trabalho e, se possível, financiar a viagem dos futuros operários. Nas zonas rurais do Sul, onde os proprietários de terras utilizavam táticas para coagir a força de trabalho, esses agentes encontraram dificuldades e tiveram a vida ameaçada. E, ainda que o perfil principal dos trabalhadores que deixavam as cidades do Sul fosse de pessoas com experiência em grandes centros urbanos e capacidade de custear a própria viagem, a migração então não era um processo nada fácil, sobretudo para os cidadãos negros, já que era necessário, durante o trajeto, cruzar cidades hostis e se expor à violência até chegar ao destino desejado. Os mais pobres não tinham condições de pagar as passagens de trem e se arriscavam em carroças ou até em longuíssimas viagens a pé.

As cidades escolhidas pelos migrantes eram aquelas que ofereciam as melhores oportunidades econômicas e o acesso mais fácil. Chicago, que se transformaria em uma das mecas dos trabalhadores negros, era uma espécie de terminal ferroviário, facilitando o deslocamento daqueles que haviam deixado o Sul. Outro aspecto importante levado em conta na escolha da destinação era a capacidade das redes e instituições negras locais de acolhê-los assim que chegassem. Apesar da pequena quantidade de afrodescendentes nas cidades do Norte antes de 1900, já havia algumas localidades onde comunidades de negros livres constituídas durante a escravidão tinham estabelecido empreendimentos.[16] Os pioneiros, como eram popularmente conhecidos, haviam iniciado redes de comércio semelhantes àquelas formadas nos estados do Sul. As igrejas, que já cumpriam um papel importante nessas comunidades, também foram fundamentais para o acolhimento e a adaptação dos trabalhadores a um novo ambiente. Desse modo, Nova York, Detroit, Chicago e Filadélfia se transformaram nos principais polos de atração dos negros sulistas. Os quarteirões da região sul de Chicago logo foram tomados por milhares de famílias negras, e o bairro do Harlem, em Nova York, ganharia a fama de grande centro de produção cultural afro-americana.

Um termo também utilizado para descrever esse fenômeno foi "êxodo". Em diversas regiões do Sul caracterizadas pela concentração de populações negras era possível agora encontrar uma sucessão de terrenos e casas abandonadas. Não faltam, nos registros históricos, debates entre proprietários de terras e empreendedores sobre os impactos negativos da migração em massa dos negros. Se os mais racistas comemoravam o êxodo, os mais pragmáticos refletiam sobre as medidas que deveriam ser adotadas para manter os trabalhadores ou atraí-los de regiões vizinhas. Entre 1914 e 1920, cerca de 700 mil afro-americanos deixaram os estados do Sul rumo às cidades do Norte. Após uma breve recessão entre 1918 e 1921, o fluxo migratório foi retomado. Entre 1910 e 1930, a Carolina do Sul perdeu cerca de 280 mil trabalhadores negros; a Geórgia, 335 mil; o Alabama, 150 mil; e o Mississippi, cerca de 200 mil. No mesmo período, Nova York recebeu 335 mil; a Pensilvânia, 185 mil; o Michigan, 125 mil; e o estado de Illinois, 190 mil.[17]

Embora, em muitos aspectos, se encontrassem em melhores condições que no Sul do país, os trabalhadores negros também se viram diante de práticas discriminatórias nas cidades do Norte. Em geral, ocupavam as atividades que exigiam maior esforço físico e ofereciam remuneração mais baixa, mesmo quando apresentavam experiência anterior e qualificação. Aqueles que vinham de famílias estruturadas, com formação superior, eram muitas vezes obrigados a abrir mão de suas qualificações para assumir trabalhos braçais. Nas fábricas de aço de Pittsburgh, por exemplo, os trabalhadores negros eram recrutados para manipular os metais e as caldeiras de aço. A justificativa dos patrões era que eles, por conta da ascendência africana, eram capazes de resistir às altíssimas temperaturas. Em Chicago, nas atividades de processamento de carne, eram os trabalhadores negros os responsáveis pela remoção das vísceras dos animais, geralmente feita nos espaços mais insalubres das instalações. A mesma lógica era reproduzida com as mulheres negras, obrigadas a assumir o risco de tarefas perigosas, como lavar roupas no vapor.[18]

Apesar das dificuldades, os negros continuaram a se deslocar para o Norte. Entre os brancos do Sul, havia a aposta de que eles não suportariam as baixas temperaturas e logo retornariam a suas terras de origem. O que os estudiosos do assunto apontam é que, na verdade, a partir de 1920 teve início uma segunda fase do processo de migração, em que os trabalhadores que haviam acumulado recursos financeiros começaram a trazer seus parentes, reforçando cada vez mais as redes familiares, que tornavam a experiência do deslocamento menos árdua. A percepção das populações negras que se instalavam nos grandes centros do Norte era de que as dificuldades no mercado de trabalho eram em muito compensadas pela sensação de liberdade. O funil não estava vedado, nem era tão estreito; alguns profissionais negros haviam conseguido ascender socialmente e se transformaram em referências para os demais, que ainda decidiam se a mudança para o Norte poderia transformar significativamente seu nível de vida.

Nesse contexto de mudanças, a imprensa negra se tornou fundamental. Os periódicos negros, sobretudo aqueles de circulação nacional, passaram a divulgar as cidades do Norte como uma espécie de refúgio para o terror racial das comunidades sulistas. Uma consulta às primeiras páginas dos semanários é mais do que suficiente para perceber o esforço dos editores em promover a Grande Migração. Os jornais negros, que historicamente haviam sofrido com a baixa taxa de alfabetização da população negra e o empastelamento das redações pelos supremacistas brancos do Sul, foram impulsionados pelas comunidades que cresciam nos grandes centros do Norte. Os jornalistas chegaram à conclusão de que o fluxo migratório era extremamente positivo, pois formaria um amplo público leitor, que não sofreria com as repressões racistas, incrementando a formação de uma esfera pública negra.

Desde 1827, esses periódicos cumpriam a missão de difundir as ideias de intelectuais e líderes negros. O *Freedom's Journal*, primeira publicação negra da história dos Estados Unidos, promoveu o debate sobre o abolicionismo e combateu os ataques dos grandes órgãos da imprensa norte-americana às comunidades livres. O órgão estimulou a criação de outras publicações que, ao longo do tempo, formaram a imprensa negra. Entretanto, as limitações estruturais impostas pela escravidão mantiveram os jornais em um certo nível de precariedade.[19] No período de ascensão de Booker T. Washington, seus projetos angariaram de conservadores um financiamento que ajudou a estabelecer uma rede de veículos de comunicação alinhados à sua agenda moderada. Washington manteve publicações no Sul e apostou em jornais do Norte, como o *New York Age*, para ampliar sua base nacional de leitores. Independentemente das mudanças de agenda ao longo dos anos, esses periódicos foram fundamentais para fortalecer o senso de comunidade entre as populações negras dos Estados Unidos.

Quando essas comunidades começaram a florescer no Norte do país, seus periódicos sofreram grandes transformações. Além do estabelecimento de um público leitor, as organizações políticas e a intelectualidade negra ganhavam espaço e se articulavam em redes amplas sem sofrer ataques violentos. Esses fatores propiciaram a "profissionalização" do jornalismo negro. Se em 1900 os editores tiravam dinheiro do próprio bolso para garantir a circulação dos jornais, em 1915 já era possível identificar alguns periódicos que revelavam traços empresariais. O *Chicago Defender*, fundado por Robert Abbott, saiu na frente e estabeleceu um padrão de excelência para a imprensa negra. Abbott, que começou a editar o *Defender* em 1905, em um pequeno quarto na região sul de Chicago, emergia na década de 1920 como uma das principais figuras da esfera pública negra. Seu jornal passou a circular nacionalmente, transcendendo os espaços urbanos do Norte e alcançando os pequenos povoados do Sul.[20]

O *Chicago Defender*, nesse período, chegou a uma tiragem de cerca de 250 mil exemplares. Outras publicações — como o *Baltimore Afro-American*, o *New York Age*, o *Boston Guardian*, o *Pittsburgh Courier* e o *Norfolk Journal and Guide* — logo chegariam perto do nível do jornal de Abbott, ampliando o espaço para uma diversidade de posições políticas no debate sobre as experiências afro-americanas. Apesar da variedade de periódicos, havia quase um consenso no tocante à representação do Sul como o inferno dos negros. As páginas dos jornais, sobretudo os mais sensacionalistas, abusavam de notícias sobre linchamentos, e os editoriais recomendavam a migração como o único meio de se salvar da violência das hordas racistas do Sul.

O *Chicago Defender* não somente demonizou os estados sulistas como criou a representação das metrópoles negras, sob o argumento de que cidades como Chicago, Nova York e Detroit eram espaços inclusivos para os negros. Ao folhearem o jornal, os leitores visualizavam imagens de uma modernidade negra, com mulheres e homens consumindo produtos de luxo e frequentando espaços de entretenimento como o teatro e bailes dançantes.[21] Também não faltavam anúncios de imóveis que contrastavam o terror do Sul com uma vida próspera nos centros urbanos do Norte. Uma figura muito comum nessas narrativas era Madam C. J. Walker. Sua trajetória era utilizada como exemplo de pessoa negra que havia lutado contra a pobreza e trabalhado arduamente para realizar o sonho de enriquecer. Walker nasceu em uma família de escravos na Louisiana, na qual aprendeu técnicas de alisamento de cabelo. Apesar dos contratempos da vida pessoal, como a obrigação de sustentar os filhos após a morte do marido, ela arquitetou uma rede de distribuição de produtos capilares que a transformou na primeira milionária afro-americana da história dos Estados Unidos.[22]

O investimento de alguns órgãos da imprensa negra nessas representações sobre as metrópoles não era necessariamente um exagero de propaganda. As comunidades negras que surgiam nas cidades do Norte revelavam aspectos muito positivos. Um deles era obviamente o acesso às urnas: os cidadãos negros podiam votar e disputar eleições, algo quase impossível nos estados do Sul. Assim que os quarteirões negros passaram a formar cinturões nos mapas das metrópoles do Norte, as máquinas republicanas e democratas passaram a disputar o voto dessa população, principalmente nas eleições municipais. Os republicanos tinham a vantagem de poder explorar a figura de Abraham Lincoln, que na época possuía um enorme apelo entre os afro-americanos. Apesar de todos os problemas de sua biografia, como a simpatia pelos projetos de emigração dos negros para o continente africano e a falta de convicção para abolir a escravatura, ele gozava do papel de grande libertador da raça negra.

Assim, as máquinas partidárias, que já trabalhavam com uma lógica étnica de segmentação do eleitorado nas comunidades imigrantes em Nova York e Chicago, por exemplo, começaram a incorporar também o eleitorado negro. Isso significava que os afro-americanos passariam a disputar agendas e pautar os debates políticos durante as eleições. Outro ponto importante foi a emergência de uma classe política negra nessas metrópoles. Os políticos republicanos e democratas, em busca do voto desse segmento da população, além de fazerem promessas de campanha, foram obrigados a incorporar lideranças negras às suas redes clientelistas. Em Chicago, por exemplo, Oscar De Priest explorou as redes do Partido Republicano para participar de eleições locais e, mais tarde, concorrer à Câmara dos Representantes. De Priest, assim como a maioria dos habitantes do Cinturão Negro, tinha vindo do Sul do país, crescido no Alabama e iniciado sua vida profissional em Chicago.[23] Ele começou como pintor de paredes e logo se transformou em agente imobiliário. Após fazer fortuna com suas atividades profissionais, ingressou na política e foi eleito para a câmara municipal em 1915, demonstrando a força do eleitorado negro. Em 1928, enfim, chegou à Câmara dos Representantes, sendo posteriormente reeleito. Durante todo esse período, foi o único negro.

À medida que aumentavam as populações negras nas cidades do Norte, florescia também ali uma cultura negra. A Grande Migração não foi responsável pelo deslocamento somente de milhares de trabalhadores, mas também de artistas que percebiam a abertura que a música negra poderia encontrar nessas metrópoles. A mesma lógica das redes familiares que se estruturavam e permitiam que os parentes alcançassem as cidades do Norte se reproduziu no universo da música, ampliando a circulação nacional de instrumentistas formados na cultura musical do Sul. O jazz, dessa maneira, se transformaria em trilha sonora da cultura negra que pulsava nas metrópoles. As paisagens de Nova York, Chicago, Detroit e outras cidades seriam tomadas por clubes que abriam espaço para os talentos musicais formados em diferentes cidades sulistas, sobretudo New Orleans.[24]

Os especialistas do jazz afirmam que o gênero foi tomando forma ao longo das primeiras décadas do século XX, a partir das dinâmicas de trocas culturais no Sul e, mais tarde, nas cidades do Norte. New Orleans, na Louisiana, aparece nas narrativas como um dos berços do jazz. O gênero não foi necessariamente criado na cidade, visto que havia uma rede de músicos que se estendia entre os vários estados do Sul, mas ela oferecia o ambiente propício para forjá-lo. O estado da Louisiana, que durante um bom tempo foi uma colônia francesa, reunia ingredientes que transcendiam a birracialidade observada nas colônias britânicas, e seus espaços de contato não violentos entre africanos, franceses e espanhóis impulsionaram as fusões culturais que desencadeariam os rudimentos do jazz. Os músicos negros, convivendo com a heterogeneidade cultural europeia, incorporaram elementos que enriqueceram o legado rítmico africano.

Quando a Grande Migração se transformou em um fenômeno demográfico, a diversidade de bandas que conservavam certas características regionais começou a seguir alguns parâmetros, definindo um padrão instrumental. O trompetista assumiu a liderança do grupo, acompanhado pelo clarinete, o trombone e os demais instrumentos. Sem uma definição clara de sua origem, o termo "jazz" se popularizou na época com a ascensão da Original Dixieland Jass Band. O grupo, formado majoritariamente por brancos, foi um dos pioneiros na difusão do gênero musical nas cidades do Norte. Nesse mesmo período, em 1922, Louis Armstrong chegou a Chicago, a convite de King Oliver, para se juntar à Creole Jazz Band. Nesse sentido, o músico, que se tornaria uma das figuras icônicas do jazz, também seguiu os passos daqueles que procuravam por oportunidades de trabalho no Norte do país. Armstrong, que nasceu em New Orleans em 1901, teve uma vida conturbada desde pequeno, tendo sido abandonado pelos pais e entregue temporariamente aos cuidados da avó. Com uma infância marcada pela criminalidade e pela igreja, oscilou entre os dois mundos, até que iniciasse sua imersão na música. Louis Armstrong incorporou o espírito de inovação de músicos negros que transformaram e popularizaram o jazz no período de formação das metrópoles negras e alçaram a cultura negra ao mainstream dos Estados Unidos.[25]

Os próprios espaços negros passaram o compor o imaginário norte-americano da década de 1920. O bairro do Harlem, que durante anos abrigou apenas uma minoria negra, em um curto período se transformou na meca da cultura negra dos Estados Unidos, atraindo a atenção de intelectuais e artistas em geral. Uma prática comum entre os aficionados pelos espaços de expressão cultural negra era o *slumming*, em que brancos ricos, tomados pelo voyeurismo, adentravam clubes noturnos com músicos e dançarinos negros para vivenciar experiências "exóticas". Nesse período, o consumo e a venda de álcool eram proibidos, o que aprofundava ainda mais a sensação de aventura dos passeios pelos quarteirões da região. Chad Heap, que estudou as incursões pelos bairros negros de Nova York e Chicago, ressalta também a formação de um circuito gay nessas mesmas áreas, com shows musicais protagonizados por transexuais negras.[26] As culturas negras das grandes cidades promoviam, de certa forma, os encontros de diferentes subjetividades, mas essa riqueza de experiências não chegava a abalar as estruturas da hierarquia racial.

Outra dimensão importante das experiências negras do Norte eram as atividades esportivas, que naquele momento já abriam canais para a ascensão de atletas negros. Figuras de destaque, principalmente no beisebol e no boxe, passaram a ocupar o papel de líderes raciais, que enfrentavam os discursos e representações que afirmavam a inferioridade natural dos negros. Como bem observa o historiador Davarian Baldwin, o esporte, dentro da esfera do entretenimento, aflorava sentimentos de integração social e de "orgulho da raça". O boxeador Jack Johnson foi o primeiro atleta negro a ganhar notoriedade, após conquistar o título mundial em uma disputa com o canadense Tommy Burns. Antes que chegasse ao topo, no entanto, enfrentou o desdém dos principais competidores e da imprensa, que difundiam discursos de superioridade branca fundamentada em pressupostos pseudocientíficos.[27] Johnson, quando começou a vencer os boxeadores brancos, foi acusado de trapaceiro, por não manifestar a agressividade necessária e utilizar sempre a estratégia do contra-ataque. Em 1910, ele foi desafiado por James Jeffries, um boxeador invicto que retornava aos ringues após a aposentadoria para responder aos anseios da população branca. Jeffries foi retratado como a "grande esperança branca", o único capaz de reafirmar a supremacia branca no mundo do boxe. Entretanto, "a luta do século" foi liderada de ponta a ponta por Jack Johnson. O resultado do confronto provocou conflitos raciais em diversas cidades dos Estados Unidos.

A questão racial se manifestava também no beisebol, esporte coletivo muito popular entre a população negra. Ocorre que as maiores ligas não aceitavam a participação de atletas negros, o que acabou estimulando a formação de equipes e ligas especificamente negras. Em Chicago, os Giants se tornaram um fenômeno, muitas vezes atraindo mais torcedores do que a equipe de beisebol formada por brancos. O *Chicago Defender* cumpriu um papel importante na divulgação das atividades da equipe, dedicando grande parte das páginas de esporte a comentários sobre o seu desempenho e aos perfis de alguns atletas. Diante da popularidade dos Giants, um grupo de empresários negros emergentes se articulou para criar a Negro National League em 1920. Rube Foster, figura proeminente do mundo do beisebol, foi o grande responsável pela ascensão do esporte entre os negros, mas também pelo declínio da liga em 1931, uma vez que mantinha com mãos de ferro contratos que beneficiavam a liga e dificultavam a operação financeira das equipes. Apesar dos problemas, a modalidade esportiva continuou a desfrutar de grande popularidade, chegando ao auge com a contratação de Jackie Robinson pelos Brooklyn Dodgers em 1947, iniciando o processo de integração racial na principal liga do país.

Assim, é possível perceber que as dinâmicas sociais dessas metrópoles oscilavam entre as instituições que incorporavam as populações negras e as reações racistas que se manifestavam quando os impulsos democráticos abalavam os privilégios das populações brancas. Atuando em uma brecha estreita, as figuras responsáveis pela publicação de periódicos negros, pela realização de eventos artísticos e pela promoção de atletas possibilitaram a organização de uma esfera pública negra. A diversidade das experiências negras do Norte, ainda que confrontadas por práticas discriminatórias, chamava a atenção dos negros do Sul, que se viam limitados pelo repertório violento do Jim Crow.

## Uma nova era e o novo negro

Por volta de 1920, as comunidades negras das cidades do Norte já estavam consolidadas como espaços culturais e políticos da experiência afro-americana. Esse fenômeno demográfico teria grandes consequências para o ativismo negro. As redes da militância negra já não estavam mais restritas às comunidades do Sul, uma vez que surgiam novos atores nas metrópoles negras. Ainda que a inclusão dos negros no Norte fosse limitada pelas barreiras de raça, as dinâmicas sociais possibilitavam a participação política, a organização dos trabalhadores e a formação de uma intelectualidade negra que poderia atuar livre das preocupações com o repertório racista do Sul do país. A emergência dos Estados Unidos como um dos centros da modernidade foi acompanhada pelo surgimento de novas subjetividades negras que dariam base para o uso da expressão "*new negro*". O novo negro nos Estados Unidos, portanto, não seria mais o da zona rural, aprisionado aos modos coercitivos de trabalho orientados por anos de escravidão. Essa nova subjetividade responderia a um suposto impulso democrático surgido após a Primeira Guerra Mundial.

O novo negro, assim, remete a um negro que emerge na modernidade norte-americana e, por outro lado, refuta um velho negro que se submete às hierarquias raciais.[28] O velho negro estava associado às representações estereotipadas em fotografias, ilustrações e textos que animalizavam os afro-descendentes durante a escravidão. Mulheres e homens eram retratados como seres boçais, incultos e completamente incapazes de incorporar a sofisticação da cultura anglo-americana.

Em 1900 Booker T. Washington publicara *A New Negro for a New Century*, livro no qual apoiava a organização de instituições negras sem questionar os fundamentos das noções ocidentais de progresso e economia capitalista.[29] Com a ascensão dos intelectuais nas metrópoles negras, no entanto, Washington passou de representante do negro moderno a símbolo do atraso, de uma agenda que não confrontava as práticas racistas da sociedade norte-americana. Nas cidades onde havia circulação de intelectuais negros, militantes e literatos combatiam essas imagens clássicas do velho negro e as práticas moderadas articuladas por Washington no Sul. O Novo Negro, longe de ser um movimento organizado, representava a percepção de um processo de profunda transformação social vivenciado pelos negros norte-americanos. Aaron Douglas, um pintor que começou a se destacar no Harlem em 1924, utilizou elementos tradicionais da cultura afro-americana em sua obra para retratar a inserção dos negros na modernidade. Em uma de suas pinturas mais marcantes, trabalhadores negros veem à distância uma grande metrópole, apontando para um momento de transição do tradicional para o moderno. Aqueles milhares de migrantes que haviam deixado o Sul, segundo a perspectiva de alguns intelectuais do movimento, tinham realizado um deslocamento não só espacial, mas também temporal. A chegada às cidades de Detroit, Chicago e Nova York significava um salto para o futuro. Nesse sentido, os escritos que celebravam o cotidiano dos trabalhadores negros dos grandes centros, assim como os retratos de moradores do Harlem, revelavam um novo negro ativo, não mais uma figura passiva que observava os eventos apartado deles, mas um agente das transformações sociais e econômicas do país. As novas mulheres e os novos homens também faziam história.

Nesse processo de mudanças para a população negra, o bairro do Harlem deixou de ser apenas uma sequência de quarteirões para se transformar em um centro de produção da cultura afro-americana. Como concentrava as principais casas editoriais e, consequentemente, os recursos necessários para a publicação de livros, Nova York passou a abrigar os núcleos de articulação da intelectualidade negra dos Estados Unidos, estreitando a relação entre os produtores e os financiadores. À medida que ocupava espaços dos grandes centros urbanos do Norte, a cultura negra atraía a curiosidade de um amplo público de brancos liberais. Como ponderou Jeffrey C. Stewart, os intelectuais negros, a partir da inspiração da cultura popular urbana, criaram uma alternativa cultural em uma nação na qual se esperava que todos os cidadãos cultuassem a cultura anglo-americana e suas raízes inglesas.[30] Tanto os negros quanto os demais cidadãos que não se sentiam integralmente contemplados com a matriz cultural anglo-saxônica se transformaram em potenciais consumidores da produção de intelectuais e artistas negros.

Figuras como Alain Locke, Langston Hughes, Zora Neale Hurston, Claude McKay e William Du Bois não tiveram dificuldades para dialogar com o público interessado em suas obras. Os intelectuais que dariam origem ao movimento do Harlem Renaissance eram leitores sofisticados e se sentiam à vontade para discutir pensadores europeus e norte-americanos. A fluência em várias línguas, o domínio de diferentes linguagens e o conhecimento sobre a produção acadêmica das principais universidades do país criavam um terreno comum para a articulação com um público amplo que transcendia o universo das comunidades negras. Assim, a construção do novo negro na cultura norte-americana contou com uma base formada por intelectuais negros e o financiamento de mecenas brancos entusiasmados com a capacidade da cultura negra de revigorar uma sociedade enclausurada em um universo anglo-saxônico.

Nesse movimento de reconstrução da representação dos afro-americanos, Alain Locke cumpriu um papel fundamental na articulação da intelectualidade das metrópoles negras. Sua trajetória foi bem diferente da população de migrantes que abarrotavam os bairros negros do Norte. Locke era filho de uma professora e passou pelas universidades de maior prestígio nos Estados Unidos e na Inglaterra. Educado em escolas da Filadélfia, iniciou seu percurso universitário na Philadelphia School of Pedagogy, e em 1904 se transferiu para a Universidade Harvard, onde se destacou como um dos mais notáveis estudantes de sua turma, com várias premiações. Seu desempenho acima da média acabou lhe rendendo uma bolsa para estudar literatura na Universidade de Oxford. Em sua jornada pela Europa, Locke passaria ainda por Paris, Viena e Berlim. Em 1918, enfim, doutorou-se em filosofia em Harvard, entrando para um seleto grupo de negros com doutorado nessa universidade.[31]

Por conta de sua formação sólida, Alain Locke lecionou por cerca de quarenta anos na Universidade Howard, instituição negra da capital do país que naquele momento era responsável pela formação da intelligentsia afro-americana. A partir de Howard, construiu sua rede de acadêmicos e ativistas, que possibilitaria a articulação de intelectuais no Harlem. Seu empenho lhe garantiria o título de decano do Harlem Renaissance, e todo o seu esforço se materializou com a publicação, em 1925, da antologia *The New Negro: An Interpretation*, que reunia textos dos principais intelectuais negros engajados na proposta de refletir sobre as experiências negras da modernidade norte-americana.[32] Na introdução do livro, Locke procurou definir o conceito de novo negro, que representaria uma nova era de consciência capaz de promover o avanço da população negra nas esferas econômicas, sociais e culturais.

Os negros, portanto, iniciariam um processo modernizante por meio de um "espírito revigorado", após anos de opressão. No campo político, por exemplo, o novo negro se expressaria por demandas de igualdade de direitos, reivindicando uma noção mais ampla de democracia.

Entre as figuras presentes na antologia estava Langston Hughes, que ficou conhecido por sua poesia. Hughes ganhou notoriedade, ainda jovem, com o poema "The Negro Speaks of Rivers", publicado na revista *The Crisis*, de grande circulação na época. Antes que de fato passasse a se dedicar aos seus escritos, ele perambulou por várias cidades entre os Estados Unidos e o México, seguindo os deslocamentos da família, principalmente da mãe. Com a ajuda do pai, começou a estudar na Universidade Columbia, realizando o sonho de morar no Harlem. A sua vida, contudo, foi marcada por dificuldades financeiras, que o obrigaram a trabalhar como garçom de hotel em Paris. Foi durante sua passagem pela Europa que conheceu Alain Locke, que o estimulou a voltar aos Estados Unidos e retomar a poesia. Ocupando a mesma função em um hotel em Washington, Hughes entrou em contato com o poeta Vachel Lindsay, que passaria a financiar não somente suas publicações, mas também os custos de seus estudos na Universidade Lincoln. Assim que se graduou, Langston Hughes enfim começou a frequentar de forma efetiva os círculos da intelectualidade negra do Harlem.[33]

Sua poesia retratou, principalmente, as experiências cotidianas das classes populares negras das grandes metrópoles, contrariando alguns colegas que tendiam a descrever em suas obras as vivências das elites negras emergentes. A opção pela vida dos trabalhadores braçais, com quem Hughes conviveu de maneira próxima, atraiu sobretudo a atenção do público branco liberal, atraído por uma literatura capaz de satisfazer o interesse, com pitadas de voyeurismo, nos novos negros das ruas de Nova York. A obra de Langston Hughes ficou marcada pela tentativa de incorporação do ritmo do jazz, de imprimir à poesia a musicalidade do gênero que agitava as classes populares negras em diversas casas noturnas do Harlem. Apesar de todas as dificuldades, Langston Hughes conseguiu engrenar sua carreira como poeta e viver somente de seus escritos.

Já Zora Neale Hurston não teria a mesma sorte, e sua obra somente ganharia importância depois de sua morte. Hurston, que também contribuiu com a antologia do novo negro, chegou ao círculo do Harlem quando começou a estudar no Barnard College, depois de passar pela Universidade Howard. Sua trajetória foi marcada por contratempos, consequência de uma família pouco estruturada. Quando jovem, ela se mudou com frequência e teve várias ocupações profissionais paralelas à sua trajetória acadêmica.[34] Hurston foi importante porque trouxe ao Harlem Renaissance a perspectiva de uma mulher negra. Em sua obra, tratou de questões referentes ao colorismo, como em *Color Struck*, peça em que conta a história de uma mulher negra de pele escura que não acredita que pode ser amada. Já em *Seus olhos viam Deus*, livro de 1937, ela narra o drama de uma jovem que desafia os códigos sociais para conquistar o direito de determinar seu próprio destino.

A relação de Hurston com Alain Locke, apesar da antologia, foi tensa. Locke, em muitas ocasiões, revelou sua misoginia ao duvidar da capacidade intelectual de alunas e colegas. Sua posição acabou comprometendo seu convívio não somente com Hurston, mas também com outras mulheres importantes do círculo do Harlem Renaissance, como Jessie Fauset.[35] A homossexualidade de Locke, no entanto, foi fundamental para aproximá-lo de gays e bissexuais da intelectualidade negra. Sua atração por Langston Hughes, por exemplo, era mais do que intelectual. Isso, contudo, não foi suficiente para manter a proximidade com o ativista e intelectual jamaicano Claude McKay. Era de conhecimento do público a crítica de Hughes à obra de McKay, que segundo ele não "manifestava nenhum compromisso com os negros". McKay, por sua vez, questionava a capacidade do colega de avaliar os escritos da intelectualidade negra.

O ativista jamaicano fez parte de outro fenômeno que também ajudou a compor a paisagem das metrópoles negras: a imigração em massa de caribenhos para os Estados Unidos, sobretudo para os grandes centros urbanos do Norte. McKay nasceu e estudou na Jamaica, vindo de uma família da fazendeiros prósperos. Teve como mentor Walter Jekyll, que o estimulou a escrever, e em um momento de crise econômica em seu país, foi estudar no Tuskegee Institute, fundado por Booker T. Washington. Um de seus objetivos era aprender técnicas agrícolas para poder aplicá-las na agricultura jamaicana. Entretanto, ele percebeu que não tinha vocação para a empreitada, sobretudo em uma escola de regime quase militar. Assim, logo deixou o instituto para seguir uma trajetória no ativismo e na literatura. Figura atuante no comunismo, passou pela União Soviética, pelo continente africano e pela Europa. Recorrendo a sua vivência na cidade de Marselha, escreveu o romance *Banjo*, no qual criticava o capitalismo e a supremacia branca a partir das experiências do operariado negro na cidade mediterrânica.[36]

Assim como Langston Hughes, Claude McKay não se estabeleceu definitivamente no Harlem. A trajetória dos dois intelectuais foi marcada pelo deslocamento constante, tanto em território norte-americano quanto fora dele. O bairro nova-iorquino foi o principal centro de articulação de artistas e intelectuais negros, mas houve também em outros estados e em outras regiões polos de produção artística afro-americana. Estudiosos como Cary D. Wintz apresentam um panorama muito mais complexo, com a emergência de vários espaços de formação de novas identidades negras. A tendência mais comum foi que intelectuais e artistas circulassem por diferentes centros urbanos do país. Wintz destaca uma renascença negra nas cidades do Oeste, que receberam uma proporção menor de migrantes negros do Sul. Anitta Scott Coleman, por exemplo, conseguiu se manter como escritora de contos no Novo México por um bom tempo, até se mudar para Los Angeles, na Califórnia, em 1926. Los Angeles foi uma das principais cidades da região que abrigaram espaços de produção negra, junto com Houston, Kansas City e Dallas. O Harlem Renaissance, como um fenômeno cultural no contexto do movimento do Novo Negro, se difundiu por todo o país, interligando diferentes redes intelectuais na construção de novas subjetividades negras.[37]

## Ascensão de lideranças políticas

O movimento do Novo Negro teve não só uma dimensão cultural, mas também uma dimensão política. Muitos dos intelectuais negros transitaram entre os campos cultural e político, que não possuíam uma fronteira muito bem definida. Dentre as figuras que atuaram de maneira ativa na mobilização de intelectuais e na articulação de organizações políticas, William Du Bois ocupou um lugar central. Tendo nascido em 1868 em Great Barrington, no estado de Massachusetts, Du Bois teve uma trajetória distinta daquela dos ativistas negros que deixaram os estados do Sul para fugir do racismo mais violento. O intelectual, contudo, também teve dificuldades durante a infância e juventude, sobretudo após perder a mãe. Em Great Barrington, não teve contato com muitos negros, sendo sempre o único da sala de aula. Apesar dos contratempos, se destacou como um estudante muito acima da média, o que lhe garantiria uma bolsa de estudos na Universidade Fisk, instituição negra tradicional no Tennessee.[38]

Em 1885, ao iniciar seus estudos, William Du Bois não escondeu o entusiasmo por frequentar um espaço marcado pela diversidade de experiências negras. Em textos autobiográficos, sempre comentava o choque que sentira na adolescência, ao ser rejeitado pela primeira vez por conta da cor da pele. A passagem pela Fisk acabou reforçando sua identidade negra, sobretudo quando entrou em contato com as comunidades negras rurais, ao participar de um projeto de alfabetização. A imersão no universo afro-americano a partir da vivência universitária o transformaria em uma das figuras mais importantes do debate sobre a questão racial nos Estados Unidos.

Após se graduar na Fisk, Du Bois ingressou em Harvard e, mais tarde, passou dois anos na Universidade de Berlim. Em seu doutorado, também em Harvard, desenvolveu uma pesquisa sobre os movimentos de combate ao tráfico negreiro. Du Bois, desde então, atuaria entre os campos da sociologia e da história.

Seu primeiro grande estudo no campo acadêmico foi *O negro da Filadélfia*, de 1899. Nessa obra, revelou suas habilidades de sociólogo, em um momento no qual o campo da sociologia ainda não havia se institucionalizado nas universidades norte-americanas. O intelectual se mudou para a Filadélfia a fim de observar a situação da comunidade negra da cidade. Demonstrando preocupação com o rigor metodológico, Du Bois mapeou as residências e registrou as ocupações profissionais dos membros de cada uma das famílias. A partir de 5 mil entrevistas, chegou à conclusão de que não havia especificamente uma patologia do negro, mas uma combinação de problemas sociais que reforçava a pobreza daquela comunidade. Nesse sentido, ele contribuiu para desconstruir as teorias que ainda afirmavam uma inferioridade biológica das populações negras. Assim como o antropólogo Franz Boas, que deslocou o debate sobre as diferenças entre os povos para o campo da cultura, Du Bois passou a analisar a questão racial a partir de uma perspectiva histórica e social.

Sua primeira obra de grande repercussão foi *As almas do povo negro*, lançada em 1903, na qual reuniu textos reformulados, já publicados na revista *The Atlantic Monthly*, tratando de temas como música, história do ativismo negro, progresso social e econômico dos afro-americanos e, até mesmo, a perda de seu filho. Um dos capítulos mais importantes do livro é o primeiro, "Sobre nossos conflitos espirituais", em que Du Bois discute a dupla consciência dos negros dos Estados Unidos. Segundo ele, os afro-americanos possuem duas identidades, uma nacional e outra negra. A individualidade dos negros é comprometida por uma visão exterior que o marginaliza em uma identidade racial. A linguagem que define o negro não é controlada por ele próprio, pois é concebida pelos brancos da sociedade.[39] Dramaticamente, os parâmetros usados para determinar as experiências afro-americanas são estabelecidos pelo seu opressor. A trajetória intelectual de William Du Bois seria marcada pelo esforço de fundir essa dupla consciência de modo a construir uma identidade íntegra para os negros, que viria a partir do enfrentamento do racismo e de outros problemas sociais que assolavam a população negra dos Estados Unidos.

Outro capítulo importante da obra, tratando de um tema que marcaria o ativismo de Du Bois nas primeiras décadas do século XX, é "Sobre o sr. Booker T. Washington e outros", em que ele discute o significado da ascensão de Washington, destacando os aspectos positivos e negativos de sua agenda. Du Bois não deixa de manifestar sua admiração por uma figura que iniciou seu percurso na mais completa pobreza e se tornou a principal liderança negra do país promovendo o empreendedorismo negro e a educação profissionalizante. Contudo, segundo ele, a solução proposta por Washington, em que negros e brancos seguiriam caminhos paralelos, privilegiava a individualidade e abria mão da luta coletiva pela igualdade de direitos. O foco de Washington era a educação para o trabalho, a acumulação de riqueza e a conciliação com o segregacionismo. Du Bois o acusa de acreditar na inferioridade dos negros e de acelerar o processo de perda de direitos políticos nas comunidades do Sul. Afinal, em seu discurso, Washington não oferecia elementos para a crítica da hierarquia racial que se estruturava no final do século XIX, subestimando o peso do legado da escravidão.

Du Bois interpreta a ascensão de Washington, portanto, como um retrocesso após os esforços feitos por uma linhagem de lideranças negras ao longo do século XIX. Para ele, o evangelho da prosperidade, marca do discurso de Washington, apresentava claras limitações para a luta contra a supremacia branca. Du Bois apostava na formação de uma elite intelectual que promoveria a transformação social para toda a população afro-americana. Nesse sentido, manifestava objeções à educação profissionalizante, que não formava cidadãos capacitados para mobilizar politicamente os negros para o enfrentamento do racismo. A educação superior era importante porque permitia que os indivíduos exercitassem a abstração para elaborar teorias de identificação dos problemas sociais e uma agenda política específica para os negros. Du Bois utilizou a expressão *talented tenth*, popularizada por Washington em *The Negro Problem*, também de 1903, para se referir a uma parcela de 10% da população negra que se dedicaria ao papel de "guias da raça".

> A raça negra, como todas as raças, será salva por seus homens excepcionais. O problema da educação, então, entre os negros deve primeiramente lidar com a questão dos 10% mais talentosos; trata-se de aprimorar os melhores da raça para que possam guiar a massa para longe da contaminação e da morte pelos piores [...]. Ora, formar homens é uma tarefa difícil e complexa.

> As técnicas para realizá-la são uma questão para os especialistas, mas o objetivo deve ser uma perspectiva de visionários. Se privilegiarmos o dinheiro como objetivo ao formarmos homens, teremos pessoas que fazem dinheiro, mas não necessariamente homens; se privilegiarmos habilidades técnicas como objetivo da educação, podemos ter artesãos mas não, em essência, homens. Só teremos homens quando fizermos da humanidade o objetivo do trabalho nas escolas — inteligência, ampla empatia, conhecimento do mundo passado e presente e da relação do homem com ele: é esse o currículo da educação elevada que deve estar na base da verdadeira vida.[40]

William Du Bois emergiu nas primeiras décadas do século XX como uma das principais lideranças negras, representando uma agenda integracionista que enfrentava as práticas discriminatórias e a segregação racial. O intelectual cumpriu um papel importante na articulação de uma das maiores organizações do ativismo negro dos Estados Unidos: a Associação Nacional para o Progresso das Pessoas de Cor (NAACP, no acrônimo em inglês), fundada em 1909. De certa forma, a organização recuperava uma tradição abolicionista, e contou com o protagonismo de muitos brancos. Oswald Garrison Villard, por exemplo, era neto de William Garrison, figura histórica do abolicionismo nos Estados Unidos. A rede de brancos progressistas foi importante para atrair recursos e propiciar acesso a políticos. Villard disponibilizou o espaço do *New York Evening Post* para as primeiras reuniões da associação e utilizou sua influência para desmantelar o processo de segregação dos funcionários da Casa Branca durante o governo de Woodrow Wilson.[41]

Nos primeiros anos de sua história, a NAACP foi formada predominantemente por esses financiadores brancos e uma pequena parcela de negros, entre eles Du Bois e Ida B. Wells. No entanto, ao longo da década de 1930, sobretudo com a criação de diversos núcleos no território norte-americano, foi se transformando em uma organização negra.

A NAACP foi relevante para Du Bois, contratado pela organização para gerir os assuntos de educação e publicidade, o que o levaria a assumir a edição da revista *The Crisis*, que teve grande circulação entre a elite afro-americana. A influência de Du Bois possibilitou a abertura de um espaço para a publicação de importantes nomes da literatura negra que fariam parte do círculo social do Harlem Renaissance. A questão que impulsionava os membros da NAACP eram as ondas de linchamentos no Sul do país. Em um livro publicado pela organização em 1919, Franklin Morton estimou que, entre 1889 e 1918, um total de 3224 negros haviam sido linchados por hordas racistas.[42] A NAACP não era uma organização de massas; pelo contrário, durante muitos anos foi considerada uma associação de quadros das elites brancas progressistas e afro-americanas. Sua atuação ficou marcada pela defesa legal de cidadãos inocentemente acusados de crimes raciais, sobretudo os que envolviam rumores de assédios e estupros.

A revista *The Crisis*, publicação oficial da NAACP, foi o veículo que lançou William Du Bois na esfera pública como liderança que defendia um novo projeto para os negros do país, e já nas primeiras edições ele criticou intensamente a agenda de Booker T. Washington, sobretudo a educação profissionalizante oferecida pelo Tuskegee Institute. A publicação começou com uma tiragem de mil exemplares, e seis meses depois já atingia a marca de 10 mil. Em 1915, a circulação era de 22 mil exemplares mensais. A NAACP, portanto, teve forte participação na constituição de uma rede em torno da agenda da luta pela igualdade de direitos, desafiando a abordagem econômica de Washington e seus aliados. Alguns dos financiadores, inclusive, deixaram a liderança sulista e passaram a investir na organização de Du Bois. Contudo, a filosofia de acomodação de Washington continuou a influenciar moderados e conservadores por um longo período. A insistência da NAACP em promover exclusivamente ações legais para garantir a cidadania dos afro-americanos, sem considerar adequadamente os problemas econômicos dessa população, permitiu que a abordagem econômica que movia trabalhadores e empreendedores negros continuasse a influenciá-los anos após a morte de Booker T. Washington, em 1915.

Um dos grandes desafios enfrentados pela NAACP ao longo da era de ascensão dos novos negros foi o esforço para incluir os afro-americanos nas Forças Armadas durante o recrutamento para a Primeira Guerra Mundial. O conflito na Europa, que se iniciou em 1914, provocaria grandes mudanças sociais e políticas nos Estados Unidos. Num período marcado por narrativas, difundidas inclusive por estadistas, que consagravam um imaginário nacional norte-americano associado à supremacia branca, no qual o cidadão de primeira classe era o de ascendência europeia, o recrutamento de negros foi compreendido — tanto pelo ativismo negro quanto pelos apoiadores da supremacia branca — como um impulso contra a construção de uma nação de brancos.

William Du Bois, quando percebeu que o país logo entraria na guerra, questionou a ideia de que os negros devessem participar do conflito, de caráter eminentemente europeu. Entretanto, assim como as demais lideranças, ele entendeu que o ingresso dos afro-americanos nas Forças Armadas tinha relação com uma agenda mais ampla de luta contra o racismo e a favor da democracia. Em um artigo intitulado "Close Ranks", publicado na *The Crisis*, alertou para a ameaça da Alemanha à possibilidade de constituição de uma ordem internacional democrática. O futuro dos afro-americanos e dos africanos, para ele, dependia da vitória das forças democráticas, que poderiam promover, após a guerra, o desmonte dos regimes coloniais e da segregação racial nos Estados Unidos.

> Essa é a crise do mundo. Nos longos anos por vir, os homens apontarão o ano de 1918 como o grande Dia da Decisão, em que o mundo definiu se iria se submeter ao despotismo militar e a uma paz armada sem fim — se é que podemos chamá-la de paz — ou derrotar a ameaça do militarismo alemão e inaugurar os Estados Unidos do Mundo.
>
> O interesse que nós, da raça negra, temos no resultado não é ordinário. O que a potência alemã representa hoje significa a morte das aspirações dos negros e de todas as raças mais escuras à igualdade, à liberdade e à democracia. Não hesitemos. Enquanto esta guerra durar, esqueçamos nossas mágoas e cerremos fileiras ombro a ombro com nossos concidadãos brancos e com as nações aliadas que estão lutando pela democracia.[43]

Como observou o historiador Alexander Keyssar, os períodos em que os Estados Unidos estiveram envolvidos em guerras sempre criaram brechas para as minorias se mobilizarem e reivindicarem igualdade de direitos.[44] A imprensa negra, nesse momento de apreensão, adotou uma abordagem patriótica, promovendo estrategicamente o debate sobre a lealdade dos afro-americanos à nação e ressaltando a lógica inclusiva dos Estados Unidos. O discurso mais comum era o de que, ao pegar em armas e enfrentar os inimigos da nação em solo europeu, os soldados negros se transformariam em agentes da integração racial no país, comprovando os princípios da democracia e demonstrando aos cidadãos norte-americanos que ainda os consideravam inimigos internos que não haveria prejuízo para o progresso social e econômico do país.[45] Nas páginas dos principais periódicos da época, enquanto alguns articulistas questionavam a participação dos negros na guerra, outros, apesar de todo o ceticismo, entenderam que a única alternativa era apoiar os combatentes negros. O *Chicago Defender*, a publicação de maior destaque naquele momento, explorou narrativas heroicas reproduzidas a partir de cartas enviadas pelos soldados a seus familiares. As fotografias dos combatentes negros eram reproduzidas nas capas e nas principais páginas do jornal, reforçando uma representação "ordeira" dos homens negros. A cobertura do evento também contou com enviados que relatavam as experiências cotidianas dos soldados negros.

Apesar dos esforços para associar as imagens dos negros à simbologia da nação, as tensões raciais por vezes se transformavam em violência. Em 1917, ano em que os Estados Unidos entraram na Primeira Guerra Mundial, os oficiais negros recrutados foram hostilizados por brancos, sobretudo em campos de treinamento no Sul. Em Houston, por exemplo, uma série de episódios desencadeou um dos enfrentamentos mais letais. Os soldados de um batalhão exclusivamente negro, confusos por conta de um falso rumor de que seriam linchados por desrespeitarem um policial, se armaram e começaram a disparar indiscriminadamente contra brancos da localidade. Após uma troca de tiros com policiais, foram rendidos e presos. No julgamento, treze de cerca de sessenta soldados foram condenados ao enforcamento. O caso ganhou grande destaque nacional, se transformando em um dos eventos mais simbólicos da história dos confrontos raciais no país.

Os negros recrutados pelas Forças Armadas foram obrigados a enfrentar diferentes práticas discriminatórias nos campos de treinamento e em solo europeu. As autoridades se equilibravam entre a necessidade de incorporar soldados negros para reforçar o contingente e a pressão de setores da população branca que exigiam a reprodução da segregação na organização das tropas. A imprensa negra denunciou as práticas racistas das Forças Armadas e as condições precárias dos negros, que não contavam com os mesmos recursos para treinamento. A tendência era empregá-los como estivadores, cozinheiros ou em outras funções sem relação direta com o combate, ou nos "batalhões escravos", que cumpriam basicamente o papel de carregadores de carga e de coveiros; apenas cerca de 20% deles foram para as linhas de frente. As lideranças negras cobraram as autoridades militares e o presidente para que os negros tivessem o mesmo tratamento dos brancos. As condições mais adversas envolviam oficiais brancos de alta patente do Sul, que ignoravam os discursos de igualdade racial e dispensavam aos negros um tratamento extremamente violento que comprometia os próprios princípios militares. No 15º Regimento de Infantaria, por exemplo, a tropa pediu para ser enviada à Europa após doze dias de treinamento apenas, pois a pressão dos capitães e da comunidade no entorno do campo de treinamento era insuportável.[46]

Uma parcela dos 200 mil afro-americanos enviados à Europa para lutar pelos Estados Unidos na Primeira Guerra Mundial esteve sob o comando dos franceses, que não possuíam um padrão segregado de racismo e não faziam nenhuma objeção à participação de negros em suas frentes, já tendo inclusive recrutado senegaleses para o conflito. De acordo com os registros de cartas de militares e, mais tarde, da própria imprensa negra, a recepção foi positiva, e foram feitos vários elogios à dedicação e à disciplina dos soldados negros. Os serviços prestados sob o comando dos franceses renderam condecorações e supriram os jornais negros com narrativas heroicas da participação dos afro-americanos na Primeira Guerra Mundial.

Além dos aspectos relacionados à guerra, a imprensa também ressaltou os contatos cotidianos entre negros e franceses. A sociedade francesa, sobretudo nos vilarejos, foi muito mais receptiva aos soldados negros dos Estados Unidos do que aos brancos. Uma das principais razões para isso era que os brancos não seguiam as ordens rigorosamente e tendiam a abusar da autoridade quando em contato com os cidadãos franceses. Os negros, no entanto, como viviam sob um regime disciplinar mais rigoroso, raramente se arriscavam a desobedecer o alto-comando. Em várias ocasiões, os franceses pediram que os soldados brancos fossem substituídos por negros, que não tinham o hábito de violar os códigos locais. Rayford Logan, que durante a guerra não era ainda um intelectual negro proeminente, relatou que uma vez, sofreu uma tentativa de assalto por parte de marinheiros franceses, que contudo pediram desculpas ao perceber que ele era um negro de pele clara e não um branco.[47]

Não faltaram na imprensa negra, principalmente no *Chicago Defender*, reportagens sobre um padrão de convivência inter-racial de características diferentes do norte-americano. Imersos na violência racial nos Estados Unidos, os jornalistas retrataram a sociabilidade francesa como harmônica, sobretudo quando começaram a chegar relatos de envolvimento entre soldados negros e mulheres francesas. Os periódicos passaram então a utilizá-los para demonstrar que era possível estruturar uma ordem social nos Estados Unidos livre de hierarquias raciais. A grande maioria da população branca, entretanto, interpretou a aproximação entre negros e francesas como um ultraje à sociedade norte-americana, e o clamor era para que as autoridades, sempre que possível, interviessem para evitar esse tipo de transgressão mesmo em solo europeu — uma ameaça, já que poderia aprofundar a militância negra pela integração racial no país. A historiadora Adriane Lentz-Smith pondera que a França também havia estruturado sua hierarquia racial, mas dentro de um contexto colonial, que não se revelava a partir do tabu das relações inter-raciais. Nesse sentido, os europeus puderam ser retratados como não preconceituosos.[48]

Com o fim da Primeira Guerra Mundial e os debates sobre a formação da Liga das Nações, William Du Bois revelou a expectativa de que mudanças pudessem ocorrer na sociedade norte-americana e na ordem internacional. Entretanto, apesar de a imprensa negra e de algumas comunidades celebrarem o empenho dos combatentes negros na Europa, nenhuma ação foi encampada para promover a integração racial no país. O retorno de soldados negros e brancos, em muitas cidades, foi marcado por enfrentamentos violentos. Em Chicago, em 1919, as tensões se transformaram em um conflito generalizado que durou cerca de uma semana.[49] O desencanto de Du Bois se manifestaria em uma série de textos sobre a experiência negra durante a guerra, com reflexões sobre a hierarquia racial nos Estados Unidos e uma linha de cor imaginária internacional que passaria a ordenar as diferenças entre os povos. O intelectual continuaria a considerar a participação dos negros no conflito como algo positivo, devido à contribuição dos afro-americanos para o enfrentamento do autoritarismo e do colonialismo.[50] Em sua perspectiva, o evento possibilitou a emergência das populações negras como atores internacionais, que, articulados, fortaleceriam as agendas antirracistas e anticoloniais.

Para William Du Bois, inclusive, a Primeira Guerra Mundial havia sido causada também por disputas em torno do colonialismo no continente africano. À medida que se distanciava temporalmente do conflito, o intelectual revelava seu pessimismo, reforçando que a questão racial não desapareceria, mas poderia provocar uma nova guerra. Segundo ele, a raça era um elemento-chave para compreender a corrida entre os países europeus por terras e riquezas no continente africano. O racismo estruturava uma visão de mundo em que os negros tinham como única condição de existência trabalhar para os interesses das populações europeias e da descendência europeia nos Estados Unidos. Du Bois, assim, identificou um denominador comum entre a hierarquia racial que havia se estabelecido entre os norte-americanos e os regimes coloniais racistas que se consolidavam na África.

O intelectual se tornou uma voz contundente contra o racismo nos Estados Unidos e em âmbito internacional, distanciando-se de vozes moderadas da NAACP. Em 1934, ele deixaria de ser membro da organização, por acreditar que a estratégia de integração a partir de disputas no campo jurídico não era suficiente. Entretanto, Du Bois não foi o único dos pioneiros da NAACP com uma trajetória importante no ativismo negro. Ida B. Wells foi outra figura marcante no período de ascensão dos negros, principalmente na luta das sufragistas negras e na articulação contra os linchamentos no Sul do país. Foi a primeira intelectual a sistematizar as informações sobre essa modalidade de violência racial, demonstrando a dimensão do fenômeno na sociedade norte-americana.

A ativista nasceu em 1862, em Holly Springs, no Mississippi, em uma família de escravos. Apesar das condições precárias para os libertos no pós-abolição, Wells e seus irmãos conseguiram acessar as instituições educacionais criadas para a população negra durante a Reconstrução. Aos dezesseis anos, perdeu os pais para a febre amarela e foi obrigada a sustentar os irmãos. Então, iniciou sua carreira no magistério, colaborando também com artigos para jornais da imprensa negra, principalmente em Memphis, onde passou a morar a partir de 1883. Em 1891, depois de escrever um texto contra a rede de educação da cidade, foi demitida e começou a se dedicar integralmente ao jornalismo. E, como já vimos, após escrever um editorial para o *Memphis Free Speech* denunciando o ataque a empreendedores negros da cidade, foi perseguida e obrigada a se mudar para Chicago.[51]

A partir de 1892, Ida B. Wells passou a atuar de maneira mais efetiva contra os linchamentos no país, integrando uma rede internacional que denunciava os casos de violência contra homens negros. Assim como outros ativistas que dominavam a retórica política, ela se notabilizou por seus discursos articulados e "pouco femininos", por não fazer narrativas em primeira pessoa. Outro aspecto importante em seus textos sobre os linchamentos era a riqueza de detalhes ao narrar os inúmeros crimes violentos que varriam as comunidades do Sul na virada do século XIX para o XX: Wells descrevia características físicas, cores, cheiros, sons, tipos de roupa, número de pessoas, datas e expressões utilizadas pelas turbas racistas durante os linchamentos. Em suas palestras, buscava transmitir o terror para o público, sobretudo quando era de maioria branca. A fim de suscitar empatia, não citava apenas o drama vivido pelos negros, mas também o de imigrantes geralmente rejeitados pelos supremacistas brancos, como os italianos, por exemplo.

> O homem foi arrastado pelas ruas num carro paramentado, como nos tempos em que os generais romanos desfilavam com seus troféus de guerra, enquanto o cadafalso de três metros de altura era construído e o ferro era esquentado no fogo. Ele foi amarrado à estrutura, e o ferro quente foi marcando todo o seu corpo, a começar pelos pés, enquanto a horda uivava com seus gritos de sofrimento. Pedaços de ferro em brasa foram-lhe enfiados garganta abaixo, cozinhando sua língua; seus olhos foram queimados, e, quando ele enfim ficou inconsciente, puseram cascas de sementes de algodão embaixo do seu corpo, despejaram óleo de carvão nele e aproximaram uma tocha. Quando as chamas destruíram as cordas que prendiam Smith e queimaram sua carne, ele voltou à consciência, e, queimado, mutilado e ce-

> gado como estava, ele rolou para fora da plataforma e para longe do fogo. Seu corpo, cozido pela metade, foi agarrado e atirado novamente às chamas, enquanto uma turba de 20 mil pessoas vindas de todo o país uivava de alegria, recolhendo botões e cinzas para guardar de recordação, quando tudo acabou.[52]

A habilidade de Wells para sensibilizar as plateias foi fundamental para a mobilização das pessoas em torno de uma agenda contra o linchamento de negros. A partir de relatórios sobre a dimensão racial, ela conseguiu o apoio de estrangeiros e articulou uma rede transnacional com ativistas britânicos preocupados com as condições da população negra dos Estados Unidos. Com sua retórica poderosa, Wells foi capaz de transcender a esfera pública negra, atraindo a atenção de uma classe de brancos progressistas. Por outro lado, entre a elite e a classe política do Sul a visão era de que a ativista, ao se manifestar contra os linchamentos, acirrava ainda mais o ânimo das classes populares tomadas pela supremacia branca. Esse grupo insistia no argumento de que a segregação, mais do que um conjunto de códigos, era parte de uma tradição cultural dos estados sulistas. A imprensa na região passou a retratar Ida B. Wells como uma mentirosa, que forçava a mão em seus relatos sobre a violência racial.[53] Os editoriais convidavam os britânicos a visitarem as cidades do Sul a fim de testemunhar a realidade de comunidades em nada violentas, apenas vítimas de um grande preconceito contra o "estilo de vida do Sul".[54] Para parte da imprensa sulista, não eram os britânicos que deveriam ensinar aos norte-americanos como tratar os negros, mas sim os norte-americanos que deveriam ensinar a eles como tratar os irlandeses, que sofriam com a opressão britânica.

No final da década de 1890, Wells emergia como uma das grandes lideranças entre os afro-americanos, preenchendo um vácuo deixado pela geração do abolicionismo. Enfrentando a oposição de pessoas da militância negra que alegavam que o protagonismo deveria ser masculino, sobretudo na luta contra os linchamentos de homens negros, firmou-se como a grande responsável pela articulação dessa agenda. A NAACP, tão logo ganhou proeminência como a principal organização antirracista dos Estados Unidos, atuou para mobilizar políticos em torno de uma Lei Antilinchamento, considerada o primeiro passo para desestruturar a hierarquia racial nos Estados Unidos.

Ida B. Wells também teve uma contribuição importante para o movimento de mulheres negras que se organizou no final do século XIX e possibilitou a emergência de uma rede de ativistas afro-americanas. Entretanto, diferentemente de gerações posteriores, que passariam a fazer críticas contundentes ao patriarcado na sociedade norte-americana, naquele momento havia uma preocupação com a construção de uma respeitabilidade para as mulheres negras, que pudesse se contrapor aos papéis de subordinação do período da escravidão. Estas, contudo, não propunham o protagonismo na esfera privada, reivindicando um papel no processo de integração social da população negra. A partir de diferentes instituições da política afro-americana, como igrejas, universidades e organizações de jovens, as mulheres construíram redes regionais que ofereciam serviços para os menos abastados, sobretudo para as trabalhadoras circunscritas à esfera doméstica.[55]

Em 1896, essas redes foram articuladas em torno da National Association of Colored Women's Clubs (NACWC), criada a partir da fusão da National Federation of Afro-American Women com o Woman's Era Club, de Boston, e a National League of Colored Women, de Washington. A organização foi produto de um fenômeno muito mais amplo da sociedade, como as redes de associações voluntárias coordenadas por mulheres que davam assistência aos migrantes e imigrantes que abarrotavam as grandes cidades do Norte. Os bairros de imigrantes se transformaram em espaços de grande pobreza, preocupando as autoridades, que observavam o alto grau de vulnerabilidade social. Entre as ativistas havia o diagnóstico de que o individualismo e a livre iniciativa — presentes nos discursos das autoridades políticas e elites econômicas — eram princípios insuficientes para promover o desenvolvimento social. Nesse sentido, era necessário estimular o voluntariado e a solidariedade entre os norte-americanos a fim de evitar a "degradação social e moral" das classes populares. A prostituição e o alcoolismo eram as práticas que mais preocupavam as associações que se mobilizavam em torno da assimilação dos trabalhadores europeus, que chegavam ao país aos milhares.

No caso da população negra que deixava os estados sulistas rumo ao Norte, a situação não era diferente, com o agravante de práticas racistas que, como vimos, limitavam o acesso a vários postos de trabalhos. A NACWC, portanto, transcendia uma agenda específica das mulheres e as promovia como agentes do desenvolvimento social dos afro-americanos, tratando também de questões como mendicância, direitos trabalhistas, educação, moradia, justiça social, saúde e, obviamente, igualdade salarial. Todos esses temas foram articulados na organização a partir de departamentos como

Ciências Sociais, Ciência Doméstica, Clube das Mães, Mulheres Empreendedoras, Mulheres Profissionais, Trabalho de Resgate, Artes, Literatura, Música, Temperança e Igreja das Mulheres. A NACWC, nesse sentido, funcionou como uma instituição nacional que coordenava milhares de iniciativas regionais através de uma agenda comum.[56]

A interação entre as esferas local e nacional foi a tônica da organização, que se apresentava como um centro de apoio de mulheres negras que militavam em diferentes partes do país. Em conferências bianuais, as ativistas discursavam a respeito de suas experiências individuais e coletivas e apresentavam relatórios sobre a situação das comunidades negras em suas cidades e regiões. Quando as redes da NACWC começaram a ser mobilizadas, não havia ainda um grupo consolidado de mulheres negras de proeminência nacional: foram as redes locais que possibilitaram a emergência de lideranças regionais que cada vez mais demonstravam força para, por exemplo, se contrapor à segregação nos transportes públicos e afirmar agendas específicas para mães trabalhadoras por meio de debates sobre o sufrágio universal, a exploração do trabalho de crianças negras em penitenciárias, a exploração do trabalho das mulheres, o colonialismo africano e a educação profissionalizante, além das representações negativas sobre negras e negros na literatura norte-americana. Assim, a NACWC possibilitou a ascensão de lideranças como Beatrice Cannady, Mattie Bowen, Mary Church Terrell, Nannie Helen Burroughs, Victoria Earle Matthews, Ida Gibbs, Cornelia Bowen, Rosa Gragg, Josephine Bruce e, claro, Ida B. Wells.

A grande maioria das ativistas da NACWC era de educadoras, oriundas da classe média negra dos Estados Unidos.

Contudo, as iniciativas da organização se concentraram nas necessidades das classes populares. Uma das principais ações das militantes consistia em protestar em favor da igualdade salarial, sobretudo quando se tratava de mulheres negras. Outra ação comum das redes eram as mobilizações destinadas a defender crianças negras condenadas por pequenos crimes nos tribunais dos estados do Sul. Em cidades do Norte como Chicago, a NACWC atuou ao lado de outras lideranças e organizações para denunciar as condições precárias dos bairros onde os negros estavam concentrados, responsáveis pela proliferação de doenças como o sarampo e a tuberculose. A partir das mesmas propostas, foram criadas estratégias para educar os migrantes sobre a maneira de manter seus lares limpos e eliminar as pragas que infestavam prédios nas grandes cidades norte-americanas.

Apesar do esforço da NACWC para articular nacionalmente uma agenda comum, havia mais de uma corrente dentro da organização. Em um primeiro momento, a agenda de Mary Church Terrell era a mais influente no grupo. Terrell se aproximava da proposta de Booker T. Washington. A ativista nasceu de pais libertos que herdaram terras do ex-senhor após a abolição, o que lhe propiciou, durante a juventude, condições econômicas melhores que as de grande parte das famílias da elite negra dos Estados Unidos. Terrell se formou no Oberlin College, em Ohio, enveredando por uma linha de estudos geralmente seguida por homens, com uma formação ampla no campo das ciências humanas. Ela foi a terceira mulher negra com formação universitária do país e lecionou em universidades de Ohio e na capital federal. Mary Church Terrell foi a grande articuladora e a primeira presidente da NACWC, em um momento no qual os clubes de sufragistas marginalizavam as mulheres negras, alegando que, ao incluí-las, perderiam um grande número de ativistas do Sul que defendiam a segregação racial.

Ida B. Wells, que em muitos momentos foi boicotada por Terrell, representou uma corrente alinhada à intelectualidade e ao ativismo do movimento do Novo Negro. Ao contrário da colega, ela foi muito mais enfática na luta contra o racismo, acreditando que era necessário transcender os aspectos econômicos e denunciar as práticas racistas da sociedade norte-americana. Wells, de certa forma, anteciparia o Movimento pelos Direitos Civis da década de 1960, especializando-se em táticas de agitação e confronto político. Nesse sentido, simbolizou uma linhagem do feminismo negro que cumpriu um papel importante no processo de institucionalização do movimento negro na década de 1910. Wells foi além da construção de uma respeitabilidade da mulher negra e representou, ao lado de outras ativistas, a ascensão de uma "nova mulher", que não se restringiria ao papel de mãe ou esposa, participando das principais mobilizações de organizações do movimento negro. Ela não se satisfez com a agenda política pautada na elevação moral dos negros dos Estados Unidos, e compreendia que o desmantelamento do repertório de práticas racistas violentas não dependia somente da assimilação de valores, mas da afirmação das leis que serviam de base à democracia norte-americana.

Ida B. Wells, assim como William Du Bois na década de 1930, lutava pela integração social dos afro-americanos, mas havia outras agendas no período que manifestavam o ceticismo dos negros com a disposição da sociedade em incorporá-los como cidadãos de primeira classe. Existia uma linhagem nacionalista do ativismo afro-americano que refutava a integração e reivindicava a formação de uma comunidade negra autossuficiente e protegida da supremacia branca. Os negros nacionalistas não eram patriotas que celebravam a singularidade da sociedade norte-americana, mas lideranças que defendiam a construção de uma nação negra nos Estados Unidos ou ressaltavam aspectos distintos de uma cultura especificamente negra.[57] Na década de 1920, a figura de maior destaque nesse nacionalismo era o jamaicano Marcus Garvey, que iniciou sua militância no país no Harlem, principal bairro negro da cidade de Nova York. A imagem de Garvey ficou associada à narrativa de "retorno ao continente africano", que enfatizava o papel dos negros da diáspora na redenção dos povos da África.

Contudo, antes que ascendesse como uma importante liderança da era do Novo Negro, Garvey seguiu os passos de Booker T. Washington, apostando na educação como a ferramenta primordial para a inclusão dos negros na Jamaica e nos Estados Unidos. Marcus Mosiah Garvey nasceu em Saint Ann's Bay, na Jamaica, em 1887. No início de sua carreira profissional, destacou-se como tipógrafo, e logo se envolveria com a organização de greves da sua classe. Desde a infância, ocupou-se com a leitura de obras historiográficas e filosóficas da ampla biblioteca do pai, um trabalhador braçal que tinha grande apreço pela leitura. Ao assumir o papel de líder das classes trabalhadoras na Jamaica, Garvey iniciaria um caminho sem volta na política.[58]

Em 1910, antes de desembarcar em Nova York, Marcus Garvey circulou pela América Central, seguindo o roteiro de muitos trabalhadores jamaicanos que haviam deixado o país em busca de melhores salários. Em sua jornada, foi construindo uma visão transnacional, que enquadrava o problema da classe trabalhadora jamaicana em um cenário amplo, envolvendo os trabalhadores caribenhos ocupados nas atividades mais vulneráveis nas plantações da US Fruit Company e na construção do canal do Panamá. Quando retornou à Jamaica, Garvey procurou criar junto às autoridades um programa de emprego para a diáspora jamaicana, mas foi ignorado. Entretanto, ele próprio pensou na construção de uma agenda para a maioria negra, por meio de iniciativas que pudessem promover a educação e oportunidades profissionais. Sua grande inspiração foi um livro de Booker T. Washington, *Up from Slavery*, autobiografia que, além de narrar a trajetória e ascensão do líder afro-americano, divulgava sua agenda de educação profissionalizante entre os negros do Sul.

Marcus Garvey entendeu que a cooperação econômica entre negros, a partir da difusão de uma ética do trabalho, poderia ser um primeiro passo para que os negros jamaicanos e de outras sociedades pudessem construir a própria autonomia. Nesse sentido, em 1914, articulou seus contatos do período em que havia militado entre os tipógrafos e fundou a Associação Universal para o Progresso Negro (Unia, no acrônimo em inglês). A escassez de fundos para manter a organização, no entanto, o obrigou a trabalhar primeiramente com a educação de adultos, aumentando pouco a pouco a base de membros. Garvey encontrou resistência não só entre brancos liberais, mas também entre lideranças negras. Sua última alternativa foi estabelecer contato com Booker T. Washington, apostando no acesso à rede de filantropia do educador. Garvey, que em 1915 se preparava para viajar aos

Estados Unidos, recebeu a mensagem de que Washington havia falecido. Contudo, resolveu não voltar atrás, e continuou empenhado em promover a Unia entre os afro-americanos.[59]

Em 1916, ao chegar a Nova York, Garvey entrou em contato com uma das maiores comunidades negras do Norte dos Estados Unidos. Ao contrário dos vilarejos nos quais circulara pela Jamaica, os quarteirões do Harlem já apresentavam uma vida política dinâmica. Em suas primeiras semanas, Garvey manteve-se empregado como tipógrafo e iniciou sua militância com recursos mínimos, subindo sobre uma caixa de madeira e fazendo discursos sobre o continente africano e as condições dos negros pelas Américas. A combinação entre trabalho e militância em alta frequência o debilitou inúmeras vezes, comprometendo a missão de divulgar a Unia entre os negros de Nova York. Com sua capacidade retórica, porém, Garvey conseguiu acessar a rede de ativistas negros da cidade, dando início à sua militância entre os afro-americanos.

A partir de uma série de palestras, promovida pelo comunista caribenho Hubert Harrison, Garvey articulou a criação de uma unidade da Unia em Nova York. A mensagem de orgulho negro e a ênfase na importância da autonomia e da autodeterminação dos negros atraiu uma audiência cada vez mais ampla, viabilizando o projeto que havia sido planejado para a Jamaica. No início, a Unia foi concebida para ser administrada por um grupo de líderes, mas o poder foi se concentrando nas mãos de Marcus Garvey, que venceu uma disputa bastante acirrada em um momento no qual a organização começou a demonstrar sua capacidade para mobilizar uma base composta também por uma grande quantidade de trabalhadores de origem caribenha.[60]

A Unia ganhou projeção com a publicação do jornal *Negro World*, que divulgava as mensagens de Garvey e as atividades da organização. Assim como a maioria dos periódicos negros, a operação começou com uma estrutura precária, com a distribuição sendo feita de maneira gratuita. A equipe responsável pela publicação despertava cedo e passava o jornal por debaixo das portas das residências do Harlem. Logo o *Negro World* passou a ser vendido por cinco centavosde dólar, preço acessível ao público-alvo da Unia. No auge, o periódico alcançou uma tiragem de 60 mil exemplares, embora Garvey afirmasse ter 1 milhão de leitores, circulando pelo Canadá, Caribe, América Latina, Europa e África. A mensagem do líder jamaicano também chegou ao Brasil, com a reprodução de artigos no jornal negro *O Clarim d'Alvorada*, da cidade de São Paulo.[61]

O discurso de Marcus Garvey, que a partir de 1919 passou a atrair grandes plateias, explorava as crescentes tensões raciais nos grandes centros urbanos do Norte dos Estados Unidos. A construção de uma solidariedade social e econômica entre os negros, proposta pelo líder jamaicano, contemplava as populações negras de diferentes regiões que enfrentavam uma variedade de práticas racistas no cotidiano. Nesse período, a Ku Klux Klan voltou a operar no país, aterrorizando católicos, judeus, imigrantes e principalmente negros. A organização, que havia nascido em 1865, em reação à libertação dos escravizados, retornou em 1915 para cumprir seu papel de braço armado da supremacia branca.

Em seus discursos, Marcus Garvey construiu uma narrativa de redenção dos povos negros que se iniciaria pela mobilização política, estimulada por um forte sentimento de orgulho racial. O líder jamaicano elaborou um imaginário racial marcado pelas grandes conquistas da raça negra, associadas a um passado idealizado do continente africano corrompido pelo colonialismo europeu. Nesse sentido, ele ajudou a difundir uma perspectiva pan-africana entre os afro-americanos, segundo a qual o destino dos negros da diáspora estava intimamente ligado ao dos povos africanos.[62] Marcus Garvey passou a fazer parte de uma linhagem de lideranças negras que utilizaram a imagem da África como contraponto à sociedade racista dos Estados Unidos, enfatizando que o progresso social dos negros só poderia ocorrer a partir de sua autonomia completa ou do retorno ao continente africano. Se no princípio se baseava na educação profissionalizante da população negra, mais tarde o projeto de Garvey ampliou os horizontes com uma narrativa de ascensão da raça negra nas Américas e na África contra o racismo e o colonialismo.

A autonomia negra, seguindo uma perspectiva econômica como a de Booker T. Washington, foi incorporada à missão de enfrentar as forças que haviam estruturado uma hierarquia racial em escala planetária. A agenda política de Marcus Garvey foi impulsionada pelas operações comerciais da Unia, que envolviam restaurantes e lojas de roupas que empregavam seus membros. O sucesso da organização transformou o jamaicano em uma das lideranças mais importantes da política afro-americana. Nesse período de grande prestígio, Garvey apostou em ações ambiciosas, como a criação de uma companhia de navegação que, em um futuro não muito distante, ligaria Nova York ao continente africano e iniciaria o "retorno" dos afro-descendentes à sua terra de origem. Quando Garvey expôs essa proposta, foram poucos os investidores que questionaram a viabilidade econômica do empreendimento; a maioria estava convicta de que a companhia seria um sucesso e símbolo da redenção da raça negra.[63]

Marcus Garvey tinha um perfil diferente da maior parte da elite do ativismo negro. A Unia, por exemplo, contava com uma base formada majoritariamente por negros das classes populares e uma grande participação de imigrantes caribenhos. Enquanto a NAACP, de Ida B. Wells e William Du Bois, estava envolvida em ações legais antirracistas, a Unia, a partir de um discurso messiânico, procurava organizar economicamente as comunidades negras dos centros urbanos. Embora tenha sido um leitor voraz, Garvey nunca foi considerado um intelectual. De fato, muitos dos textos atribuídos a ele foram escritos por sua segunda esposa, também de origem jamaicana, Amy Jacques Garvey. Marcus era conhecido como uma pessoa prática, sem os tons de cinza de intelectuais como Du Bois. Sua personalidade e agenda foram frequentemente criticadas pela elite intelectual negra, que o retratava como um demagogo e charlatão que atraía seguidores com promessas que nunca poderiam ser cumpridas. Em mais de uma ocasião, ele se envolveu em bate-bocas com figuras como Du Bois, que chegaram a ofensas pessoais.

O jamaicano, em seu auge, experimentou a sensação de ser a maior liderança negra do Harlem e dos Estados Unidos, graças a uma organização que vivia do culto à sua personalidade. Garvey desfilava em carruagem pelas ruas do bairro, seguido por membros da Unia que emulavam paradas militares. Sua popularidade, alcançada através de críticas veementes à sociedade norte-americana, logo o colocou no radar das autoridades, que o consideravam uma ameaça nacional. Sua ascensão meteórica foi acompanhada de grande hostilidade a seu projeto, que se aprofundou ainda mais quando a companhia de navegação entrou em crise, reforçando a imagem de Garvey como demagogo irresponsável. Além disso, em 1922, foi revelado um encontro dele com a Ku Klux Klan, que tinha como objetivo selar uma espécie de compromisso para promover a separação entre as raças. Acusado em 1922 de fraudar o sistema de correios, as autoridades norte-americanas aproveitaram o mote para deportá-lo, cinco anos mais tarde. O jamaicano ensaiaria seu retorno aos Estados Unidos, mas seu movimento se enfraqueceu e jamais voltou a ter a mesma força que havia mostrado na década de 1920.

Desde a sua ascensão no ativismo afro-americano, Marcus Garvey se envolveu em várias controvérsias, obscurecendo diversas das iniciativas positivas que aconteciam no Harlem e em âmbito nacional. Contudo, apesar do enfraquecimento de sua influência após a deportação, ele deixou um legado que se reproduziu em dimensão simbólica, com um discurso enfatizando o orgulho racial, sobretudo dos negros de pele mais escura, reforçando uma identidade transnacional baseada na conexão da diáspora negra com o continente africano. Garvey popularizou ainda o pan-africanismo, perspectiva política circunscrita até então a uma elite de intelectuais afro-americanos e caribenhos. Por outro lado, recontextualizou a solidariedade econômica de Booker T. Washington, organizando uma rede de negócios que fundamentariam as iniciativas de construção de um capitalismo negro. Marcus Garvey faleceu em 1940, mas seu legado continuou a influenciar as gerações seguintes do movimento negro nos Estados Unidos. Alguns estudiosos, como Robert Hill e Theodor Vincent, ressaltam a amplitude do movimento e a importância das lideranças secundárias da Unia, que pautaram não somente as agendas econômicas mas também questões que não se enquadravam no "repertório" separatista do movimento, como o direito ao voto, à organização política e à liberdade de expressão.[64]

Se o garveísmo promoveu uma ampla agenda, que envolvia a articulação de segmentos populares afro-americanos, outros movimentos ligados ao Novo Negro contribuíram para a mobilização de ativistas e intelectuais que enquadravam o problema da questão racial no país em uma perspectiva revolucionária, influenciada pelo marxismo e, posteriormente, pela Revolução Russa de 1917. O engajamento dos negros em organizações políticas comunistas e socialistas envolvia dois grandes desafios: por um lado, a afiliação a uma ideologia considerada um elemento exógeno na cultura política norte-americana, legitimando a perseguição sistemática a comunistas e anarquistas. E, por outro, a adesão e a participação em organizações que ignoraram o impacto do racismo na sociedade e, consequentemente, nas dinâmicas do mercado de trabalho que se constituía na virada do século.

A articulação da classe operária nos Estados Unidos teve início em um momento no qual a escravidão ainda vigorava, e as ideias sobre a separação da humanidade em grupos raciais ganhavam cada vez mais terreno.[65] Nesse sentido, a organização do trabalho acompanhou a emergência da supremacia branca, alimentada pela crença na superioridade da raça anglo-saxônica. No início do século XX, como já vimos, os discursos sobre a supremacia dos brancos se confundiam com as narrativas da nação, que reforçavam a ideia de que os Estados Unidos haviam sido construídos pela e para a população de origem europeia, relegando as minorias étnicas não brancas a um espaço marginal.[66] As gerações de imigrantes europeus que engrossavam as fileiras de organizações que se transformariam em sindicatos incorporariam os elementos da cultura racista norte-americana, mesmo estando em situação subalterna.

Nesse sentido, embora se mobilizassem em torno do trabalho, os sindicatos reproduziam a hierarquização racial presente em outras esferas sociais. Os trabalhadores irlandeses, que nesse período foram tratados como uma raça inferior, perseguiram sistematicamente os trabalhadores negros. Por outro lado, o marxismo, que fundamentava a ação de uma classe trabalhadora revolucionária, ganhou força entre ativistas e intelectuais negros, que entendiam existir uma relação íntima entre o racismo e o sistema capitalista. A trajetória dos negros do campo socialista e comunista foi marcada pelos esforços para apontar as práticas de discriminação nos sindicatos e nos partidos de esquerda, e pela mobilização de uma classe de indivíduos revolucionários. Já a relação entre as lideranças negras e a esquerda revolucionária se distinguiu por momentos de aproximação e outros de distanciamento, revelando a tensão racial entre negros e brancos no processo de mobilização de uma classe trabalhadora revolucionária.

Assim como no caso das organizações políticas de mulheres sufragistas, as convenções dos partidos políticos eram segregadas. O Partido Socialista dos Trabalhadores, fundado em 1876, por exemplo, não abordou em sua fundação nenhuma questão relacionada aos afro-americanos, ainda que tenha declarado seu apoio ao sufrágio universal sem discriminação de raça, credo ou sexo. Entretanto, a defesa da participação irrestrita de todos os trabalhadores não se converteu necessariamente em uma afirmação convicta contra a discriminação nos quadros do partido. Lideranças negras como Frank Ferrell, que obteve sucesso na mobilização de trabalhadores chineses, sistematicamente discriminados pelos sindicatos, não tiveram força suficiente no interior da organização para implementar uma iniciativa semelhante a fim de ampliar a base.[67]

A partir de 1920, o cenário para as organizações à esquerda do espectro político mudou. Já havia esforços para articular uma agenda antirracista que estimulasse a integração dos trabalhadores, diferentemente do que fazia a Federação Americana do Trabalho, que havia se estruturado a partir de sindicatos segregados e reproduzia sistematicamente a discriminação dos negros. A Revolução Russa, que impulsionou a criação de partidos comunistas por toda parte, também estimulou o debate sobre a difusão de movimentos revolucionários para além da Europa e dos Estados Unidos, obrigando as lideranças a pautarem temas como colonialismo e racismo. Entre os norte-americanos, a questão racial ganhou mais espaço e obrigou as organizações a adotarem ações práticas para atrair minorias raciais: chegava-se à conclusão de que um movimento revolucionário não seria possível sem a participação da classe de trabalhadores negros, que crescia no Norte e ainda era maioria em algumas regiões do Sul do país. Em 1922, durante o Congresso Mundial da Internacional Comunista, foram adotadas teses sobre a "questão negra" que enfatizavam a importância de incorporar os trabalhadores negros e apoiar as organizações políticas negras que debilitavam o capitalismo.

Essa mudança entre os revolucionários teve grande contribuição de figuras como Claude McKay, Cyril Briggs e Hubert Harrison. Este último tornou-se, antes da ascensão de Marcus Garvey, uma figura popular no Harlem e popularizou entre os ativistas negros a prática de discursos nas esquinas, abordando os problemas sociais a partir da relação entre classe e raça. Nascido na ilha de Saint Croix, que pertencia à Dinamarca, ele fazia parte de uma linhagem de caribenhos radicais que tiveram grande influência sobre a militância e a intelectualidade afro-americana. Quando emigrou, em 1900, para os Estados Unidos, deixou para trás uma vida marcada por dificuldades materiais. Seu grande desafio foi adquirir uma boa formação, que veio pelo autodidatismo, já que o tempo dedicado às atividades profissionais limitava suas chances de obter uma educação formal. Entretanto, essas barreiras não o impediram de manifestar sua genialidade, que surpreendia os colegas de militância.[68]

Após um período de trabalhos de baixa remuneração combinado com estudos no turno da noite, Harrison começou a publicar artigos em jornais e a desenvolver projetos com outros intelectuais negros. Em um primeiro momento, seguiu as linhas de atuação de Booker T. Washington e William Du Bois, mas posteriormente demonstrou desconforto com a moderação do primeiro e a agenda integracionista do segundo, aproximando-se mais de uma posição revolucionária. Após perder o emprego nos correios por criticar veementemente Washington, Harrison entrou para o Partido Socialista, em 1911, reforçando cada vez mais sua crítica ao capitalismo. No ano seguinte, atuou na campanha presidencial de Eugene v. Debs, naquele momento a figura mais importante do socialismo nos Estados Unidos. A experiência com o partido possibilitou mais tarde a organização do Clube Socialista Negro, que tinha como objetivo primordial a mobilização de trabalhadores afro-americanos sem experiência com a cultura institucional dos sindicatos.

A relação entre Harrison e os socialistas, no entanto, foi atravessada por momentos de tensão relacionados à cultura racista que orientava a classe operária. Em seus escritos, ele identificou e problematizou o que mais tarde ficaria conhecido como a recompensa da branquitude,[69] fenômeno que produzia a crença na superioridade moral e intelectual dos trabalhadores brancos, inviabilizando as iniciativas inter-raciais de articulação do operariado. Também abordou o colonialismo e o fardo do homem branco sobre os povos do continente africano. Em 1917, ao fundar a Liga da Liberdade e o jornal *The Voice*, Harrison privilegiou uma agenda específica para os trabalhadores negros, sem abandonar suas propostas anticapitalistas.[70] Quando os Estados Unidos entraram na Primeira Guerra Mundial, criticou o discurso do presidente Woodrow Wilson, que enfatizava a luta pela liberdade sem necessariamente abordar os projetos coloniais no continente africano. A Liga da Liberdade também demandou a aplicação de leis para conter a violência racial e, antes da NAACP, promoveu a ideia de uma lei antilinchamento. Em meio ao debate sobre a violência racial nos Estados Unidos, Harrison abrigou Marcus Garvey em sua organização, e, posteriormente, o ajudou a articular a Unia. Entretanto, a tendência personalista do jamaicano determinou seu distanciamento.

A atuação de Hubert Harrison foi fundamental para a consolidação de uma linhagem de lideranças negras radicais. Ao mesmo tempo que ele procurava construir uma agenda interseccional de classe e raça, figuras como Cyril Briggs ampliavam as agendas radicais através da articulação de outras organizações políticas. Em 1919, Briggs fundou a African Blood Brotherhood (ABB), em resposta à tendência garveísta de autodeterminação através do empreendedorismo, em um momento no qual ele se deslocava de uma agenda especificamente negra para uma agenda marxista que operava em um horizonte mais amplo, contemplando a articulação entre trabalhadores negros e brancos. Cyril Briggs, no entanto, fez um movimento distinto de Harrison, abandonando o Partido Socialista para promover uma agenda radical entre os negros, mas retornando à lógica partidária ao enxergar a possibilidade estratégica de articular uma agenda de autodeterminação negra por meio de uma aliança com o Partido Comunista dos Estados Unidos.[71] Os comunistas, ao perceberem a capacidade de organização dos negros a partir do nacionalismo negro de Garvey, apostaram na ABB como uma organização com força para mobilizar um nacionalismo negro de esquerda.[72]

A ABB ganhou notoriedade pela afirmação da autodefesa frente aos inúmeros atos violentos perpetrados pelas hostes racistas. Em 1919, quando uma série de conflitos raciais eclodiu por todo o território norte-americano, passou a defender o enfrentamento aos supremacistas que frequentemente linchavam negros no Sul ou disputavam de maneira violenta os postos de trabalho nos grandes centros urbanos do Norte. A ABB reforçou uma linha de ação que se transformaria em uma tradição do repertório do ativismo radical negro, invocando a autodefesa armada como um meio legítimo de proteção contra a violência racial. A organização estabeleceria sucursais em cidades do Sul a fim de garantir a segurança das comunidades negras.

Assim como Hubert Harrison, a ABB tinha uma orientação internacionalista, associando racismo e colonialismo. Enquanto um núcleo negro que orbitava o Partido Comunista, suas lideranças, entre elas o escritor e ativista haitiano Claude McKay, promoveriam o debate sobre a mobilização das populações negras nos Estados Unidos e a importância da descolonização do continente africano para impulsionar um movimento global e anti-imperialista de luta de classes. A ABB, ao lado de outras organizações com influência de lideranças caribenhas, trabalhou com uma perspectiva ampla, já que abrigava militantes com experiência anterior de deslocamento internacional.

ENTRE 1900 E 1930, as redes do ativismo negro nos Estados Unidos tiveram como grande centro organizador a cidade de Nova York. Contudo, a concepção do Novo Negro, como uma postura renovada diante do legado da escravidão, não ficou restrita ao centro financeiro do país, expressando-se de diferentes maneiras em diferentes regiões dos Estados Unidos. Além de Nova York e Chicago, cidades como Los Angeles, no Oeste, testemunharam a ascensão de organizações negras que não só incorporaram elementos de uma agenda nacional mas também criaram suas próprias agendas locais. A abertura da primeira unidade da NAACP na Califórnia energizou as lideranças de Los Angeles, que já haviam articulado sua militância em outros espaços, como o circuito de igrejas.[73] Assim como as cidades do Norte e do Nordeste, o Oeste, principalmente Los Angeles, recebeu migrantes de New Orleans, que contribuíram para ampliar a popularidade do jazz — que entre os "black angelos" incorporou elementos da sonoridade gospel — e o empoderamento que ele oferecia.

O movimento ativista negro se nacionalizou e também se estendeu internacionalmente. William Du Bois, que ficou marcado pela complexidade e diversidade de agendas, foi além do integracionismo, refletindo sobre os conflitos de raça em termos globais. Desde 1900, quando afirmou que a questão racial seria o grande problema do século XX, Du Bois percebia que a hierarquia racial que havia se estruturado no período pós-abolição nos Estados Unidos não era um fenômeno isolado, mas parte de um processo global. Segundo ele, o segregacionismo norte-americano e o colonialismo revelaram, de maneiras distintas, uma tensão racial que provocaria o enfrentamento entre povos europeus e não europeus. Em 1905, o Japão venceu a guerra contra os russos e despertou a preocupação de pensadores racistas, que interpretaram o evento como um levante das raças não brancas. Mais tarde, a Primeira Guerra Mundial provocou um mal-estar ainda maior ao enfraquecer nações europeias e possibilitar a emergência de uma ampla mobilização das "raças negras" para a luta em âmbito global contra as hierarquias estabelecidas.

Para T. Lothrop Stoddard, intelectual supremacista branco que temia a ascensão dos asiáticos e africanos, aquele era o momento de as populações de origem europeia organizarem novas estratégias de controle sobre as raças não brancas. Já os intelectuais e as lideranças negros perceberam que as iniciativas políticas da geração dos anos 1910 e 1920 estavam alinhadas ao levante de vários povos submetidos pelo racismo e o colonialismo. Os afro-americanos familiarizados com os eventos internacionais passaram a se identificar com os filipinos, cubanos e haitianos, que resistiam às intervenções dos Estados Unidos, e com os irlandeses, que enfrentavam os britânicos em busca de autonomia.[74] Esse cenário, impulsionado pela revolução bolchevique na Rússia, propiciou a construção de agendas políticas mais radicais, como acompanhamos com o nacionalismo negro de Marcus Garvey e as posições anticapitalistas de Hubert Harrison e Cyril Briggs.

Em 1919, como consequência do fim da Primeira Guerra Mundial, William Du Bois articulou a organização do Congresso Pan-Africano em Paris, como estratégia para pautar a agenda do pós-guerra e discutir a autonomia dos povos africanos. O congresso não teve qualquer efeito sobre as administrações coloniais, mas foi fundamental para criar um espaço de lideranças negras de diferentes países, que mais tarde se transformaria em um centro de mobilização que contribuiu para o processo de independência dos povos africanos. A internacionalização do novo negro propiciou a formação de redes políticas e culturais, incluindo bandas de jazz formadas por ex-combatentes afro-americanos que permaneceram na França após a guerra, consolidando um espaço para a atuação de músicos e literatos que respondiam às demandas de intelectuais europeus por um revigoramento estético através de elementos culturais africanos e afro-americanos.[75]

Não há consenso entre os estudiosos do Novo Negro sobre quando o movimento chegou ao fim. A narrativa tradicional considera o início da crise econômica nos Estados Unidos, com o crash da Bolsa de Nova York e a Grande Depressão, como eventos que desarticularam a militância negra nos Estados Unidos, mas nomes como Davarian Baldwin afirmam que é possível identificar o mesmo dinamismo do ativismo negro ao longo da década de 1930. Se, por um lado, o financiamento da elite liberal praticamente desapareceu com a crise, por outro, iniciativas governamentais como o New Deal ofereceram uma nova base de sustentação para certas organizações e lideranças negras.[76] Para Baldwin, a ascensão de um novo negro, resistente à hierarquia racial vigente no país, perderia o fôlego logo após o fim da Segunda Guerra Mundial, momento em que os Estados Unidos assumiram o papel de grande potência do planeta e, em âmbito doméstico, começaram a enquadrar os "inimigos da democracia" por meio da perseguição política.

A geração que se articulou na década de 1920 e consolidou o processo de institucionalização do movimento negro nos Estados Unidos se levantou contra as autoridades que reorganizavam os termos de participação política a partir de categorias raciais. Ao mesmo tempo que forças políticas como os movimentos sufragista e negro forçavam a ampliação da ordem democrática, a supremacia branca, representada politicamente nos quadros sulistas do Partido Democrata, mas presente também em outras esferas, comprimia essa mesma ordem a fim de sustentar a hierarquia racial. De acordo com Nikhil Pal Singh, não havia contradição entre razão universal e diferença racial, tendo a raça ajudado a fundamentar as noções de racionalidade, cidadania, autogoverno e nação que orientavam a república norte-americana. Historicamente, um dos elementos que determinaram a formação do Estado norte-americano fora a constituição de inimigos racializados, representados pela ameaça interna de africanos escravizados e a ameaça externa de povos indígenas vizinhos no período colonial.[77] Nesse sentido, o controle racial, na forma das forças militares que dizimaram os indígenas e das forças policiais que reprimiam os afro-americanos, foi um fator determinante no processo civilizatório dos Estados Unidos. O novo negro que emergia com a modernidade nacional apenas reagia a uma das metamorfoses do sistema racial do país construído durante o período de escravidão.

A década de 1930, como veremos no próximo capítulo, impôs novos desafios ao ativismo afro-americano. O New Deal de Franklin Roosevelt, com sua plataforma de programas sociais e econômicos, alterou as dinâmicas das organizações negras e a relação da população afro-americana com o Estado, demandando das lideranças formadas na era do novo negro uma força criativa para se ajustar a um novo contexto político e econômico.

# 2. New Deal sob uma perspectiva afro-americana

O SURGIMENTO DE COMUNIDADES NEGRAS no Norte dos Estados Unidos, que foi retratado como um fenômeno que revelava a integração dos afro-americanos à modernidade, permitiu que muitos negros no país pudessem imaginar, num futuro próximo, a conquista da cidadania de primeira classe. Se, por um lado, como vimos no capítulo anterior, as tensões raciais atravessaram também as experiências das populações negras que haviam migrado em busca de oportunidades no Norte, por outro, os grandes centros urbanos, mesmo estruturados por hierarquias raciais, possibilitaram o avanço material de muitos negros. Na década de 1920, havia entre vários segmentos da sociedade norte-americana a sensação de que a economia havia iniciado um curso de crescimento infinito. O presidente republicano Warren Harding, em um de seus discursos, anunciou que o país havia chegado a um estado de normalidade, e que as forças privadas, livres das amarras de um Estado interventor, promoveriam a prosperidade. A euforia da década de 1920, alimentada pelo crescimento da indústria automobilística, também atingiu uma parcela da população negra, que passou a sonhar com a possibilidade de mobilidade social, criando sua própria versão do "sonho americano".[1]

O entusiasmo com a economia, contudo, se encerrou em 1929, com a quebra da Bolsa de Nova York. No dia 29 de outubro, em uma terça-feira, os preços das ações despencaram, e a bolsa, em sua maior crise na história, entrou em colapso. Iniciou-se, então, um efeito dominó que se proliferou por todos os setores econômicos, causando falências e demissões em massa. Obviamente, o impacto sobre os empreendimentos negros foi muito maior, varrendo as redes de bancos e os comércios em todas as comunidades negras do território. A crise, que se transformaria em um longo período de depressão, diminuiria as vendas dos empreendedores afro-americanos de maneira acentuada, quando comparadas com o comércio em geral. Em 1936, por exemplo, menos de 30 mil negócios eram administrados por negros, apresentando uma queda de 30% no movimento de capital em relação a 1929. Com o empobrecimento acentuado da sua clientela, o empresariado negro experimentou a falência com constância e velocidade muito maiores que os demais.[2]

A trajetória do banqueiro Jesse Binga nos ajuda a compreender a situação dramática dos empresários negros durante a Grande Depressão. Binga, que como grande parte da elite afro-americana tinha origem em uma linhagem de negros livres, se transformou na década de 1920 em um símbolo da prosperidade negra em cidades como Chicago e Nova York.[3] Ele havia adquirido seu conhecimento sobre negócios ajudando a administrar os empreendimentos do pai em Detroit, um dos centros da economia norte-americana. Em 1893, aos 28 anos, depois de uma jornada de oito anos administrando negócios em diferentes regiões do país, Binga resolveu se estabelecer em Chicago, onde começou a se envolver com o setor imobiliário. Seus empreendimentos acompanharam o crescimento da comunidade negra na região sul da cidade, favorecendo os negócios e propiciando, em 1908, a abertura de um banco, o primeiro gerenciado por um negro no Norte dos Estados Unidos. Em 1921, o Binga Bank ampliou sua operação, transformando-se em Binga State Bank. Nesse período, o empresário já era uma figura popular em Chicago, sendo mencionado frequentemente nas páginas dos periódicos negros, sobretudo quando o assunto eram suas ações filantrópicas destinadas a organizações políticas e universidades negras como Howard.

Em 1929, quando já era dono de dois dos maiores bancos negros dos Estados Unidos, Binga foi atingido pela crise e teve grande dificuldade para administrar seus negócios. Um de seus empreendimentos mais recentes e ambiciosos, um edifício comercial de luxo encravado em uma área de maioria negra de Chicago, havia comprometido todas as finanças. O banqueiro, obviamente, não esperava que a economia norte-americana fosse acometida por uma crise tão aguda, e sofreu as consequências da quebra da bolsa. Binga não contribuiu com a explosão no número de suicídios entre a elite financeira dos Estados Unidos. Em vez disso, procurou contornar a possibilidade de falência recorrendo às instituições mais sólidas de crédito. A bancarrota de Jesse Binga se transformou em tema de um amplo debate na imprensa negra, envolvendo, até mesmo, William Du Bois, que acusou "os senhores" do setor financeiro de negligenciarem a situação dos banqueiros negros.[4]

Em 1930, Jesse Binga já não detinha a propriedade dos bancos, e sua trajetória ao longo da quebradeira refletiu as condições dos empresários negros que operavam em condições materiais inferiores. No entanto, o ditado "Quando a economia americana pega um resfriado, a comunidade negra pega uma pneumonia" seria mais apropriado para descrever a situação dos trabalhadores afro-americanos. Para eles, a Grande Depressão significou uma acentuada queda de qualidade de vida e uma profunda desorientação em meio ao desaparecimento de empregos em atividades tradicionalmente ocupadas por negros. Durante esse período se reforçou uma lógica comum nas dinâmicas do mercado de trabalho, pela qual os negros eram os últimos a ser contratados e os primeiros a ser dispensados. O salto astronômico na taxa de desemprego revelou-se em todas as regiões do país, atingindo tanto os trabalhadores dos grandes centros urbanos quanto os das zonas rurais nos estados mais pobres do Sul.

Em 1930, 17% da população branca e 38% da população negra dependiam de auxílios governamentais. A situação piorou para os negros quando os trabalhadores brancos começaram a ocupar profissões até então pouco valorizadas, como o trabalho doméstico. Com o tempo, os trabalhadores empregados eram obrigados a aceitar reduções salariais, e os que perdiam o emprego encaravam a fome e a possibilidade de ficar sem teto. Os apartamentos que antes abrigavam uma família de cinco pessoas passaram a abrigar cerca de dez, comprometendo a higiene e, consequentemente, a saúde. As instituições de caridade foram inundadas de crianças órfãs negras que tinham pais vivos, o que revela como a Grande Depressão impactou negativamente os laços familiares entre os afro-americanos.[5]

No Sul, onde viviam três quartos da população negra, os trabalhadores das zonas rurais tiveram que lidar com a queda abrupta dos preços dos gêneros agrícolas. As promessas de "Quarenta acres e uma mula", dos tempos pós-Guerra Civil, haviam se tornado um sonho distante. O número de proprietários de terra negros caiu cerca de 5% e a área de suas fazendas diminuiu cerca de 10%, além da queda de 35% no valor de suas propriedades, levando-os a depender de grandes latifundiários e bancos. No final da Grande Depressão, o número de negros proprietários de terras havia caído de 25% para menos de 15% entre a população negra ocupada em atividades agrícolas. Definitivamente, a escassez se tornou a regra para a maioria das comunidades afro-americanas nas zonas rurais.

Os trabalhadores, que agora incluíam aqueles que haviam perdido suas propriedades, enfrentaram tentativas, por parte dos grandes proprietários, de estabelecer relações de trabalho similares às do período de escravidão. Os negros dedicados a atividades agrícolas no Sul faziam parte do segmento mais empobrecido do país: as famílias negras das zonas rurais tinham uma renda anual de 565 dólares, três vezes menor que a das famílias brancas que desempenhavam as mesmas funções. As condições de sobrevivência eram extremamente precárias: menos de uma entre cem famílias negras tinha acesso à água encanada e 97% dos lares negros não dispunha de energia elétrica.[6] Em terras nas quais a produção caíra pela metade, os trabalhadores foram expulsos, restando, para a maioria, o êxodo ou atividades criminosas. Todo esse processo impulsionou o encarceramento entre os negros, que passaram a protagonizar imagens de trabalho forçado que rememoravam as jornadas dos escravizados nas plantações de algodão.[7]

Nos grandes centros urbanos, onde as comunidades negras vinham crescendo por conta de migrações das zonas rurais desde 1915, a situação era também desesperadora. As desigualdades, que combinavam questões de classe e de raça, se aprofundaram nesse período, estruturadas na distribuição desequilibrada de recursos nas grandes cidades. Pesquisas sobre os centros urbanos demonstravam, por exemplo, que cerca de 10% das famílias brancas não dispunham de água na cozinha, enquanto entre os negros essa proporção era de 60%. Nos centros urbanos dos estados do Sul, em cidades como Birmingham e Jackson, 90% das populações negras não tinham acesso a água e eletricidade. Enquanto 90% dos brancos urbanos conseguiam cozinhar com gás ou eletricidade, o número para os negros variava entre 49% em Dallas, no estado do Texas, e apenas 1% em Jackson, no Mississippi.[8]

Essas desigualdades, obviamente, exerciam um impacto direto sobre a saúde, e a situação era agravada quando a questão era o acesso a médicos e hospitais. Nos hospitais do Sul, por exemplo, os afro-americanos não eram aceitos como pacientes padrão, e os "hospitais negros", ou as alas segregadas, contavam com uma infraestrutura precária e insuficiente. A grande maioria dos negros, porém, nem sequer tinha acesso aos hospitais: a regra, em momentos de grande complicação, era pagar médicos negros. Além de tudo isso, havia o funil da educação, que limitava a formação de profissionais de saúde negros. Para que um afro-americano chegasse à universidade, era necessário passar por sistemas de educação segregados desprovidos de conforto, equipamentos adequados, iluminação apropriada ou as condições de limpeza necessárias para garantir a salubridade dos ambientes.[9]

A ideia de "separados, mas iguais" que legitimou as políticas segregacionistas nos estados do Sul, e que, segundo a Suprema Corte, não violava a democracia, ajudou a reorganizar e fortalecer as hierarquias raciais no pós-abolição. No momento em que a crise abalava as bases da economia norte-americana, desnudou-se o impacto negativo de anos de desigualdades sociais que se reproduziam não somente nas comunidades negras do Sul, mas também em outras partes do território onde os afro-americanos haviam sido obrigados a resistir a práticas discriminatórias cotidianas. Dessa forma, os poderes locais chancelavam o repertório mais violento do racismo ao mesmo tempo que, a partir da negligência, comprometiam as condições materiais que possibilitavam a sobrevivência da população negra. A esperança de criação de metrópoles negras em diferentes cidades do país, que materializariam a prosperidade e a integração, se dissipou, e as lideranças negras foram obrigadas a reorientar as estratégias políticas e a relação com o Estado.

Entre 1929 e 1933, o governo de Herbert Hoover não foi capaz de conter os impactos da crise. O presidente foi associado à expressão "Não fazer nada ou, quando a pressão se tornar irresistível, fazer muito pouco". Hoover ascendeu na política norte-americana e se credenciou como candidato à presidência a partir de sua fama de gênio da logística, adquirida na Primeira Guerra Mundial. Em 1927, durante o governo de Calvin Coolidge, Hoover fora o responsável pela assistência a famílias atingidas por alagamentos causados pelo rio Mississippi, evento que aumentou ainda mais seu capital político. Engenheiro de formação, Hoover entendia que em determinadas circunstâncias a intervenção do Estado era importante, mas não para fins humanitários. Essa lógica orientou sua agenda presidencial e fazia sentido na década de 1920, quando o fundamento da "normalidade americana" era a contenção do Estado e o incentivo à iniciativa privada. O perfil anti-intervencionista do presidente, que se considerava um promotor da livre iniciativa, inviabilizou qualquer ação contundente do governo federal para intervir na economia. Umas das imagens mais marcantes da administração Hoover foi o surgimento de aglomerados de barracos em grandes centros urbanos, que foram apelidados de "Hoovervilles".[10]

Com o agravamento da crise, Herbert Hoover chegou enfraquecido à eleição de 1932, que encerrou uma década de administrações republicanas e a tão propalada "era da normalidade". Franklin Delano Roosevelt, o concorrente democrata, que vinha de uma família rica e com histórico na política, havia se destacado nacionalmente como governador do estado de Nova York. Na convenção do partido em que foi confirmada sua candidatura, Roosevelt utilizou pela primeira vez a expressão "*new deal*", embora ainda não como um grande projeto para resolver os problemas da economia do país. Ela se popularizou e acabou sendo utilizada como slogan para reforçar o compromisso do democrata com uma agenda de mudanças estruturais. Durante as eleições, Roosevelt já apresentava elementos que indicavam um movimento de se afastar da visão reinante que idealizava uma ordem social individualista independente de ações do Estado. Uma das influências nesse processo foi o economista Rexford Tugwell, especialista em planejamento que defendia a planificação governamental em larga escala a fim de promover o emprego e salvar o capitalismo.[11]

As iniciativas que materializariam o New Deal foram concebidas em caráter emergencial. Uma das primeiras e mais importantes foi a regulação do sistema bancário, utilizando o Federal Reserve, o banco central do país, para administrar as reservas do mercado financeiro e do público em geral. A profundidade da crise gerou uma série de programas e políticas aplicados em diferentes áreas da economia norte-americana. Esse foi o momento em que o New Deal foi comparado a uma "sopa de letrinhas", pois popularizou uma série de acrônimos, como CCC (Civilian Conservation Corps), agência que empregou cerca de 120 mil trabalhadores em parques nacionais e florestas; EFMA (Emergency Farm Mortgage Act), lei que ofereceu recursos para que os fazendeiros pudessem cumprir com o pagamento de hipotecas; FERA (Federal Emergency Relief Administration), agência que organizou os auxílios para proteger os desempregados; NIRA (National Industrial Recovery Act), lei que reorganizou os sindicatos e controlou a produção e os preços; e NRA (National Recovery Administration), órgão que visava promover a competição justa na indústria norte-americana.

Mas os programas e as iniciativas do New Deal não levaram em consideração a questão racial, apesar das enormes desigualdades entre negros e brancos. Entre os especialistas que estavam mais próximos do presidente, não havia ninguém com qualquer conhecimento sobre as relações raciais. Thomas Corcoran, um dos conselheiros, por exemplo, não acreditava que na década de 1930 ainda houvesse um problema racial no país.[12] Para ele, a agenda do ativismo afro-americano não deveria ser tratada como prioridade, uma vez que os episódios mais violentos faziam parte do passado da nação. Por outro lado, a elite das lideranças negras se empenhou no início da década de 1930 para aprovar a Lei Antilinchamento sem explorar o potencial dos programas do New Deal, que poderia ser convertido em benefício da população negra, principalmente nos estados do Sul.

O próprio presidente, que fazia parte da elite norte-americana formada nas universidades da Ivy League, não tinha qualquer intimidade com o assunto. Seu círculo social e suas experiências como estudante da Universidade Harvard haviam determinado seu afastamento das classes menos abastadas, sobretudo dos negros. Os poucos contatos que estabeleceu em sua juventude com afro-americanos foram com funcionários das escolas onde estudou, já que os empregados domésticos que serviam a sua família eram britânicos e irlandeses. Nos registros pessoais de Franklin Delano Roosevelt, é possível identificar seu desdém pelos negros em inúmeras ocasiões, sobretudo no emprego constante do termo *nigger*, um insulto racial. Em reuniões com eleitores brancos, a fim de reforçar a solidariedade racial, ele declarava com frequência nunca ter participado de jantares com negros, diferentemente de seu primo Theodore Roosevelt, que, embora não menos questionável em termos raciais, convidara Booker T. Washington para jantar na Casa Branca.

A postura de Franklin Roosevelt diante da questão racial, com a qual teria de lidar durante sua presidência, mudou ao longo do tempo e foi influenciada pela primeira-dama. Eleanor Roosevelt, prima de quinto grau de Franklin, frequentava basicamente os mesmos círculos sociais do marido no nordeste do país, ainda que tivesse conexões familiares no Sul de herança escravocrata. Em entrevista à revista *Ebony* na década de 1950, ela revelou que sua percepção sobre a experiência afro-americana foi formada primordialmente por uma literatura romanceada da escravidão e que, em 1919, contratou negros para o trabalho doméstico imaginando assim estar promovendo a igualdade racial. Mas sua participação no movimento feminista foi gradualmente modificando sua visão sobre tolerância e direitos civis. Na década de 1930, Eleanor Roosevelt passou a se articular definitivamente com as lideranças negras, fortalecendo sua imagem como ativista dos direitos humanos nos Estados Unidos e no mundo.[13]

No entanto, as demandas da militância não puderam ser contempladas de imediato, uma vez que o Partido Democrata, da forma como estava organizado, impedia qualquer iniciativa que beneficiasse os negros. Naquele momento, havia duas forças que representavam tendências sociais distintas: uma delas estimulava a ampliação da base eleitoral, constituindo uma máquina eleitoral que incorporou a massa de trabalhadores urbanos do Norte, formando uma ampla rede clientelista com os imigrantes europeus e seus descendentes como base de apoio ao longo do século XIX; a outra era uma facção de democratas históricos do Sul do país, ligados intimamente à escravidão e às políticas segregacionistas aplicadas no período pós-abolição. Esses democratas autoritários chancelavam uma série de políticas que excluíam não somente os negros, mas também alguns setores das populações brancas.

O Partido Democrata reproduzia o legado supremacista adquirido desde seu nascimento. Andrew Jackson, associado à criação do partido, em 1828, emergiu como uma figura populista que consolidou a participação política da classe trabalhadora branca. Apesar da construção de sua imagem como um homem desafortunado, Jackson na verdade já era um proprietário de terras com centenas de escravizados quando chegou à presidência. Sua trajetória política esteve ligada à perseguição à imprensa abolicionista, considerada um instrumento de agitação dos escravizados, e às guerras contra indígenas, impulsionando remoções e conflitos sangrentos, por exemplo contra os seminoles, na região da Flórida. Ao longo do século XIX, o Partido Democrata foi estruturando suas bases nos estados do Sul, incorporando naturalmente uma agenda de defesa do sistema escravocrata que mais tarde se transformou em uma agenda segregacionista.[14]

Quando Franklin Roosevelt assumiu a presidência, em 1829, os democratas do Sul já não eram a maioria, mas mantinham uma capacidade de articulação suficiente para garantir os interesses das elites sulistas. A fim de preservar o apoio do bloco, Roosevelt guardou distância das lideranças negras, e já nos primeiros meses foi blindado por seus assessores. Nas coletivas presidenciais, os jornalistas negros eram afastados para não ferir a sensibilidade dos racistas do Sul e criar algum tipo de antagonismo que pudesse travar as agendas do New Deal. Entretanto, o presidente não podia ignorar a importância do voto negro, sobretudo quando as comunidades negras do Norte, que ao contrário daquelas do Sul tinham o direito ao sufrágio, cresciam com o fluxo migratório e eram incorporadas às máquinas dos republicanos nos grandes centros. Em Chicago, o prefeito William Thompson, conhecido como Big Bill, dominou a política da cidade com forte apoio do eleitorado negro. Os negros também apoiaram os candidatos republicanos à presidência na década de 1920, apostando mais no clientelismo do que na possibilidade de criação de políticas antirracistas.[15]

Nesse período, o Partido Democrata, insistindo no argumento de que os republicanos não retribuíam o voto do eleitorado negro, começou a elaborar estratégias para recrutar lideranças incumbidas de atrair o interesse das comunidades negras. Apesar da dificuldade em abordar a questão racial, o presidente trabalhava com uma representação de nação inclusiva, geralmente expressa a partir de termos como "homens esquecidos". A plataforma de programas do New Deal, a despeito de seus inúmeros problemas, estava fundamentada na ideia de promoção do trabalho para homens e mulheres comuns, e os afro-americanos não poderiam ser excluídos da nova ordem social que seria instituída. Roosevelt procurou equilibrar as forças excludentes do Sul e os impulsos inclusivos da máquina democrata, interessada na força cada vez maior do eleitorado negro.[16]

A disputa no interior do Partido Democrata contou com a ascensão de políticos negros na década de 1920. Nesse período, eleitores e lideranças afro-americanas já demonstravam certa insatisfação com o "partido de Lincoln".[17] Desde a abolição da escravatura, em 1865, os negros habilitados a votar apoiavam majoritariamente os candidatos republicanos, associando o partido à luta pela supressão do sistema escravocrata nos Estados Unidos. Os jornais da imprensa negra, em sua maioria, estampavam imagens de Abraham Lincoln ao lado de outras lideranças negras, destacando a continuidade de um longo processo de constituição da cidadania negra no país. Entretanto, o Partido Republicano havia se empenhado muito pouco em construir um compromisso antirracista, restringindo-se à indicação de lideranças negras em suas máquinas partidárias. O governo Herbert Hoover, que se aproximara deliberadamente de racistas do Sul, havia demonstrado que o racismo se reproduzia também entre os republicanos daquele período.

Nesse contexto de insatisfação com o partido, uma nova geração de políticos negros passou a fazer pressão sobre os políticos mais tradicionais. Em Chicago, por exemplo, Arthur Mitchell, percebendo que entre os republicanos não havia espaço para pôr em prática suas aspirações políticas, filiou-se ao Partido Democrata. Sua intenção era desafiar o veterano republicano Oscar De Priest, que fora eleito três vezes para a Câmara dos Representantes por um distrito de maioria negra.[18] De Priest, que durante anos foi o único congressista negro, possuía enorme capital político, reforçado não somente por iniciativas em Chicago e no estado de Illinois, mas também por ações que contemplavam as populações negras de outros estados. Arthur Mitchell apostou no discurso geracional, afirmando que os republicanos já não tinham nada a oferecer e se sustentavam na simbologia de Abraham Lincoln. Mitchell trabalhou arduamente na campanha de Franklin Roosevelt e, após a vitória do democrata, procurou mobilizar lideranças negras de Chicago para promover ações do New Deal.

Nessa longa caminhada, passou a ser reconhecido como uma liderança importante em Chicago e com capacidade para desbancar Oscar De Priest nas eleições para a Câmara dos Representantes . Em 1934, ele organizou sua campanha utilizando o discurso de que seria a voz do New Deal para a população negra da cidade. Mitchell contou com pouco apoio do partido, mas conseguiu desbancar De Priest, com 27 963 votos contra 24 820. Sua trajetória foi uma das mais significativas em um movimento de deslocar lideranças mais jovens do Partido Republicano para o Partido Democrata. As elites republicanas, acomodadas à lealdade dos eleitores afro-americanos, impuseram um teto aos avanços das agendas negras. Quando os primeiros democratas negros começaram a derrotar os republicanos, o partido tentou conter esse movimento com o apoio aos negros republicanos, mas essas iniciativas não seriam suficientes para frear o debandada de lideranças afro-americanas.

Assim, à medida que o New Deal ganhava o apoio de amplos setores da sociedade norte-americana, a militância negra foi identificando e conquistando pequenos espaços no Partido Democrata. Walter White e Roy Wilkins, da NAACP, por exemplo, perceberam as mudanças no campo político e retomaram a militância para a aprovação de uma lei antilinchamento. Como não tinham acesso direto ao presidente, apostaram em figuras políticas capazes de levar a mensagem das lideranças a Franklin Roosevelt. White foi o militante que mais se esforçou para articular um compromisso antirracista e aprovar a lei. Na década de 1930, ele se tornou uma das principais lideranças do movimento negro, não só por suas posições contundentes diante das injustiças sociais, mas também pelas controvérsias que criou com ativistas importantes como William Du Bois. Walter White destacou-se também pela aparência, já que podia passar por um cidadão branco, sem ter a ascendência africana identificada. Em uma investigação sobre os linchamentos no Sul, ele foi capaz de acessar espaços vedados aos negros, compilando a opinião de cidadãos brancos sobre a violência racial. Em algumas ocasiões, se infiltrou na Ku Klux Klan e denunciou integrantes.[19]

Em sua busca por um canal de comunicação com a Casa Branca, White se aproximou de Eleanor Roosevelt, apostando que a primeira-dama incorporaria seu espírito ativista e influenciaria o presidente. Ele foi bem-sucedido ao insistir no agendamento de um encontro com Franklin Roosevelt, que se caracterizaria por certa informalidade. O presidente, que tempos depois teria mais dois encontros com White, externou sua rejeição à proposta de uma lei contra linchamentos, insistindo que era necessário criar uma estratégia mais sofisticada, capaz de passar pelo escrutínio dos democratas do Sul. Também chamou a atenção para a inconstitucionalidade da proposta, que violava a relação do governo federal com os estados; os democratas conservadores argumentavam que a Lei Antilinchamento atribuiria à esfera federal uma função que deveria ser desempenhada pelos estados. O projeto de lei não passou, mas isso não significou que o esforço foi em vão, pois a mobilização de forças para sua aprovação impulsionou iniciativas paralelas em nível estadual e local, provocando uma queda acentuada no número de linchamentos no final da década de 1930.[20]

Outra iniciativa das lideranças negras que utilizou a primeira-dama como um meio de dialogar com o presidente foi a articulação do Gabinete Negro, mobilizado por profissionais afro-americanos indicados para as agências envolvidas na execução das políticas do New Deal. O gabinete se transformou em um dos símbolos mais importantes do ativismo antirracista associados à administração de Franklin Roosevelt, contribuindo de maneira decisiva para fortalecer o capital político do presidente entre o eleitorado negro. A historiadora Nancy Weiss identificou duas funções primordiais do gabinete: uma mais simbólica, relacionada à formação de um quadro técnico de afro-americanos, e outra mais prática, relacionada ao esforço de uma intelligentsia negra para combater as desigualdades raciais reproduzidas por assimetrias na condução de programas sociais, principalmente no Sul dos Estados Unidos.[21]

O Gabinete Negro, todavia, não chegou a ser formalizado pelo presidente ou pelo Partido Democrata, tendo sido um compromisso estabelecido por negros democratas que ascenderam ao governo federal com a eleição de Roosevelt. O grupo era resultado do movimento gradual de abandono do Partido Republicano pelos afro-americanos, sobretudo uma geração mais jovem. Os democratas negros apostaram que a mobilização de um "gabinete", mesmo sem a chancela do presidente, poderia impulsionar um conjunto de estratégias antirracistas que estabeleceriam as bases para uma cidadania de primeira classe para os negros na plataforma do New Deal.

Como o grupo não possuía caráter institucional, suas reuniões foram caracterizadas pela informalidade, com encontros irregulares nas casas das principais lideranças. Robert Weaver cumpriu o papel de coordenador dos membros no processo de criação de iniciativas para intervir nas assimetrias do New Deal e Mary McLeod Bethune, que acabou se transformando na face pública do grupo, assumiu a função de articuladora e de porta-voz do gabinete. A mais velha entre os integrantes, Bethune tinha um perfil distinto da maioria dos demais, com uma trajetória na educação que não passava pelas universidades mais prestigiadas do país. Nascida na Carolina do Sul, em 1875, de pais que haviam sido escravizados, ela foi a primeira pessoa da família a ir para a escola, frequentando espaços segregados racialmente e marcados pela falta de estrutura. Ainda assim, conseguiu ultrapassar as barreiras impostas aos negros na educação e se formar no ensino superior, iniciando sua militância como professora. Tal como Booker T. Washington, mobilizou uma rede de filantropos para apoiar seus projetos na educação, e, além de sempre discursar sobre a importância do trabalho, nunca deixou de enfatizar a relevância da luta contra a segregação e em favor da igualdade de direitos. No caso específico da educação das mulheres negras, preocupou-se com a formação de líderes comunitárias, avançando em relação a uma educação voltada para o trabalho doméstico.[22]

Bethune se projetaria como uma das lideranças do ativismo negro por sua militância na educação para jovens negras. Em 1923, após organizar classes para o ensino médio e cursos profissionalizantes, fundiu sua instituição com o Cookman Institute, dando origem ao Bethune-Cookman College. No ano seguinte, assumiu a liderança da National Association of Colored Women. Na condição de um dos principais nomes das organizações de mulheres negras, também rompeu com discursos mais tradicionais que culpavam as posturas das populações negras pelo progresso limitado, enfatizando a amplitude e a complexidade do racismo nos Estados Unidos. Foi a partir de sua militância com mulheres e jovens que, em 1927, se aproximou de Eleanor Roosevelt, que frequentava a mesma rede da militância feminista. E a futura primeira-dama possibilitou o acesso de Bethune ao círculo de lideranças políticas do Partido Democrata.

Robert Weaver, por outro lado, representava o perfil da maioria dos membros do Gabinete Negro. Nascido em 1907, era um negro de pele clara e oriundo de uma família de classe média, que lhe oferecera os recursos necessários para uma educação acima do padrão. O avô materno de Weaver havia sido o primeiro negro a se formar em odontologia em Harvard. A partir de uma educação de excelência em Washington DC, ainda que em uma escola segregada, Weaver conseguiu seguir a trajetória do avô e entrar em Harvard, doutorando--se em economia. Lecionou em universidades tradicionais do país, como Columbia, mas teve grande destaque em agências governamentais, formulando e executando políticas. O economista iniciou sua carreira em instituições públicas quando foi convidado por Harold Ickes, uma das principais figuras do New Deal, para compor o quadro de especialistas do Departamento do Interior. Além de Weaver, outros afro--americanos importantes que ocuparam funções nos quadros do governo democrata foram Booker T. McGraw, também doutor em economia por Harvard, William Hastie, formado em direito pela mesma universidade, Frank Horne, doutor em optometria pelo Northern Illinois College of Optometry, William Trent Jr., que tinha MBA em finanças, e Alfred Edgar Smith, que se tornou mestre pela Universidade Howard.[23]

As intervenções do Gabinete Negro foram planejadas em diferentes esferas e espaços. Uma das ações iniciais foi acabar com a segregação nos restaurantes governamentais, um primeiro passo para desmantelar a separação racial institucional que se reproduzia entre os departamentos e trabalhadores domésticos da Casa Branca. Depois de identificada a maneira como as práticas discriminatórias eram executadas, surgiram diferentes propostas para garantir o acesso dos afro-americanos aos programas do New Deal e outros serviços. Weaver, por exemplo, observou que uma forma de promover o emprego entre os trabalhadores negros era criar cotas em construtoras que prestavam serviço para o governo federal; Mary Bethune foi tão bem-sucedida na supressão das barreiras raciais em uma agência profissionalizante que os negros passaram a tratar a instituição como uma organização afro-americana.

Em várias ocasiões, o Gabinete Negro serviu como ouvidoria, recebendo reclamações e sugestões enviadas por negros às agências do governo federal. Uma delas, coordenada por Alfred Edgar Smith, recebeu cerca de 6 mil reclamações, o que o obrigou a entrar em contato com as autoridades locais para iniciar investigações sobre os casos. Muitas vezes a tarefa se tornava arriscada, já que eles eram obrigados a visitar os locais a fim de possibilitar o acesso da população negra aos auxílios. No Sul dos Estados Unidos, onde as práticas discriminatórias eram mais comuns e escancaradas, os brancos manifestavam claramente a insatisfação de receber ordens de superiores negros, causando uma tensão racial que podia degenerar em violência física.[24]

O Gabinete Negro operou em um governo que procurou ao máximo manter distância da questão racial; o objetivo de seus membros era identificar as interseções entre classe e raça, utilizando, para diminuir o impacto da Grande Depressão sobre os afro-americanos, políticas concebidas para promover o trabalho entre as classes menos abastadas. À medida que a plataforma do New Deal se consolidava, entre a criação e a consolidação de agências, a rede de negros que fazia parte da burocracia da administração democrata foi construindo uma expertise para lidar com a lógica de funcionamento do Estado. Ambrose Caliver, Alfred Edgar Smith e Lawrence Oxley, por exemplo, a partir de diferentes iniciativas, ajudaram a construir um banco de dados para acompanhar o acesso da população negra às políticas públicas, a presença de negros nos sindicatos e o crescimento de profissionais negros de "colarinho branco".[25]

O princípio inclusivo das iniciativas do Gabinete Negro encontrou barreiras na oposição dos democratas do Sul. Além de frear a aprovação da Lei Antilinchamento, eles influenciaram a concepção de várias políticas do New Deal de forma a desenvolver, de acordo com Ira Katznelson, ações afirmativas para a população branca. Na imprensa negra, já no final da década de 1930, havia uma grande controvérsia entre as lideranças negras que enumeravam os aspectos positivos de vários programas criados sob o guarda-chuva do New Deal e aqueles que já não tinham mais esperança na luta contra a violência e a segregação racial. Na eleição presidencial de 1940, o jornal *Pittsburgh Courier*, o periódico negro de maior circulação na época, apoiou o candidato republicano Wendell Willkie, lamentando que um político do Norte como Franklin Roosevelt tivesse se transformado em refém de democratas do Sul. Na perspectiva do *Courier*, o governo federal havia incorporado o amplo repertório sulista de práticas discriminatórias e segregacionistas. Já o *Kansas City Plain Dealer* aconselhou os democratas a não considerarem como garantido o voto dos negros, principalmente se não se promovessem a integração racial nas primárias dos estados do Sul.[26]

Os afro-americanos, entretanto, continuaram a votar no Partido Democrata e as ações dos democratas do Sul cada vez mais incomodavam as lideranças negras. O bloco sulista, segundo Katznelson, utilizava sobretudo três táticas para evitar que os benefícios das políticas do New Deal chegassem aos negros. A primeira era evitar que a legislação tivesse qualquer efeito positivo para a população negra, eliminando das propostas categorias profissionais que contavam com uma maioria de afro-americanos. A segunda era garantir que as decisões de quem teria acesso aos programas seriam das autoridades locais, que, no caso dos estados sulistas, limitariam ao máximo a participação dos negros. A terceira, e mais explícita, era barrar qualquer item antidiscriminatório nas propostas, permitindo a marginalização sistemática dos negros.[27]

Essas táticas ficaram bem claras na concepção da Lei da Seguridade Social de 1935, que estruturaria a versão norte-americana da previdência social. Em 1933, o presidente Franklin Roosevelt e seu quadro de técnicos haviam criado agências e programas em regime de urgência. No ano seguinte, porém, já havia a percepção de que seria necessário dar um caráter estrutural à rede de proteção social, garantindo que os trabalhadores tivessem um mínimo de estabilidade econômica. Quando o debate sobre a previdência se ampliou, os democratas do Sul começaram a questionar a extensão dos auxílios e a autoridade do Estado sobre eles. A preocupação, que envolvia dimensões de raça e classe, era com a possibilidade de a Lei da Seguridade Social fortalecer a classe trabalhadora e as comunidades negras, alterando a relação de forças no mercado de trabalho e a estratificação sociorracial. O bloco sulista, nesse sentido, mobilizou-se em diferentes comissões da Câmara dos Representantes para desidratar a previdência e evitar que seus princípios inclusivos pudessem abalar os pilares das hierarquias raciais do país.

A construção da Lei da Seguridade Social se deu a partir do seguro para idosos, do auxílio para crianças dependentes e do seguro-desemprego. Apesar da clara motivação racial dos democratas sulistas, o argumento para a não ampliação das políticas foi apresentado de forma técnica. A versão inclusiva do seguro para idosos pretendia incorporar os trabalhadores agrícolas e domésticos, mas os democratas do Sul demonstraram que era quase impossível criar um sistema capaz de auferir a contribuição dessas classes de trabalhadores, empregados sobretudo por indivíduos e pequenos fazendeiros. Os sulistas tiveram ainda o apoio de membros do próprio governo, como Henry Morgenthau, na época secretário do Tesouro, alegando que a instituição dirigida por ele não teria capacidade para uma tarefa tão complexa.[28]

O advogado Charles Houston, então uma liderança importante da NAACP, protestou contra a tentativa de exclusão dos trabalhadores negros, que segundo ele poderia prejudicar cerca de metade da população afro-americana concentrada em atividades econômicas nas zonas rurais dos estados do Sul. Houston procurou apontar a dimensão racial do problema da cobertura para os trabalhadores negros que não atuavam na indústria e no comércio, e que desde longa data já vinham sendo marginalizados de todas as propostas de organização política de categorias profissionais.[29] O empenho dos conservadores em restringir o acesso à previdência evitou o aprofundamento do debate sobre modelos de programas sociais na Europa, onde franceses e britânicos já haviam regularizado a situação dos trabalhadores agrícolas e domésticos.

Com relação ao auxílio para dependentes menores de idade, a estratégia dos conservadores foi diferente. Como o financiamento dessa política não dependia da contribuição de trabalhadores registrados, a tendência era que, em termos raciais, o auxílio tivesse um caráter mais inclusivo. Ao traçar o perfil de quem deveria recebê-lo, as mulheres negras que criavam filhos sozinhas se tornariam as principais beneficiárias. Entretanto, congressistas como o senador Harry Byrd, da Virgínia, afirmavam que os critérios para a definição dos beneficiários deveriam ser estabelecidos pelas autoridades locais e não pelo governo federal.[30] Nesse sentido, mesmo que na teoria os auxílios fossem distribuídos em uma proporção maior para as mulheres negras, na prática os encarregados locais de aprová-los utilizariam critérios subjetivos, que em uma cultura segregacionista poderiam diminuir substancialmente o número de auxílios que seriam acessados por elas.

Assim como no debate sobre o auxílio aos aposentados, os argumentos em favor da restrição do seguro-desemprego prevaleceram e deixaram de fora as categorias profissionais não organizadas. Charles Houston, também nesse caso, demonstrou o artifício utilizado por sulistas e conservadores para inviabilizar o acesso dos afro-americanos à previdência norte-americana que seria aprovada em 1935. O advogado e a NAACP apoiaram uma proposta alternativa apresentada pelo deputado Ernest Lundeen que incorporava os trabalhadores não organizados e definia uma base de arrecadação mais ampla, que não ficaria restrita à contribuição de empregados e empregadores.[31] No processo de concepção de uma plataforma que daria um caráter estrutural às políticas sociais do New Deal, as forças políticas conservadoras lideradas pelos democratas sulistas impuseram a lógica da discriminação e segregação racial que já orientava as hierarquias raciais em todas as regiões dos Estados Unidos.

As organizações negras, de forma geral, foram obrigadas a orientar suas agendas para responder, negativa ou positivamente, aos movimentos e ações do governo de Franklin Roosevelt. Além da pressão sobre a aprovação de uma lei contra o linchamento e a inclusão das demandas dos trabalhadores negros na concepção da Lei da Seguridade Social, as lideranças negras tiveram que se ocupar com a elaboração de estratégias para aliviar as condições precárias das comunidades negras. Como vimos anteriormente, as desigualdades sociais foram agravadas durante a Grande Depressão, obrigando a militância negra a construir uma agenda de prioridades que estava fora do repertório das organizações políticas dedicadas à integração racial, ao empreendedorismo negro ou às ações anticapitalistas. A realidade era a do despejo, da fome e da doença.

Na imprensa negra, por exemplo, em que as notícias sobre a política na Câmara dos Representantes e no Poder Executivo eram habitualmente tratadas de maneira secundária, a abordagem e a dinâmica foram alteradas pela Grande Depressão. Nas páginas de jornais como o *Baltimore Afro-American*, o *Chicago Defender* e o *Pittsburgh Courier*, as iniciativas das lideranças negras para aliviar a crise econômica eram divulgadas todos os dias, e as notícias sobre os programas sociais do New Deal ganhavam cada vez mais destaque. Os periódicos passaram por um momento de grande queda de circulação no ápice da crise, mas começaram a se recuperar a partir da segunda metade da década de 1930. Essas publicações, ao lado de panfletos e discursos em esquinas dos centros urbanos, ajudaram a reenergizar a política negra no contexto de depressão econômica. Alguns jornais, como o *Chicago Whip*, chegavam a organizar campanhas como "Não compre onde não possa trabalhar", que denunciava comércios próximos às comunidades negras que não contratavam profissionais afrodescendentes.[32]

Muitas das organizações e lideranças engajadas em ações para pressionar as autoridades nacionais a aprovar leis antirracistas e políticas que envolviam ações coordenadas em diferentes estados foram forçadas a focar no nível local e responder às demandas básicas das comunidades negras. Antes de 1930, as cidades com um número relevante de habitantes negros já dispunham de grupos que articulavam ações beneficentes e preenchiam as lacunas deixadas pela insuficiência de políticas de assistência social. Entretanto, a Grande Depressão obrigou as redes do ativismo negro a mobilizarem muito mais força. Em várias regiões, clubes organizados por mulheres negras e igrejas, que tradicionalmente auxiliavam as famílias mais necessitadas, foram buscar o apoio das organizações políticas mais importantes do movimento negro. À medida que programas do New Deal eram estabelecidos, o governo federal impulsionava sua capilaridade através da criação de agências. O esforço de grupos locais articulados com as organizações mais influentes do movimento negro foi o de coordenar as comunidades negras para que pudessem acessar os auxílios e superar a desinformação e a discriminação praticadas pelos agentes do governo.

A NAACP, considerada em muitas ocasiões uma organização elitista, se uniu à Liga Urbana Nacional, tradicionalmente voltada para a assistência aos segmentos mais pobres da população afro-americana, para processar hospitais das cidades do Norte que não contratavam médicos e enfermeiros negros. Não se tratava necessariamente de uma política de inclusão de profissionais afro-americanos qualificados, mas de um primeiro passo para que os negros pudessem receber o tratamento médico adequado, que provavelmente não receberiam de profissionais de saúde brancos. A Liga Urbana Nacional também criou uma iniciativa, por meio de suas agências, para mobilizar comerciantes dispostos a empregar trabalhadores negros.

As mudanças atingiram também as agendas de comunistas e nacionalistas negros, que tinham estratégias e propostas políticas norteadas por ideologias fora do escopo liberal. O garveísmo, como vimos no capítulo anterior, tinha suas ações orientadas pela ideia de que o governo norte-americano era essencialmente racista, o que obrigava a população afro-americana a criar suas próprias instituições para estimular a solidariedade negra frente ao poder da supremacia branca revelada nos diferentes níveis das autoridades estatais. A Grande Depressão, entretanto, levou os garveístas, naquele momento sem a presença física de Marcus Garvey, a repensar suas ações em regime de urgência. A rede da Unia, espalhada por todo o país, transformou suas unidades em escritórios que ajudavam os negros desempregados, mesmo aqueles que não faziam parte da organização, a preencher formulários para os programas do New Deal. Em Nova York, a Unia também prestava apoio às famílias que tinham o auxílio negado, ajudando-as a organizar os documentos adequados para que os pedidos fossem aceitos. [33]

Já o Partido Comunista, por meio dos afiliados engajados com a questão racial, aproveitou sua expertise na organização de trabalhadores para promover redes de solidariedade entre os desempregados. Em Chicago, os comunistas articularam um movimento contra a onda de despejos nos bairros negros, desafiando as forças policiais. O partido, assim como outras organizações políticas, também ajudou a encaminhar quem não sabia o que era preciso fazer para acessar os auxílios. Todas essas experiências de mudanças pelas quais passaram as entidades negras faziam parte de um fenômeno mais amplo de crescimento do sentimento comunitário entre os afro-americanos, reforçado pela combinação do legado racista com a crise econômica que o país atravessava.

O resultado da equação entre o esforço das comunidades negras para acessar as políticas desenhadas para os "homens esquecidos" e as sabotagens dos sulistas, no entanto, não foi suficiente para romper com as engrenagens do Estado norte-americano que sistematicamente reproduziam as desigualdades raciais. A plataforma do New Deal, que tinha como princípio a incorporação do trabalhador organizado ao capitalismo, ignorou os direitos civis da população negra. Tanto Franklin quanto Eleanor Roosevelt estavam cientes de que os programas sociais não bastariam para desestabilizar a supremacia branca, e que era necessário cortejar os democratas sulistas para que os projetos do governo fossem aprovados. Contudo, apesar das claras limitações do New Deal, os negros continuaram a votar no Partido Democrata — o que fazem até hoje — mesmo quando candidatos democratas deliberadamente retinham o avanço de compromissos antirracistas. O desafio era compreender por quê.

Nancy Weiss afirma que havia uma baixíssima expectativa dos afro-americanos em relação ao governo de Franklin Roosevelt. As lideranças negras estavam certas de que não seria possível que a administração democrata fosse pior do que a de Herbert Hoover.[34] Como acompanhamos anteriormente, os republicanos não tinham construído nenhuma iniciativa prática que beneficiasse a população negra, sustentando uma aliança por meio de noções abstratas sobre emancipação e liberdade relacionadas às ações de Abraham Lincoln no pós-abolição. Assim, quando Roosevelt lançou seus primeiros programas sociais, em regime de urgência, os negros já imaginavam que o acesso a eles não seria facilmente disponibilizado, e que seria necessário disputá-lo. Portanto, a novidade do governo Roosevelt era que uma série de políticas para enfrentar a crise econômica seria concebida, e que os afro-americanos, a partir de articulações políticas, entrariam no jogo para acessá-las. Nas administrações anteriores, não havia sequer um projeto do governo federal que pudesse mobilizar a rede da militância negra.

O ativista e historiador Rayford Logan, que atuou na linha de frente da NAACP, observou que os negros passavam por um momento de pouca esperança e grande frustração, e que qualquer medida do governo, ainda que sem impacto estrutural, era importante para os mais necessitados. A população negra sabia que as dinâmicas do racismo seriam reproduzidas no New Deal e que receberiam menos assistência que a população branca, mas a questão fundamental era que não passariam fome e sobreviveriam. O reverendo Samuel

Proctor, por exemplo, raciocinando na mesma linha, afirmou que programas como o do Civilian Conservation Corps eram segregados, separando trabalhadores negros e brancos que atuavam na conservação de parques em diferentes alojamentos, mas que, apesar dos constrangimentos dessa prática segregacionista, os negros estavam lá todos os dias, trabalhando e garantindo seu salário.[35]

Mesmo sem fazer qualquer tímido gesto de apoio aos direitos civis da população negra, Roosevelt viu crescer seu capital político entre os afro-americanos das classes populares, que muitas vezes personificavam toda a complexidade do funcionamento do New Deal na figura do presidente. Sua liderança era reconhecida em comentários que enfatizavam o desespero dos negros e comparavam as políticas sociais a uma "rocha sólida" na qual eles poderiam se manter de pé, sem uma ameaça repentina de queda. O bispo William J. Walls, uma das principais lideranças religiosas do ativismo negro, declarou que Roosevelt tinha fé nos "homens comuns", "alcançando os esquecidos a partir do braço do governo, evitando que milhões morressem de fome". Assim, os negros, segundo ele, em 1936 se encontravam em condições bem melhores do que no início da Grande Depressão.[36]

Para as classes populares, portanto, não havia a preocupação com o fato de os recursos do governo federal chegarem através de uma política que não era especificamente negra. Do ponto de vista proporcional, como eram muito mais afetados pela Grande Depressão do que a população branca, os negros também dependiam mais da plataforma do New Deal, chegando a um terço daqueles que solicitavam os auxílios. A resposta de alguns trabalhadores, segundo uma reportagem do jornalista Earl Brown na época, se deu por meio da sacralização da figura do presidente. Em algumas casas, a fotografia de Franklin Roosevelt era pendurada nas paredes ao lado das imagens de Jesus Cristo e Abraham Lincoln, e surgiu uma geração de negros com nomes em sua homenagem; no hospital do Harlem, por exemplo, nasceram Franklin Delano Kulscar, Donald Roosevelt, Roosevelt Little, além de dezenas de bebês que receberam o nome da primeira-dama.[37]

A construção da imagem positiva do presidente entre os segmentos mais populares da sociedade afro-americana não se generalizou entre os estratos superiores, que ainda tinham uma visão crítica do Partido Democrata e das ações do governo federal em relação às práticas racistas. O que estava claro para algumas lideranças, como Lloyd Dickens, democrata que atuava no Harlem, era que os negros queriam trabalhar, e que os direitos civis perdiam a prioridade diante da crise econômica. Como não tinham nada a perder, as classes trabalhadoras apostaram no Partido Democrata, enquanto as classes profissionais que conseguiram garantir certa estabilidade durante a depressão econômica ainda não haviam abandonado o barco republicano. Até o final da década de 1960, momento em que o Partido Republicano foi tomado pelos conservadores, um grupo reduzido de políticos negros ainda defendia o partido, evocando a lembrança progressista da imagem de Lincoln. Em uma pesquisa de 1936 sobre identidade partidária, 44% dos negros das classes populares disseram se identificar como democratas, enquanto entre os estratos superiores 71% se diziam republicanos.

Na primeira reeleição de Roosevelt, em 1936, já era possível perceber o claro movimento de migração do eleitorado negro do Partido Republicano para o Partido Democrata. Dos votos negros, o presidente levou 81% no Harlem, em Nova York; 75% em Pittsburgh; 69% nos da Filadélfia; 66% em Detroit; 65% em Cincinnati; 60% em Cleveland; e 49% em Chicago. Dependendo da cidade, o voto no candidato democrata apresentou crescimento entre sessenta e 250%. A partir desse momento, ainda que não oferecesse nenhuma alternativa para a luta contra o racismo, o Partido Democrata começou a considerar o voto negro fundamental.

O historiador Harvard Sitkoff, em uma das obras pioneiras sobre as experiências negras durante o New Deal, pondera que, na década de 1930, Franklin Roosevelt não apoiou suficientemente as agendas do movimento negro, reproduzindo o cenário desfavorável da década de 1920 para as articulações da militância negra, que encontrou pouco respaldo na esquerda radical e antipatia entre os formuladores de políticas dos governos anteriores. Contudo, a partir de 1936, os democratas conservadores começaram a perder espaço na coalização política construída pelo partido, permitindo o surgimento das primeiras iniciativas antirracistas, como a inserção dos trabalhadores negros na indústria de guerra a partir de 1941, conforme veremos adiante.[38]

## Sindicalização e organização do trabalho

Como acompanhamos no final do primeiro capítulo, a relação entre raça e classe, na perspectiva do trabalho, foi um fator complicador para os negros interessados em aderir aos sindicatos que se formavam. A reprodução do racismo entre os trabalhadores acabou distanciando grande parte dos negros das articulações de várias categorias profissionais. Nesse processo, as principais lideranças afro-americanas passaram a criticar a estratégia de organização política dos trabalhadores, observando as dificuldades para mobilizar uma ampla frente inter-racial. Booker T. Washington, por exemplo, foi completamente contrário a qualquer proposta de organização do trabalho, e somente no final da vida reconheceu que a possibilidade de articulação política dos trabalhadores negros poderia ser positiva para toda a comunidade. Já William Du Bois, em 1899, criticou os empregadores e sindicalistas brancos, mas, posteriormente, incorporou o socialismo do período pré-bolchevique como uma reação a sua suspeita quanto à capacidade do mercado livre capitalista de prover uma experiência digna aos afro-americanos.[39]

A expectativa das lideranças negras envolvidas com o sindicalismo era de que as reformas do governo Roosevelt para promover a sindicalização dos trabalhadores pudessem abrir espaços para os negros, mas o que se observou foi o aumento das práticas discriminatórias. A grande mudança propiciada pelo governo foi a Lei Wagner, de 1935, que deu autonomia aos sindicatos industriais, antes organizados pelas próprias empresas. A Federação Americana do Trabalho (AFL, no acrônimo em inglês), congregação de sindicatos que sistematicamente afastou os negros do trabalho organizado, aproveitou a situação para ampliar sua base e perpetuar a exclusão racial. Organizações políticas como a Urban League e a NAACP também aguardavam pelo momento em que os trabalhadores começariam a ser incorporados pelos sindicatos, mas foram obrigadas a tomar medidas para forçar a integração e, ao mesmo tempo, evitar que a AFL sabotasse os poucos esforços dos trabalhadores para criar seus próprios sindicatos. Na convenção de 1935 da AFL, o conselho executivo evitou as recomendações para que se eliminassem a segregação e a discriminação na instituição.[40]

Em 1938, o Congresso das Organizações Industriais (CIO, no acrônimo em inglês) emergiu como um rival da AFL, e com um caráter inclusivo. A partir da sua criação, foram reforçadas as perspectivas de ações inter-raciais nas disputas de interesse político dos trabalhadores organizados. Grande parte das ações que envolviam o CIO tinha relação com empresas com um número relevante de trabalhadores negros, obrigando-as, em várias circunstâncias, a abordar a questão racial no universo do trabalho. Nas indústrias do aço e do processamento de carne, além das disputas entre empregadores e empregados, era necessário também criar estratégias para combater o racismo presente entre os trabalhadores de origem estrangeira e os nativos. No caso da indústria automobilística de Detroit, que empregava bem poucos negros, a questão racial apareceu no caso da Ford, que, movida por certo altruísmo, contratou um número relevante de afro-americanos.

Sob a articulação do CIO, os trabalhadores negros passaram a ter maior representatividade nas negociações envolvendo a indústria de processamento de carne. Ao longo da década de 1920, momento em que a economia norte-americana era próspera, os negros na cidade de Chicago chegaram a representar um terço dos envolvidos nessa atividade. No período da Grande Depressão, obviamente, houve um declínio, mas esses trabalhadores continuaram a cumprir um papel importante no processo de articulação política. Profissionais negros com maior qualificação intelectual que, em razão das dinâmicas discriminatórias do mercado de trabalho, só encontravam colocação em tarefas braçais muitas vezes ocuparam uma função importante como oradores, pela capacidade de eloquência, contribuindo para a articulação dos demais trabalhadores negros com as lideranças dos sindicatos. Ao se destacarem através dos discursos, esses profissionais trouxeram elementos de um cristianismo igualitário que reforçava os laços de solidariedade.[41]

O CIO, entretanto, viu-se diante de um grande desafio para garantir o espaço dos trabalhadores negros nos sindicatos. A primeira e a segunda geração de italianos, por exemplo, foram marginalizadas pelos demais trabalhadores, enfrentando dificuldades na competição com outras comunidades étnicas e os trabalhadores nativos. Os italianos, porém, ao incorporarem a cultura racial norte-americana, aderiram às mesmas práticas discriminatórias contra os negros no processo de organização dos sindicatos. Para enfrentar o racismo que estruturava as dinâmicas do trabalho, Homer Martin criou um "Departamento Negro", que gastou mais tempo administrando as tensões raciais internas do que promovendo o sindicalismo entre os trabalhadores afro-americanos.[42] Apesar das limitações impostas pelo racismo, surgiu nessa época uma geração da militância negra que atuaria na década de 1940, tentando desarmar a desconfiança em relação aos trabalhadores negros construída ao longo dos anos de exclusão na AFL.

A partir da década de 1940, a NAACP, com sua tradição de defesa jurídica de cidadãos e comunidades negras, contribuiu com as lideranças sindicais afro-americanas, aproveitando as leis surgidas ao longo do New Deal, que regulavam a organização dos trabalhadores, para inserir os negros nos sindicatos. A campanha na Ford se apresentou como um grande desafio para a militância negra, já que a empresa era a única do setor automobilístico que contratava afrodescendentes em números relevantes, construindo um laço de lealdade com esses operários. Quando o CIO iniciou o processo de sindicalização na Ford, os operários afro-americanos foram os que apresentaram a maior resistência, sobretudo os que haviam sido contratados pouco tempo antes. Durante a campanha, eles foram abrigados no próprio complexo da Ford para que não entrassem em confronto direto com quem havia aderido à paralisação. A NAACP acusou a empresa de utilizar os trabalhadores negros para promover uma guerra racial entre os operários, colocando em risco a vida dos mais vulneráveis. Walter White, naquele momento ainda a figura mais importante da NAACP, aconselhou os trabalhadores negros a aderirem à campanha, que de qualquer maneira seria vitoriosa.

Além de promover a campanha de sindicalização entre os operários negros, a NAACP também assegurou a criação de mecanismos de combate à discriminação racial. A maioria dos trabalhadores negros votou contra a sindicalização, mas pouco a pouco aderiu ao sindicato. O histórico de exclusão dos negros na organização política dos trabalhadores os levava a tomar medidas pragmáticas para manter o emprego. Entretanto, aos olhos dos demais trabalhadores, que sistematicamente marginalizavam os afro-americanos, esse tipo de comportamento apenas revelava o caráter de uma "raça de fura-greves". Assim como outras políticas criadas durante o New Deal, as leis que asseguravam a organização dos trabalhadores não garantiram o acesso automático dos negros, de modo que as lideranças negras envolvidas com o sindicalismo tiveram que mobilizar um grupo de trabalhadores habituados à instabilidade a se engajar no combate às práticas discriminatórias nos sindicatos. As hierarquias raciais se revelavam de maneira clara no universo do trabalho e determinaram a subalternidade dos trabalhadores negros, que passariam a vislumbrar certa estabilidade na indústria norte-americana com o impulso dado pelo setor bélico durante a Segunda Guerra Mundial.

## Negros e o comunismo

As iniciativas que propuseram ações contra a discriminação no âmbito das articulações sindicais contaram com o apoio de lideranças com passagem pelo Partido Comunista. Como acompanhamos no primeiro capítulo, a relação entre a militância negra e os setores mais radicais de organizações socialistas e comunistas foi marcada por momentos de aproximação e distanciamento. Durante a Grande Depressão, sobretudo em resposta às leis do New Deal que passaram a regular as relações entre os capitalistas e o operariado, os comunistas identificaram no impulso sindicalista da década de 1930 a possibilidade de ampliar sua base. Em um operariado fraturado entre grupos étnicos europeus e minorias raciais, parte da estratégia para unificar os trabalhadores passava necessariamente pela abordagem da questão racial, que teve como consequência justamente a criação de estratégias antidiscriminação no processo de sindicalização.

Em 1928, um ano antes do crash da Bolsa de Nova York, a Internacional Comunista, na esteira do debate sobre a autodeterminação dos povos colonizados, desenvolveu a tese do Cinturão Negro nos Estados Unidos. Ao longo da década de 1920, o crescimento do nacionalismo negro impulsionado por Marcus Garvey chamou a atenção de comunistas norte-americanos, que identificaram o potencial da radicalidade negra e a possibilidade de utilizá-la em favor do comunismo. Harry Haywood, o primeiro afro-americano a estudar na Universidade Lênin, teve grande influência na concepção da ideia de que o espaço habitado pela população negra nos estados do Sul poderia formar um cinturão negro comunista. Assim como a população negra da África do Sul, os afro-americanos formavam um bloco em uma faixa que passava por Alabama, Mississippi e Texas. A proposta da Internacional Comunista destacava que a maioria dos negros ainda vivia no Sul, apesar da migração, e que a organização política dos trabalhadores deveria se ajustar às condições locais, já que a maior parte dos negros ainda se encontrava empregada nas fazendas.[43]

A proposta de criação do Cinturão Negro encontrou enorme rejeição entre os comunistas norte-americanos movidos por sentimentos de chauvinismo e, até mesmo, algumas lideranças negras, segundo as quais um projeto para abordar a questão racial deveria envolver os negros em todo o território. De qualquer forma, ela foi importante, porque acabou promovendo diferentes iniciativas dos comunistas pelas comunidades negras do Sul. Nesse sentido, a questão racial aparece como um tema importante na década de 1930 para o Partido Comunista americano, impulsionando, em diferentes momentos, a competição ou a coordenação com organizações do movimento negro. Os comunistas se engajaram, por exemplo, em movimentos contra o despejo na cidade de Chicago e contra a segregação das ligas de beisebol, e organizaram bailes e encontros inter-raciais, além de campanhas mais amplas contra a injustiça racial no próprio partido e em várias outras instituições. Nos primeiros anos logo após a crise, o partido procurou articular os trabalhadores em marchas que exigiam do governo do republicano Herbert Hoover políticas que aliviassem a situação dos desempregados. Na Union Square, uma das praças mais importantes de Nova York, ele conseguiu reunir cerca de 50 mil pessoas, com uma grande presença de negros, para protestar contra a administração.

O caráter multirracial de ações do Partido Comunista revelou-se também na organização da "Marcha contra a Fome" da Ford, realizada em Detroit com trabalhadores desempregados do setor automobilístico. O principal objetivo era apresentar demandas a Henry Ford, dentre elas a recontratação de operários, o pagamento de planos de saúde, a suspensão do uso de espiões para sabotar ações dos trabalhadores e o fim da discriminação racial na contratação e promoção dos operários. Portando cartazes, cerca de 3 mil trabalhadores se concentraram em um espaço perto da fábrica da Ford, pois haviam sido impedidos pela polícia de se aproximar. Embora desarmados, eles foram violentamente reprimidos pelos agentes da lei, que atiraram indiscriminadamente e mataram quatro homens que participavam do protesto.

Em 1932, as "marchas contra a fome" chegaram até o Harlem, fortalecendo a reputação dos comunistas entre os negros de Nova York. Eram ações de grande e de pequena escala. Em 1933, por exemplo, cerca de 6 mil pessoas protestaram exitosamente por recursos para o pagamento de aluguéis e alimentação a um pequeno grupo de desempregados. No mesmo período, enquanto alguns nacionalistas negros organizaram boicotes contra lojas do bairro, reivindicando a contratação de afro-americanos e a demissão dos empregados brancos, a fim de evitar conflitos raciais entre os trabalhadores os comunistas adotaram uma estratégia alternativa, exigindo a contratação dos negros e a manutenção dos brancos. O que é possível perceber é que os membros do Partido Comunista americano não estavam empenhados somente em ações conectadas com as agendas revolucionárias, mas também em articular políticas para responder a demandas mais urgentes, utilizando as lideranças negras comunistas para construir um espaço comum entre a cultura institucional do partido e as culturas políticas afro-americanas, que apresentavam diferenças regionais.[44]

No estado do Alabama é possível identificar esse encontro entre culturas políticas distintas que produziram agendas locais para as comunidades negras sulistas. O historiador Robin D. G. Kelley demonstra como, a partir do debate sobre a formação de um Cinturão Negro nos estados do Sul, alguns membros do partido, como Tom Johnson e Harry Jackson, começaram a se aventurar em locais outrora considerados atrasados e, portanto, inadequados para a mobilização de trabalhadores a partir de uma perspectiva radical. Por outro lado, havia por parte dos negros do Sul uma representação dos comunistas como agentes da discórdia e do desordenamento social. A Grande Depressão, todavia, desarmou o ceticismo de muitos trabalhadores negros. Em Birmingham, localizada em um espaço estratégico para a expansão de uma rede comunista pelo Cinturão Negro, havia um operariado negro que manifestara grande interesse pela organização política dos trabalhadores em um momento de alta no índice de desemprego.[45]

As estratégias das lideranças atraíram jovens como Angelo Herndon, que contribuiu para a ampliação da rede sulista através da organização de operários de Atlanta. Herndon ficou conhecido nacionalmente após ser processado e condenado por insurreição, e policiais que o investigavam encontraram literatura comunista no quarto do hotel onde ele estava hospedado. Seu caso acabou promovendo ainda mais as articulações inter-raciais do operariado do Sul. A jovem liderança negra coordenava um dos vários "conselhos de desempregados" que se haviam institucionalizado em diversas unidades do Partido Comunista pelo país. Antes do surgimento dos programas do New Deal, esses conselhos articulavam os trabalhadores desempregados e pressionavam as autoridades locais em diferentes cidades dos Estados Unidos a oferecer auxílio ou empregos através de obras públicas. Essas ações junto a trabalhadores negros e brancos representavam uma grande ameaça para as elites sulistas, já que poderiam subverter as relações de classes e as hierarquias raciais em ordens sociais legalmente segregadas.[46]

Se nas cidades do Sul do país a repressão era muito maior que nas do Norte, nas áreas rurais a situação era ainda pior. A articulação com os trabalhadores agrícolas era considerada um processo problemático, pois, além da violência racial, havia a crença entre os comunistas de que apenas os trabalhadores da indústria teriam capacidade de mobilização. Assim, seria necessária a intervenção de lideranças operárias para promover o engajamento político dos trabalhadores do campo. Em 1931, porém, cerca de quinhentos meeiros se rebelaram na cidade de England, no Arkansas, chamando a atenção dos comunistas, que logo trataram de utilizar o evento como uma referência para organização política dos trabalhadores rurais pelos estados do Sul.[47] A estratégia foi fazer convocações nessas áreas para a mobilização de trabalhadores rurais e urbanos. O *Southern Worker*, o jornal do Partido Comunista, obteve um grande retorno dos pequenos produtores agrícolas, que se encontravam em situação precária por conta da queda do preço dos gêneros.

Assim, ainda em 1931, na cidade de Camp Hill grupos de pequenos fazendeiros e trabalhadores negros obtiveram algumas vitórias na luta por recursos. Entretanto, os grandes proprietários de terras, que gozavam de influência sobre as autoridades, estimularam uma "caça aos comunistas" que tinha um claro aspecto racial, uma vez que a grande maioria deles eram trabalhadores negros. Os conflitos foram engendrados a partir das dinâmicas raciais da região, na qual hordas populares eram provocadas a partir de rumores sobre crimes cometidos por negros. As mobilizações dos trabalhadores rurais, com sua agenda política voltada à superação do impacto da Grande Depressão, foram retratadas como articulações de negros armados, que facilmente aguçavam o imaginário popular orientado pelo racismo. Uma das reuniões do grupo de Camp Hill terminou em tiroteio e com a morte de Ralph Gray, após uma turba de populares avançar sobre os trabalhadores. No entanto, o processo de mobilização dos pequenos produtores e trabalhadores agrícolas não cessou, e os encontros passaram a ser realizados com maior discrição a fim de não despertar a atenção de policiais e das hordas racistas. Apesar do anticomunismo arraigado na região, as redes continuaram a se expandir entre as populações negras do campo.[48]

A popularidade dos comunistas entre os afro-americanos, que sempre haviam manifestado resistência aos vermelhos, cresceu com o caso dos "Garotos de Scottsboro", que ganhou repercussão internacional e colaborou para a difusão da imagem dos Estados Unidos como um inferno racial. No dia 25 de março de 1931, meia hora após um trem ter deixado a estação de Stevenson, no Alabama, um grupo de garotos brancos foi visto caminhando na linha férrea. Eles alegaram ter sido jogados de um dos vagões após se envolverem em uma briga com jovens negros. Os operadores da estação, então, se comunicaram com a estação de Paint Rock, na qual o trem faria a parada seguinte, para que a polícia pudesse intervir. Quando o trem foi abordado, além dos jovens negros, havia também duas mulheres brancas no vagão, o que daria um caráter ainda mais dramático ao incidente.[49] O que a princípio parecia ser um embate entre gangues logo se transformaria em um dos vários casos de estupro de mulheres brancas, comumente alegados no Sul.

As duas mulheres disseram ter sido atacadas pelos jovens negros e estupradas. Eles foram imediatamente encarcerados em uma prisão em Paint Rock, enquanto elas foram encaminhadas para o exame médico, a fim de comprovar o estupro. Já no final do dia, havia uma concentração de cidadãos brancos em frente à cadeia, preparada para o linchamento dos jovens, o que obrigou o xerife a ameaçá-los com o disparo de armas de fogo e a recorrer às forças policiais do estado. A tendência era que, sem a intervenção das forças de segurança, os garotos fossem arrastados da cadeia e assassinados pela multidão. Em um espaço curto de tempo, os nove rapazes detidos foram enviados para outra prisão, em Scottsboro, a sede do condado, e então levados a júri popular. Todo o processo foi acelerado pela pressão da imprensa local, que descrevia o ato de estupro como um dos mais ultrajantes da história do Sul do país.[50]

Apenas doze dias depois do incidente no trem, os nove jovens já estavam sendo julgados em um tribunal cercado por 5 mil pessoas que faziam pressão pela condenação dos réus. No desenrolar do julgamento, houve uma série de distorções nos depoimentos e na apresentação das provas. Os exames não haviam identificado nenhum indício de violência física, assim como o sêmen coletado não apontava para o suposto estupro no trem e sim para uma relação sexual no dia anterior. Além disso, as narrativas das vítimas revelaram várias inconsistências ao detalhar a violência sofrida e a sequência de ações dos jovens negros durante o ato de violência sexual. A pressão pública, porém, acabou prevalecendo, inviabilizando qualquer tentativa real de se fazer a justiça triunfar. Todos os garotos de Scottsboro foram condenados à morte, com exceção de Roy Wright, que tinha doze anos. Se entre a população de brancos da região o consenso era de que os jovens haviam recebido um julgamento justo, apesar das incoerências na narrativa da acusação, entre a população afro-americana, habituada a testemunhar ações ilegais que miravam manter as hierarquias de raça, o caso expunha de maneira aprofundada as contradições de uma democracia atravessada pelas dinâmicas de uma longa história de racismo.

Num momento em que Partido Comunista experimentava estratégias para mobilizar os trabalhadores negros dos estados do Sul, ainda orientados pela ideia do Cinturão Negro, o caso de Scottsboro apareceu como uma oportunidade para promover a legenda na região. O discurso explorado pelos comunistas foi de que os jovens haviam passado por um "linchamento legal" promovido por "latifundiários parasitas e classes capitalistas".[51] A NAACP, a partir das vozes moderadas de suas lideranças, também manifestou preocupação com o resultado do julgamento, ainda que em alguns momentos tenha duvidado da honestidade dos jovens.[52] Mas, quando os comunistas demonstraram a intenção de assumir a defesa dos rapazes, logo entraram na disputa, argumentando que o anticomunismo sulista poderia acentuar as dificuldades de um caso já comprometido pela questão racial. Acabou prevalecendo, no entanto, o empenho dos vermelhos, que deram maior suporte financeiro e emocional.

Na retomada dos julgamentos, a defesa contou com os trabalhos de Samuel Leibowitz, um advogado judeu de Nova York com ampla experiência em direito criminal. Leibowitz não era comunista, inclusive tinha registro no Partido Democrata, mas aceitou o desafio de defender os jovens de Scottsboro em um momento no qual a opinião pública para além do estado do Alabama pendia a favor dos réus.[53] O advogado de defesa questionou a falta de negros no júri e o modo como se reproduziam na Justiça as práticas discriminatórias, e a estratégia foi bem-sucedida nos momentos em que foi necessário recorrer das sentenças, mas a força da supremacia branca sulista era acachapante. Leibowitz desconstruiu as narrativas do estupro, demonstrando, mais uma vez, a inconsistência dos acusadores, e apresentou testemunhas que reconheceram não ter havido estupro. O auge do julgamento foi quando Ruby Bates, uma das supostas vítimas, que estava desaparecida, compareceu e afirmou não ter sido violentada sexualmente. No entanto, Victoria Price, que foi acusada de ter criado o plano para desviar a atenção dos policiais, insistiu na narrativa do estupro. E mais uma vez o júri de brancos optou pela condenação.

Todo o processo se estendeu até 1937 e resultou na condenação de cinco dos nove jovens. O caso, entretanto, foi muito importante para ampliar a influência do Partido Comunista sobre as classes trabalhadoras nos Estados Unidos. As redes construídas pelos comunistas nas zonas rurais do Sul foram relevantes nas décadas de 1930 e 1940, quando os trabalhadores formaram pequenas células grevistas que funcionavam em nível local, evitando que fossem dispensados durante uma temporada sem receber integralmente os salários.[54] Entre mortes e torturas, o movimento foi se fortalecendo, possibilitando pequenas vitórias que, somadas, provocaram mudanças significativas na relação entre os trabalhadores e os grandes proprietários de terras. A historiografia sobre o ativismo afro-americano tende a focar nas organizações lideradas por ativistas negros de centros urbanos, mas não se deve deixar de lado experiências políticas importantes como a do Partido Comunista Americano, que no Sul do país se transformou em uma "organização negra".

## O conservadorismo negro

Ainda que movimentos progressistas e radicais tenham ganhado espaço entre os afro-americanos, o conservadorismo continuou a orientar a visão de certas lideranças negras. Sem nunca se materializar em uma organização política, mobilizou um quadro amplo de ativistas. Booker T. Washington, considerado um líder conservador de referência, foi fundamental para a articulação política de empresários negros e a organização de uma educação profissionalizante, sem priorizar uma cidadania de primeira classe para os negros e propondo prudência e uma integração gradual através do desenvolvimento econômico.

Os estudiosos do conservadorismo negro não o tratam como um fenômeno essencialmente político, mas como um conjunto de princípios que podem se revelar nas ações de organizações e lideranças negras. Washington, portanto, era somente uma figura entre várias de uma longa linhagem, como Jupiter Hammon, Richard Allen e James Forten. Para Lee Walker, o conservadorismo negro se revelava em iniciativas que orientavam o avanço socioeconômico gradual dos negros, enquanto os progressistas tinham como principal objetivo a integração racial imediata em todas as esferas sociais.[55] Estudiosos como Peter Eisenstadt e Christopher Bracey argumentam que há valores e princípios que permearam uma cultura conservadora afro-americana. Eisenstadt identifica entre os conservadores um conjunto de princípios que fundamentam uma "ética protestante negra", gerando uma moral individualista e uma disciplina para o empreendedorismo, e reforçando uma autonomia econômica que prevalece sobre as lutas coletivas pela igualdade de direitos.[56] Já Bracey aponta a adesão de lideranças políticas e intelectuais ao "excepcionalismo norte-americano", que enfatiza a importância de os negros fazerem parte de um "povo escolhido" com a missão histórica de salvar e redefinir a humanidade em nome da liberdade econômica e dos valores democráticos.[57]

De certa forma, a agenda de Booker T. Washington reproduziu alguns desses princípios, como o discurso sobre a autodeterminação dos negros e a importância do empreendedorismo. Depois de sua morte, em 1915, nenhuma liderança moderada ou conservadora teve o mesmo destaque, embora os princípios conservadores tenham continuado a orientar algumas figuras da militância negra, principalmente no Sul. No momento em que o New Deal se materializava como uma plataforma política, começando a atrair segmentos da população negra, os conservadores continuaram a apoiar o Partido Republicano. Ao longo da década de 1930, porém, os negros moderados do Sul iniciaram o movimento em direção ao Partido Democrata. Em 1942, no estado da Carolina do Norte, lideranças negras sulistas lançaram o Manifesto de Durham, no qual enfatizavam a importância do sufrágio negro, da participação em júris, da igualdade salarial para os professores e do fim da discriminação no trabalho e nas Forças Armadas, utilizando uma linguagem cautelosa que não mencionava diretamente a igualdade social.[58]

Nesse período, negros conservadores como Gordon Hancock, professor da Virginia Union University, se alinhavam cada vez mais às pautas progressistas, mas ainda não manifestavam engajamento suficiente para abalar os pilares do "estilo de vida do Sul", marcado pela naturalização da segregação racial. Nesse sentido, havia uma tensão entre um impulso pela luta por uma cidadania de primeira classe e um excesso de precaução contra uma reação violenta que poderia ser causada pela reivindicação enfática do fim do segregacionismo. Plummer Bernard Young, jornalista e ativista do estado da Virgínia, foi uma das figuras que enfrentaram esse desafio. Young, dono e administrador do *Norfolk Journal and Guide*, jornal negro de maior circulação do Sul do país, foi um seguidor entusiasmado da moderação de Booker T. Washington e, em seus textos e discursos, sempre enfatizou as oportunidades disponíveis para os negros em comunidades segregadas. Young também acreditava na reabilitação do Partido Republicano, insistindo na ideia de que em algum momento os republicanos retomariam a agenda de promoção da igualdade social, como nos tempos da Reconstrução. Embora tenha acabado por seguir lideranças moderadas e conservadoras que aderiram ao Partido Democrata, o jornalista não fez necessariamente um deslocamento no espectro ideológico, acreditando que em algum momento as tensões raciais no Sul poderiam ser resolvidas, a partir de um consenso entre as populações negras e brancas.[59]

Já outras figuras moderadas, como Robert Vann, identificaram no Partido Democrata a possibilidade de obter favores pessoais, uma vez que nas redes republicanas havia uma competição maior entre as lideranças negras. Vann se notabilizou por dirigir um dos maiores jornais da imprensa negra, o *Pittsburgh Courier*, reconhecido sobretudo pelo protagonismo na campanha para o fim da segregação nas Forças Armadas. Vann acreditava na existência de um vitimismo exacerbado entre os afro-americanos, que desviava o foco de iniciativas econômicas que poderiam ter um impacto mais positivo do que algumas estratégias do movimento negro,[60] e procurava, portanto, difundir o individualismo radical entre os afro-americanos.

A perspectiva conservadora de Vann em relação à questão racial no país era reproduzida por vários dos colunistas do

*Pittsburgh Courier.* Dentre os colaboradores que enfatizavam o individualismo estava a jornalista e escritora Rose Wilder Lane, uma intelectual libertária e branca que procurou traduzir a individualidade radical para o público afro-americano. De certa forma, ela estava em sintonia com alguns intelectuais negros que manifestavam desconforto com a identidade racial negra, que, segundo eles, inviabilizava o exercício da individualidade. Lane defendia a supremacia dos indivíduos sobre governos e interesses coletivos, e a opção pela individualidade aparecia como uma ação antirracista. Ela também flertava com o excepcionalismo norte-americano e geralmente contrastava os Estados Unidos com nações autoritárias, ressaltando que o país havia concebido um sistema político que permitia aos cidadãos o exercício da liberdade e do autocontrole.[61] A possibilidade de emancipação dos afro-americanos em relação ao racismo, obviamente, não estava no engajamento político, mas no empreendedorismo. O repertório de ideias que orientavam os negros conservadores criava uma fronteira artificial entre os campos social e econômico, reforçando o isolamento dos empreendimentos frente às práticas racistas da sociedade norte-americana.

Outra figura importante a publicar textos no *Pittsburgh Courier* foi George Schuyler, que se autoproclamava o primeiro negro conservador. Schuyler circulou entre socialistas e começou a se destacar na esfera pública afro-americana com análises controversas na revista *The Messenger,* na década de 1920. Embora em sua biografia se reforce o fato de que desde tenra idade ele já possuía uma visão de mundo conservadora, Schuyler iniciou sua trajetória intelectual entre socialistas e comunistas, discutindo os limites do capitalismo e a experiência do operariado negro. Ao contrário dos demais intelectuais negros, não cursou o ensino superior, tendo desenvolvido sua habilidade para a escrita em uma publicação do Exército. Embora fosse um jovem dedicado e disciplinado, não superou a discriminação racial e jamais avançou na hierarquia militar. Depois de ser dispensado, passou um curto período de tempo como funcionário de uma prisão militar e começou a fazer trabalhos braçais antes de iniciar a carreira no jornalismo.[62]

No periódico *The Messenger*, George Schuyler se notabilizou pelo tom sarcástico e a crítica frequente aos supremacistas brancos e ao garveísmo, juntando-se a outros intelectuais negros que consideravam as ideias de Marcus Garvey fora de contexto e completamente demagógicas. Já em 1931, o intelectual publicou seu primeiro romance. *Black no More*, uma crítica à racialização da sociedade norte-americana, era uma ficção científica na qual um cientista inventava uma máquina capaz de transformar negros em brancos. O processo de embranquecimento da população negra desestabilizava as relações raciais, criando um movimento de resistência tanto entre a militância negra quanto entre os supremacistas brancos. A intenção de Schuyler era demonstrar a obsessão dos norte-americanos com a raça, revelando um aspecto importante de seu conservadorismo que afloraria ao longo da década, quando ele passaria a sistematicamente questionar qualquer tipo de mobilização política em torno da ideia de raça, negando, por exemplo, a existência de uma cultura negra nos Estados Unidos. Para ele, o que se denominava cultura afro-americana era apenas uma entre várias matrizes culturais do país.

O conservadorismo de George Schuyler se revelaria também por meio de um profundo anticomunismo. Quando da disputa entre o Partido Comunista e a NAACP pela defesa dos garotos de Scottsboro, em 1931, ele reproduziu a preocupação das lideranças negras de que o protagonismo de comunistas no caso acentuasse ainda mais a hostilidade da Justiça sulista aos réus. Também associou o apoio dos comunistas a uma agenda mais ampla de proselitismo ideológico entre os afro-americanos. Para Schuyler, o comunismo era uma ideologia exógena à cultura política norte-americana, que portanto ameaçava as bases do capitalismo nacional e os valores que orientavam a noção de liberdade individual dos cidadãos. No pós-guerra, no momento em que os Estados Unidos desenhavam as estratégias de contenção do comunismo e da expansão soviética, ele apoiou entusiasticamente a cruzada contra lideranças e organizações comunistas que desembocaria no macarthismo.

Ao longo de sua trajetória, George Schuyler tentaria articular os negros em torno de uma agenda especificamente econômica, similar à de Booker T. Washington. A estratégia era oferecer uma alternativa aos afro-americanos, geralmente presos a agendas coletivistas e baseadas na identidade racializada. Assim que as políticas do New Deal começaram a ser aplicadas, o intelectual criticou de maneira enfática a administração de Franklin Roosevelt, alegando que o Estado, em um período de depressão econômica, estava utilizando toda a sua estrutura para aumentar ainda mais as desigualdades entre negros e brancos. Schuyler não identificava na máquina estatal qualquer iniciativa capaz de desestruturar as práticas racistas da sociedade. Em seu ponto de vista, o caminho para o progresso social e econômico dos negros não estava nas iniciativas coordenadas pela agenda federal, mas na força criativa dos empreendedores que organizavam a economia das comunidades negras.

## A Segunda Guerra Mundial e a questão racial

Apesar de suas posições políticas, George Schuyler, antes de assumir definitivamente a identidade de negro conservador, apoiou ações articuladas pelas lideranças negras progressistas. Uma das mais populares na década de 1940 foi a campanha pelo Duplo v, encampada pelo *Pittsburgh Courier* durante a Segunda Guerra Mundial. As lideranças negras entendiam que uma vitória contra o fascismo em âmbito internacional poderia acarretar outra vitória, doméstica, e impulsionar a luta pela igualdade de direitos nos Estados Unidos. Nesse contexto, Schuyler era uma entre várias vozes a mobilizar a população negra e pressionar o governo a pôr fim à segregação racial nas Forças Armadas, nas quais os afro-americanos em geral não dispunham das mesmas condições de treinamento dos brancos e raramente ascendiam nas hierarquias militares.

De início Schuyler era um dos menos entusiasmados com a campanha entre os colunistas do *Pittsburgh Courier*, uma vez que questionava qualquer tipo de iniciativa que pudesse aproximar os negros do governo de Roosevelt. Quando o movimento começou a ganhar projeção, transcendendo a iniciativa do jornal, o intelectual conservador começou a manifestar um tímido apoio. O que determinou o ritmo da campanha, entretanto, foi o empenho do editor-chefe Robert Vann em utilizar o tema da segregação nas Forças Armadas para promover seu periódico e aumentar ainda mais as vendas entre o público afro-americano. Antes mesmo do início da Segunda Guerra Mundial, Vann já identificara a questão como um dos principais desafios do ativismo negro, estimulando o desenvolvimento de uma pesquisa de opinião entre políticos, líderes religiosos, ativistas, jornalistas, reitores e militares negros a fim de organizar uma série de reportagens e editoriais sobre a discriminação nas Forças Armadas.[63]

Já em 1938 Vann começou a questionar políticos e militares sobre o tratamento distinto conferido pelas Forças Armadas a negros e brancos. Em uma edição do mês de fevereiro, o *Pittsburgh Courier* estampou em sua primeira página uma carta ao presidente Franklin Roosevelt abordando temas como o emprego entre militares, a importância da igualdade nos treinamentos e a lealdade dos negros à nação. Via de regra, os oficiais das Forças Armadas alegavam que o desempenho dos negros era inferior ao dos brancos, e que sua atuação na Primeira Guerra Mundial havia sido bem abaixo das expectativas. Vann, com base em relatórios sobre práticas discriminatórias, recomendou que os recrutas negros não fossem mais treinados por oficiais sulistas, que com frequência manifestavam preconceito racial. Para se contrapor ao argumento da falta de disciplina, o jornal também mencionou a experiência dos negros na Primeira Guerra Mundial sob o comando dos franceses, sem qualquer tipo de hierarquização racial, mencionando que um dos regimentos nos quais eles haviam lutado foi depois agraciado com a Cruz de Guerra, uma tradicional condecoração militar na França para premiar atos de bravura individuais e coletivos.

A tudo isso o *Pittsburgh Courier* recebeu respostas que variaram de acordo com setores e regiões do país. A maioria dos políticos do Norte mostrou-se favorável à imediata inserção dos negros, com cláusulas contra a discriminação e a segregação racial; já os políticos do Sul afirmaram que o tema deveria ser discutido na Câmara dos Representantes. As respostas, entretanto, indicavam haver um consenso em torno da criação de divisões especificamente negras, que para todos os efeitos contariam com a mesma estrutura das brancas. O que se desenhava naquele momento era uma proposta que promoveria um ingresso maior de negros nas Forças Armadas, sem necessariamente estimular os contatos inter-raciais. No entanto, conforme o debate se aprofundava, outras lideranças negras e organizações passaram a pautar o tema, revelando diferentes perspectivas sobre a integração racial na esfera militar. Na NAACP, por exemplo, Walter White e Roy Wilkins se posicionaram contra a proposta de criação de divisões negras, reforçando que a integração deveria ser imediata.[64]

Com o apoio de Roosevelt, algumas propostas foram enviadas à Câmara dos Representantes, mas nenhuma prosperou. No início da Segunda Guerra Mundial, alguns negros já eram admitidos em cursos de formação de pilotos e em programas da Marinha, mas raramente eram incorporados. Em 1940, quando as operações já estavam em curso no continente europeu, o ativismo negro aprofundou a cruzada pela inserção dos negros nas Forças Armadas. Por outro lado, o próprio governo, já trabalhando com a possibilidade de participação dos Estados Unidos na guerra, começou a dar os primeiros passos para garantir não somente o recrutamento de negros, mas também, pela primeira vez, o seu ingresso na escola de oficiais. No mês de setembro, o *Pittsburgh Courier* anunciava e celebrava a participação dos negros nas Forças Armadas, assim como a criação de uma unidade de treinamento de pilotos negros na Força Aérea. A conquista, tratada como uma "vitória parcial", impulsionou a militância negra nos Estados Unidos, transformando o tema da discriminação e da segregação nas Forças Armadas em uma questão norteadora de uma agenda mais ampla dos direitos civis dos afro-americanos.

O embate entre o ativismo negro e o governo, principalmente o Departamento de Guerra, foi marcado por avanços e retrocessos. A Marinha, por exemplo, se apresentou como um grande desafio aos esforços de inclusão, ao não incorporar os negros alistados nos treinamentos de combate, ignorando a obrigação de seguir as políticas antidiscriminatórias. Em novembro de 1940, o *Pittsburgh Courier* publicou uma carta enviada por marinheiros negros que relatava as condições dos afro-americanos a bordo do USS *Philadelphia*. A Marinha deu uma resposta rápida e logo prendeu os autores da missiva. As lideranças negras repercutiram na imprensa e foram fundamentais para garantir a liberdade dos marinheiros, que foram expulsos com desonra. Já em 1941, a imprensa negra cobriu outro incidente envolvendo a Marinha, durante o ataque a Pearl Harbour. Dessa vez, a luta foi pelo reconhecimento do feito de Doris Miller, um funcionário do refeitório que, mesmo sem treinamento de infantaria, disparou uma metralhadora contra aviões japoneses após socorrer o capitão do navio, que estava em estado grave. Miller foi condecorado pela Marinha em 1942.[65]

As denúncias da imprensa negra sobre a discriminação nas Forças Armadas, embora causassem ultraje entre seus leitores, não foram suficientes para nutrir um sentimento patriótico entre os afro-americanos. Muitos deles não viam sentido algum em aderir a uma campanha de alistamento para defender um país que sistematicamente lhes negava plena cidadania. Também não havia entre eles a convicção de que uma vitória dos Estados Unidos contra os regimes fascistas na Segunda Guerra Mundial desencadearia um processo de integração racial — a história, sobretudo a experiência da Primeira Guerra Mundial, indicava o contrário. Foi somente a partir de 1942, com a campanha liderada pelo *Pittsburgh Courier*, que o discurso de uma dupla vitória começou a mobilizar os negros. Em fevereiro daquele ano, o jornal publicou uma carta de James Thompson, que então trabalhava numa fábrica de aviões de combate, expressando seu compromisso com a nação ao defender a luta contra o fascismo, no âmbito internacional, e a luta contra o racismo, na esfera doméstica. Na semana seguinte, o *Courier* divulgou uma série de cartas que apoiavam a posição de Thompson e revelavam o sentimento patriótico entre setores do público afro-americano.

A resposta positiva dos leitores à noção de dupla vitória estimulou a imprensa negra a não somente denunciar a segregação nas Forças Armadas, como promover a participação dos negros na Segunda Guerra Mundial como parte de uma agenda ampla que impulsionaria o processo de integração racial. Os jornais começaram as estampar imagens de soldados negros sorridentes fazendo o V com as duas mãos, indicando a confiança na dupla vitória. A iniciativa se transformou em campanha quando os civis negros começaram a enviar fotos para os jornais acenando com o Duplo v ou ostentando cartazes com a indicação da dupla vitória.[66] Artistas como as cantoras Marian Anderson e Etta Moten, ao aparecerem em fotografias de apoio ao Duplo v, ajudaram a popularizar a campanha, que logo ganharia o apoio de brancos liberais. O aumento da aprovação entre os negros estimulou a incorporação do Duplo v à cultura popular, por meio de concursos de beleza, jogos de beisebol e cerimônias festivas, e à moda, através de vestidos que estampavam símbolos associados à campanha.[67]

Apesar da preocupação da imprensa negra em construir uma coesão entre os afro-americanos para apoiar os soldados negros na Segunda Guerra Mundial, o sucesso da campanha originou uma certa preocupação entre as autoridades e a grande imprensa. A vitória interna do Duplo v, que remetia aos direitos civis dos negros, foi entendida por setores da sociedade norte-americana como uma ameaça aos esforços de guerra. O *Times Dispatch*, por exemplo, acusou uma minoria de negros de tentar criar uma "revolução" nos costumes e hábitos norte-americanos que poderia comprometer a sobrevivência do próprio país. Outras publicações seguiram a mesma abordagem, acusando os jornais da imprensa negra de inflamar a população negra em um momento no qual a prioridade era defender a democracia norte-americana contra o fascismo. A atmosfera hostil que se constituía em torno da lógica da dupla vitória estimulou o FBI a investigar as principais publicações da imprensa negra e a recomendar que os editores dos periódicos fossem processados por sedição, por "interferirem nos esforços de guerra".[68] Mais tarde, o *Pittsburgh Courier* revelaria que a tentativa de pressão por parte do governo não era uma novidade para os jornalistas, uma vez que agentes do FBI estavam presentes quase todos os dias na redação do jornal.

No final de 1942, por volta do mês de outubro, a campanha do Duplo v já havia arrefecido. Entre as causas se apontava justamente a tentativa das autoridades de enquadrar a imprensa negra, mas outras eram ressaltadas, como a conclusão das lideranças negras de que o objetivo da campanha — fortalecer o apoio aos combatentes negros e associá-los à luta por uma cidadania de primeira classe — havia sido alcançado. O recuo na campanha, todavia, foi acompanhado de um processo mais acelerado de inclusão dos negros nas Forças Armadas e da incorporação de trabalhadores à indústria de guerra, impulsionando a economia norte-americana e deixando o período de depressão para trás. A percepção entre alguns jornalistas da imprensa negra e ativistas era a de que já se havia iniciado um processo de integração racial no país que não teria mais volta, anunciando uma era de igualdade de direitos.

Em todo caso, as forças que estruturavam as hierarquias raciais continuavam a resistir às mudanças, demonstrando que a militância negra teria que se engajar para que as aberturas propiciadas pelo período de guerra fossem garantidas no período de paz. A própria iniciativa de contratação de trabalhadores negros para os esforços de guerra não fora um movimento natural do governo ou dos empregadores, mas resultado da pressão de lideranças negras articuladas. Em 1941, acompanhando a campanha da imprensa negra pelo fim da segregação nas Forças Armadas, lideranças como Bayard Rustin, da NAACP, e A. Philip Randolph, socialista e líder do sindicato dos cabineiros negros, ameaçaram fazer uma marcha em Washington a fim de pressionar o governo federal, forçando-o a incorporar os negros como combatentes nas Forças Armadas e a eliminar a discriminação racial nas indústria de guerra.[69] Em 1940, a economia do país, que havia passado quase dez anos em estado de depressão, começara a engrenar com o crescimento da produção industrial estimulado pela guerra.

Ao propor a marcha à capital, A. Philip Randolph já possuía uma larga experiência com mobilização política, tendo se destacado na organização de trabalhadores negros incapazes de acessar sindicatos tradicionais e sindicatos de certas categorias profissionais predominantemente negras, como ascensoristas e cabineiros. Em 1925 foi eleito presidente da Brotherhood of Sleeping Car Porters, que o alçou a liderança de projeção nacional. Nessa década de 1920, a organização passou por um primeiro momento de grande sindicalização, mas acabou retrocedendo com a forte pressão da Pullman Company, responsável pelo transporte ferroviário naquele período. Entretanto, no momento em que o New Deal começou a regular a relação entre empregadores e empregados, a organização voltou a ganhar força para negociar com a Pullman Company, entrando em uma queda de braço que se estenderia ao longo da década de 1930. Nesse processo, Randolph se destacaria entre os militantes negros que atuavam nos universos do trabalho e dos direitos civis, envolvendo-se em articulações com outras organizações importantes do período, como a NAACP e a Liga Urbana Nacional.

A ideia de uma marcha para lutar contra a segregação e exigir a integração nas Forças Armadas não estava circunscrita à capital dos Estados Unidos; havia a intenção de coordenar marchas simultâneas nas principais cidades do país. Em Washington, várias lideranças se encarregaram de articular a chegada das pessoas que participariam do protesto em diferentes áreas da cidade. Embora não fizesse parte do "Sul Profundo", a capital apresentava um padrão de relações raciais próximo das dinâmicas raciais sulistas. Os organizadores da marcha teriam de administrar o deslocamento dos manifestantes e monitorar a possível aglutinação de racistas dispostos a atacar e violentar os presentes. Como a intenção era pressionar o presidente, Randolph mostrou-se preocupado com uma possível desordem durante o protesto, e os organizadores se encarregaram de discutir detalhadamente todas as etapas da marcha, definindo que tipo de cartazes e mensagens poderiam ser mostrados. Outro problema era o perfil de pessoas que participariam do evento. Esperava-se que todos fossem minimamente ordeiros, já que era comum algumas marchas terminarem em violência por conta de manifestantes impacientes que respondiam provocações tanto de policiais quanto de racistas. Entre os organizadores também havia os responsáveis pelas rotas para chegar à capital, uma vez que a logística apresentava vários obstáculos, como a passagem por lugares hostis aos negros e barreiras já constituídas para a Segunda Guerra Mundial.

Entre os ativistas de esquerda e lideranças negras que não estavam envolvidos com a organização da marcha, a sensação era de que não haveria grande adesão por parte dos negros, o que poderia comprometer a capacidade de negociação com o presidente. Entretanto, a visão das autoridades era totalmente oposta. A partir do monitoramento do FBI, a conclusão era de que a marcha poderia atrair uma multidão e ter um impacto político considerável sobre o governo. Roosevelt demonstrou certa aflição com a possibilidade de um protesto de negros tomar as ruas da capital, mobilizando sua equipe para delinear uma estratégia a fim de evitar que fosse realizado. A. Philip Randolph e Walter White participaram de uma série de reuniões na Casa Branca nesse sentido.[70] Para o presidente, qualquer evento que inflamasse as tensões raciais no país poderia comprometer a imagem internacional dos Estados Unidos, num momento em que o país se colocava como uma democracia que lutava contra o nazifascismo. Com o apoio de Fiorello La Guardia, prefeito progressista de Nova York próximo às principais lideranças negras da cidade, o presidente propôs a criação de uma ordem executiva que promoveria, por meio de ações antidiscriminatórias, a contratação de trabalhadores negros na indústria de guerra. Randolph e White também pretendiam forçar o fim da segregação nas Forças Armadas, mas a resistência dos militares impediu qualquer avanço. A Ordem Executiva nº 8802, aprovada por Roosevelt, proibia a discriminação nas indústrias que mantinham contrato com o governo e criava um comitê que seria responsável pelo monitoramento das práticas discriminatórias.

A década de 1930, com o impacto negativo da Grande Depressão sobre as populações afro-americanas, havia obrigado as lideranças e organizações negras a se reorganizarem para enfrentar as crises econômicas, reforçando a importância de agendas específicas para o trabalho, obviamente associadas à construção de uma cidadania negra de primeira classe. As políticas implementadas pelo governo de Franklin Roosevelt para contornar a crise econômica ao longo da década promoveram a organização das classes operárias, consolidando os marcos dos direitos trabalhistas que transformariam os trabalhadores em sujeitos políticos fundamentais da democracia no país. Esse processo, entretanto, ocorreu de forma assimétrica, discriminando as categorias profissionais nas quais os negros se concentravam. A reinvenção do liberalismo através do New Deal reordenou o capitalismo norte-americano, mas também as dinâmicas raciais dos Estados Unidos. Nas primeiras décadas do século XX, os trabalhadores que se organizavam politicamente eram enquadrados como elementos possivelmente subversivos, e no final dos anos 1940 haviam se transformado em membros de categorias profissionais integradas à economia norte-americana por meio de políticas públicas, que os incorporaram ao *American way of life*.

O New Deal, ainda que tenha socorrido a população negra em situação mais precária, acabou reproduzindo práticas racistas, que diminuíram sua capacidade de integração racial. As políticas públicas implementadas no âmbito do programa tiveram caráter estrutural para os trabalhadores brancos, mas apenas emergencial para os afro-americanos. A trajetória turbulenta pela Grande Depressão, contudo, não comprometeu a disposição das lideranças negras para reinventar seu repertório político, respondendo às demandas dos segmentos populares negros em um mercado de trabalho destroçado pela crise econômica. Essas mesmas lideranças, articuladas a partir de diferentes organizações, estabeleceram as bases para a mobilização política das comunidades negras que seria retomada pela geração do Movimento pelos Direitos Civis na década de 1960. A própria marcha sobre Washington com que A. Philip Randolph ameaçou o governo Roosevelt seria retomada por Martin Luther King Jr., e eternizada na história norte-americana.

Esse foi um momento de mudanças institucionais, tanto no Estado como nas organizações políticas negras, capazes de formar uma esfera pública negra. O New Deal, ao administrar os conflitos de classe em uma ordem liberal a partir da ideia de nação inclusiva, estimulou a construção de uma sociedade civil que permitiu a reorganização das lideranças negras. Por outro lado, nomes como William Du Bois, Mary McLeod Bethune, A. Philip Randolph, Paul Robeson, Walter White, Ralph Bunche, E. Franklin Frazier e Langston Hughes, entre outros, cumpriram uma função importante na construção de uma ponte intergeracional entre as lideranças da década de 1930 e a geração do Movimento pelos Direitos Civis. Apesar da Grande Depressão, a intelligentsia negra foi ampliada, com cerca de duzentos negros tendo adquirido o título de doutor na década de 1930, e outros 128 entre 1940 e 1943. A imprensa negra, que passou por um refluxo nos primeiros anos da crise, retomou a tendência de crescimento no final da década, consolidando uma esfera pública negra de dimensão nacional. Alguns historiadores também identificam um deslocamento para a esquerda feito por alguns ativistas e intelectuais como Paul Robeson e Richard Wright, que incorporaram a ideia de participação das classes populares afro-americanas nos processos de mudanças sociais.

# 3. A era do Movimento pelos Direitos Civis e do Black Power

Entre progressos sociais e dificuldades com as práticas discriminatórias nas instituições, o saldo para as lideranças negras ainda era positivo. Nesse sentido, o cenário no pós-guerra parecia promissor para se iniciar o processo de integração racial. O New Deal, com todas as suas contradições, havia possibilitado a constituição de uma intelligentsia negra incorporada a setores do governo federal, apontando para um futuro no qual o Estado poderia assumir o papel de principal promotor da inclusão dos negros.

Além disso, alianças com os comunistas — o que incluiu o ingresso de ativistas negros no partido — contribuíram para o acesso de trabalhadores afro-americanos aos sindicatos das principais categorias profissionais. Depois da crise econômica dos anos 1930, as principais organizações negras, entre as quais a NAACP, reforçaram sua reputação entre o público afro-americano, ampliando a base de membros e se espalhando ainda mais pelo território.[1]

Na política, houve também avanços, com um aumento significativo de negros participando de eleições e, em alguns casos, conseguindo se eleger em distritos de maioria negra em grandes centros urbanos como Nova York e até mesmo em alguns estados do Sul, como Virgínia, Carolina do Norte e Tennessee, onde as restrições ao voto negro eram menores.

O aumento gradual do eleitorado afro-americano estreitou ainda mais a relação entre as lideranças negras e o Partido Democrata. Harry Truman, que assumira a presidência após a morte de Franklin Roosevelt, em 1945, visando se reeleger acenou com medidas concretas, assinando a Ordem Executiva nº 9981, que criava o Comitê de Igualdade de Tratamento e Oportunidades nas Forças Armadas, para proibir a segregação e promover a inserção de militares negros.

Truman foi eleito em 1948 e manteve a política ensejada com a Ordem Executiva nº 9981, desencadeando um processo importante de entrada de afro-americanos em instituições governamentais. Mas um outro fenômeno que ganhou força ao longo de sua campanha foi o anticomunismo, que teve efeitos sobre o ativismo negro, contribuindo para minar a capacidade, até mesmo das organizações moderadas, de articular suas bases.

As lideranças negras iniciaram uma caça aos comunistas dentro de suas próprias organizações. A. Philip Randolph, conhecido como o Lênin do Harlem e figura emblemática do sindicalismo negro, passou a negar qualquer possibilidade de cooperação com os comunistas e a separar os interesses dos trabalhadores negros dos de alas da esquerda identificadas com o marxismo.[2] Com isso, esperava ganhar o apoio do presidente Truman. Ele apostava no argumento de que a melhor propaganda para os Estados Unidos na disputa com a União Soviética era reforçar a democracia através da promoção da integração racial.

Na NAACP, seu presidente, Walter White, fez o mesmo movimento. Era de conhecimento público sua indisposição com visões fora do escopo liberal e moderado. Ele apoiava o anticomunismo de Truman e em diversas ocasiões flertou com um patriotismo xenofóbico. White não somente se livrou de suas lideranças mais radicais como apoiou a repressão política conduzida pelo governo. William Du Bois, nesse período já um veterano do ativismo afro-americano e um dos fundadores da própria NAACP, passou a ser perseguido sistematicamente pelo governo. Não foi o único. Outros importantes expoentes do ativismo negro também foram alvo nesse período, dentre eles Paul Robeson, Adam Clayton Powell Jr. e Hazel Scott.

A caça aos comunistas acabou se transformando em um instrumento de contenção da agenda do ativismo afro-americano. Ao mesmo tempo, órgãos oficiais como o Comitê de Atividades Antiamericanas da Câmara dos Representantes dos Estados Unidos, uma das instituições responsáveis por promover a cruzada anticomunista, não demonstravam nenhum empenho para enquadrar as atividades racistas da Ku Klux Klan, por exemplo.

Assim, se, por um lado, as principais organizações negras já contavam com estrutura e experiência de mobilização política suficiente para intensificar a politização das comunidades negras por todo o território norte-americano, por outro viam suas chances de progresso serem freadas pela aliança tácita entre o supremacismo branco e o anticomunismo.

Os poucos avanços alcançados no trabalho e na educação ocorreram em paralelo à ampliação das redes de organizações supremacistas. A Ku Klux Klan, além de estender seu campo de atuação nos estados do Sul, chegou a cidades como Nova Jersey, Nova York e Los Angeles, alcançando milhares de membros. A estratégia tradicional da NAACP, de privilegiar as ações legais, havia chegado ao limite e só poderia ter alguma eficácia por meio da pressão popular das comunidades negras.

## Martin Luther King e a ascensão do Movimento pelos Direitos Civis

No início da década de 1950, nos centros urbanos do Sul, domésticas, faxineiros, professores, advogados, estudantes, médicos e operários negros começaram a compartilhar espaços em comum com os brancos e a traduzir suas diferentes experiências com a opressão racial em uma agenda política contra a segregação.

Assim, antes da ascensão de Martin Luther King, jovens negros já se mobilizavam para confrontar o segregacionismo. Em 1951, no condado de Prince Edward, no estado da Virgínia, estudantes de uma escola de ensino médio se rebelaram contra a lotação das salas de aula e as condições materiais desiguais. A iniciativa, incomum naquela época, começou de maneira desorganizada, mas, com o apoio de toda a comunidade e, mais tarde, da NAACP, transformou-se em um ato político contra a segregação do sistema escolar do estado, que se desdobraria em uma ação legal. Seria uma de várias outras que resultariam no caso Brown v. Board of Education, de 1954, que ficaria marcado na história como um dos eventos que impulsionaram o Movimento pelos Direitos Civis na década de 1960.

No processo de construção do caso, foi muito importante a experiência de defensores formados por Charles Houston na Escola de Direito da Universidade Howard, principal instituição negra de ensino superior nos Estados Unidos. Durante anos, Houston foi a principal figura da NAACP no que dizia respeito à elaboração de estratégias legais. O advogado se formou em Harvard, mas uma das conquistas mais marcantes de sua carreira foi justamente transformar Howard em um centro de formação da intelligentsia negra na área do Direito.[3] Ao assumir definitivamente as agendas da NAACP na década de 1930, ele já havia assentado as bases para a ascensão de uma vanguarda negra que participaria dos embates contra a segregação nos tribunais.

Entre derrotas e vitórias, a intelligentsia negra foi se articulando e criando estratégias mais sofisticadas para lidar com os operadores da justiça norte-americana. Thurgood Marshall, em meio a esse processo, destacou-se como uma das figuras mais notáveis entre os estudantes formados por Houston. Marshall ganhou notoriedade com o caso McLaurin v. Oklahoma State Regents, de 1948, em que o professor George McLaurin teve negado seu ingresso no programa de pós-graduação em educação. Marshall e os demais defensores adotaram manobras legais para que o caso seguisse imediatamente para a esfera federal, limitando a possibilidade de apelação do estado do Oklahoma. McLaurin foi admitido, mas sistematicamente apartado dos demais estudantes. O professor foi obrigado a assistir às aulas do corredor, fazer refeições em horários diferentes e manter distância dos demais estudantes na biblioteca. Mais tarde, em 1950, a Suprema Corte ordenou que todos os estudantes negros tivessem acesso ao mesmo espaço frequentado pelos brancos.[4]

No caso de McLaurin, a Suprema Corte não chegou a interpretar uma inconstitucionalidade da segregação racial; a decisão favoreceu a inclusão somente no sentido de obrigar a universidade a oferecer aos estudantes negros as mesmas condições oferecidas a um branco, mas não juntos. Contudo, Thurgood Marshall e seus colegas entenderam que o resultado do caso de McLaurin demonstrava que o cenário não era tão desfavorável para o combate à segregação racial. Os defensores, então, seguindo uma nova estratégia de Marshall, decidiram reunir em um só todos os casos individuais na Justiça contra a segregação. Aquele era o momento de questionar menos as condições dos negros nas instituições e mais as políticas segregacionistas. Nessa transição estratégica, os defensores deixaram de privilegiar os casos envolvendo estudantes do ensino superior e passaram a atacar a segregação no ensino básico.

Marshall e a equipe da NAACP — formada por Robert Carter, Jack Greenberg, George Hayes, James Nabrit Jr. e Spottswood Robinson — iniciaram uma jornada pelas comunidades negras do Sul em busca de diferentes casos individuais que pudessem ser articulados em um só. Enfrentando a fúria das hordas racistas, que os obrigavam a recorrer a guarda-costas e rodízios de hotéis a fim de minimizar a possibilidade de violência física, a equipe conseguiu construir um processo com cinco casos de pais que haviam tido negado o acesso de seus filhos a escolas do ensino básico.

O caso que organizou a estratégia e deu nome ao processo — Brown v. Board of Education — foi o da garota de sete anos Linda Brown, impedida de se matricular em uma escola na vizinhança de maioria branca em que morava. Sendo negra, Brown era obrigada a passar por uma sequência perigosa de linhas férreas até chegar ao ponto do ônibus que a conduziria por cerca de um quilômetro e meio até a escola para crianças afro-americanas. A fim de evitar que a filha enfrentasse esse transtorno todos os dias, Oliver Brown recorreu à Justiça para que Linda pudesse se matricular na escola perto de casa.

Uma vez iniciados os trabalhos na justiça, Marshall fez mais do que questionar a segregação, já que as autoridades haviam passado a investir mais nas escolas para estudantes negros a fim manter a separação. Agora, a estratégia foi demonstrar, a partir de trabalhos de sociólogos, psicólogos e educadores, os efeitos negativos do segregacionismo. Kenneth Clark e Mamie Clark foram os especialistas que mais se destacaram, com comentários sobre a baixa autoestima das crianças negras. A partir de avaliações de bonecas negras e brancas por crianças afro-americanas, os pesquisadores apontaram como as referências associadas às experiências negras eram consideradas negativas e constituíam uma espécie de auto-ódio. Apesar das críticas à metodologia da pesquisa, Thurgood Marshall a utilizou para fundamentar o argumento de que as crianças negras tinham a mesma capacidade intelectual das brancas, mas se sentiam inferiores em escolas segregadas, o que comprometia o aprendizado.[5]

Para além do papel da equipe de defensores da NAACP, o caso Brown v. Board of Education ficou marcado também pela mudança de posição da Suprema Corte, que proferiu um voto unânime a favor de Brown.

A decisão, contudo, não determinou os termos e a velocidade da integração racial nas instituições. Os estudantes contemplados pelo caso Brown foram de fato integrados, mas somente um ano depois, de maneira vaga, a corte determinou um processo gradual, imposto por juízes conservadores como moeda de troca pela decisão unânime.

A decisão de 1954 é tratada pela historiografia do Movimento pelos Direitos Civis como um marco histórico, pois, além de dar base legal para a integração, impulsionou as iniciativas de lideranças negras no Sul dos Estados Unidos. Por outro lado, ela provocou a fúria dos supremacistas brancos, que responderam com violência às ações para matricular estudantes negros em escolas de maioria branca, ao registro de eleitores negros ou a qualquer outra estratégia destinada a romper as barreiras da segregação racial. Além disso, as próprias autoridades locais adotaram medidas para preservar a separação de negros e brancos, como o corte de fundos para as escolas com programas de integração e a divisão dos estudantes por capacidade intelectual, restabelecendo um espaço de estudantes "brancos qualificados" e outro de "negros com déficit educacional". No condado de Prince Edward, houve a opção extrema por fechar todas as escolas por cerca de quatro anos. Para o governador J. Lindsay Almond Jr., a integração racial representava "sadismo, sexo, imoralidade e gravidez juvenil".[6] A insatisfação dos sulistas se revelou no "Manifesto do Sul", em que cerca de cem congressistas condenaram a decisão no caso Brown e exigiram sua reversão.

No verão de 1955, em meio ao debate sobre as consequências da decisão da Suprema Corte e a reação sulista, ocorreu o assassinato de Emmett Till. O jovem de catorze anos, da cidade de Chicago, tinha ido passar as férias no Mississippi e transgredido os códigos sociais do Sul ao flertar com uma jovem branca. No meio da noite, foi capturado, desnudado e morto com um tiro na cabeça. Seu corpo foi jogado no rio Tallahatchie, com arame farpado enrolado no pescoço.

A morte de Emmett Till teve enorme repercussão. Sua mãe tomou a decisão de não lacrar o féretro, permitindo que imagens do rosto de Till, completamente desfigurado, estampassem jornais dos Estados Unidos e do mundo. O funeral contou com a participação de 50 mil pessoas e se transformou num evento político. O assassinato foi um entre os vários eventos do período que transcenderiam as fronteiras da esfera pública afro-americana e impactariam os setores progressistas, possibilitando a constituição a médio prazo de um apoio amplo de segmentos da população branca aos direitos civis dos negros, inclusive no Sul do país.[7]

O julgamento dos acusados adquiriu dimensão nacional, atraindo os principais órgãos da imprensa, que enviaram cerca de cem repórteres para a cobertura. A repercussão, entretanto, não intimidou a Justiça sulista. Como no caso dos garotos de Scottsboro, o júri foi formado apenas por brancos, e em menos de uma hora foi anunciada a absolvição dos acusados, Roy Bryant e John Milam. Após o veredicto, os réus deixaram a corte tranquilamente, abraçados a suas esposas e acenando para a imprensa.

Foi contra esse pano de fundo que ganhou força o episódio em que Rosa Parks, no mesmo ano de 1955, na cidade de Montgomery, Alabama, se recusou a ceder seu lugar a um homem branco em um ônibus de assentos segregados. Segundo uma narrativa floreada, ela teria reagido a uma "prática tradicional" da cultura sulista estimulada pela indignação e pela exaustão após horas de trabalho árduo — mas ao longo de sua trajetória Parks recusou essa versão que despolitizava seu gesto e desprezava seu percurso nos círculos do ativismo negro, iniciado na adolescência.

O Sul dos Estados Unidos já conhecia protestos similares. Em 1953, a comunidade negra de Baton Rouge, na Louisiana, articulou um dos primeiros boicotes ao transporte público. A mobilização começou quando se proibiu que passageiros negros se sentassem nas primeiras fileiras dos ônibus, mesmo não havendo brancos presentes. O reverendo T. J. Jemison, pastor batista e importante líder da comunidade, convocou o boicote numa rádio local e em menos de 24 horas os cidadãos negros já não eram encontrados nos ônibus que circulavam pela cidade.[8]

Teve um grande impacto mobilizador. As reuniões na igreja do reverendo Jemison ficaram abarrotadas e tiveram de ser transferidas para o auditório de uma escola, capaz de abrigar cerca de 3 mil pessoas. A coordenação do boicote conseguiu interromper todas as atividades comerciais da região, a fim de manter todos focados na estratégia de enfrentamento à segregação no transporte público. Ao mesmo tempo, foi obrigada a organizar um esquema capaz de suprir a demanda por transporte dos passageiros negros que haviam aderido ao movimento. A solução encontrada foi a utilização de carros particulares para fazer rotas similares às dos ônibus. Toda a operação foi executada com financiamento da comunidade, já que a cobrança de passagem poderia violar a lei municipal, abrindo uma brecha para que as autoridades interrompessem o boicote.

A estratégia foi bem-sucedida porque fez os responsáveis pela administração do transporte público chegarem à conclusão de que, sem a receita oriunda da cobrança de passagem dos cidadãos negros, todo o sistema entraria em colapso. Isso os forçou a negociar. As autoridades se comprometeram a reorganizar o espaço dos ônibus de forma "mais justa", sem necessariamente eliminar a segregação. O boicote foi encerrado e o movimento de Baton Rouge serviu de referência para lideranças negras que ainda procuravam pela estratégia mais apropriada para desafiar os códigos segregacionistas do Sul.

O fato de ser um "forasteiro" em Baton Rouge fez de Jemison a figura mais adequada para tomar a frente do movimento, pois, como recém-chegado, estava mais bem posicionado para mediar com maior imparcialidade os interesses políticos de diferentes grupos sem ser coagido por ameaças a sua família. Além disso, em caso de ameaça iminente à sua própria vida, ele poderia recomeçar a carreira em outra cidade, sem grandes transtornos. Essa tática se tornaria recorrente nas articulações políticas das comunidades negras, e a forma de mobilização proposta pelo reverendo Jemison seria difundida como uma espécie de modelo a ser seguido por outras lideranças religiosas. Martin Luther King foi escolhido para tentar replicar em Montgomery a experiência de Baton Rouge.

Em um relato escrito, Rosa Parks enfatizou que não estava fisicamente cansada quando se negou a deixar seu assento no ônibus; e não era ainda uma mulher idosa, tendo então 42 anos de idade. No momento em que desafiou a ira dos brancos racistas, ela estava cansada era de não reagir. O motorista viu que "eu ainda estava sentada e perguntou se eu não me levantaria. Eu disse que não, e ele: 'Então vou chamar a polícia'. Eu disse: 'Pode chamar'. Essas foram as únicas palavras que trocamos". Parks ressaltou que, no instante em que foi forçada a se levantar, soube que sua experiência se transformava em um ato político, e que passou a calcular quais seriam as consequências das diferentes escolhas que faria sob pressão dos racistas de Montgomery.[9] Aos dois policiais que a abordaram, disse que não cedera o assento porque achava injusto, e foi, sem resistir, escoltada até a viatura, sem ser tocada.

Naquele dia, Rosa Parks não era a única negra no ônibus, mas foi a única a reagir contra o privilégio dos passageiros brancos. De fato, ela sabia que sua prisão teria desdobramentos políticos, já que era uma figura importante entre negros religiosos da cidade e tinha um histórico de militância na NAACP, ocupando na época a função de secretária da divisão de Montgomery. Parks ingressou na organização apenas em 1943, embora fosse estimulada há um bom tempo pelo marido, Raymond Parks, que militava na NAACP desde 1934. Em sua trajetória como ativista em Montgomery, ela trabalhou com as principais lideranças negras do estado do Alabama, participando de várias iniciativas que promoviam o registro de eleitores negros e questionavam as políticas segregacionistas. Uma dessas ações foi encampada pelo Women's Political Council, uma organização de mulheres negras que, em 1946, alertou as autoridades locais que um boicote seria organizado caso não fossem tomadas providências para acabar com a segregação nos transportes públicos.[10]

A segregação nos ônibus já era uma questão política para Rosa Parks, que, em 1943, após se sentir humilhada em uma discussão com um motorista, prometeu a si mesma que jamais voltaria a passar pela mesma situação. Em 1955, em Montgomery, a militância também procurou iniciar o boicote a partir de dois casos que não foram adiante. Rosa Parks, sem a intenção inicial de promovê-lo, acabou colocando em prática uma estratégia planejada anteriormente. Assim que a notícia de que havia sido presa chegou aos ouvidos da NAACP, as lideranças negras acionaram brancos progressistas e influentes que conseguiram a sua soltura. Ao perceber o potencial da prisão de Rosa Parks para impulsionar um movimento de boicote na cidade, E. D. Nixon, principal figura da NAACP no estado, pediu a ela que ajudasse a mobilizar a comunidade negra em torno do seu caso.

O primeiro passo de Parks e dos ativistas da NAACP foi entrar em contato com as principais lideranças religiosas da cidade, que prontamente aceitaram a missão de difundir a mensagem de que, no dia 5 de dezembro de 1955, os negros não usariam o transporte público para ir ao trabalho ou à escola. O periódico *Montgomery Advertiser*, que circulava entre as comunidades negras, ampliou o alcance do chamado. Logo os negros haviam abandonado os ônibus e passado a utilizar formas alternativas para se deslocar pela cidade; a mais comum foram os táxis de companhias gerenciadas por negros, que começaram a fazer o mesmo itinerário dos ônibus e a cobrar tarifas acessíveis aos passageiros. Em meio ao processo de articulação do boicote, Rosa Parks foi condenada por violar a lei de segregação; sua defesa já contava com isso, e a estratégia foi recorrer nos tribunais superiores, considerados menos influenciáveis pela pressão política local.

Assim como havia acontecido em Baton Rouge, as lideranças envolvidas no processo de mobilização das comunidades negras de Montgomery decidiram estabelecer uma organização específica para articular o boicote, evitando que a coordenação se concentrasse entre os membros da NAACP e estimulando o estabelecimento de uma ampla base política. A estratégia também tinha o objetivo de demonstrar aos brancos da cidade que a iniciativa não era uma agenda estimulada por negros forasteiros da NAACP, mas uma expressão de coesão e força dos negros locais, insatisfeitos e ultrajados pelas políticas segregacionistas.

No mesmo dia da criação da Associação para o Progresso de Montgomery (MIA, no acrônimo em inglês), as lideranças também escolheram a figura que assumiria publicamente a função de condutor do boicote — um jovem reverendo de apenas 26 anos recém-chegado à cidade: Martin Luther King. Já em seu primeiro discurso à comunidade negra de Montgomery, Luther King demonstrou sua habilidade fora do comum para a oratória, animando lideranças e todos os presentes. Fez referência ao princípio que nortearia sua trajetória no Movimento pelos Direitos Civis, afirmando que o "protesto seria utilizado como arma contra a opressão" e inteiramente orientado pelo pacifismo. E também comparou o boicote à luta contra a escravidão, transformando o evento na cidade em mais um episódio de uma longa história de luta por justiça social.

Martin Luther King Jr. nasceu em Atlanta, em uma família proeminente nos círculos políticos das lideranças negras da cidade. Seu pai, de quem herdaria o nome, casou-se com Alberta Williams, filha de um importante pastor, que encaminharia a carreira do marido como líder religioso e político. Ele se transformaria em um dos nomes mais importantes da luta contra o racismo em Atlanta. A fim de manifestar sua profunda indignação com as práticas de segregação, jamais andou em um ônibus segregado, e combatia o uso de termos racistas para se referir à população negra. Segundo recordou seu filho, ele chegou a confrontar policiais, valendo-se de seu capital político para resistir ao comportamento racista de autoridades e agentes do Estado. Em escritos autobiográficos, Martin Luther King revelou uma profunda admiração pelo pai, que serviu de referência para sua própria trajetória no ativismo afro-americano.[11]

Vivendo em relativa prosperidade, a família de Martin Luther King foi capaz de garantir aos filhos acesso às melhores instituições de educação. Assim, o futuro líder do Movimento pelos Direitos Civis ingressou no Morehouse College, uma das mais importantes faculdades afro-americanas, que formava a elite negra de Atlanta. No período que passou na instituição, King foi beneficiado pela amizade de seu pai com o reitor, que fez questão de assumir o papel de mentor do jovem e transformá-lo em um intelectual preocupado com a justiça social.[12] O desejo de estudar medicina ou direito foi abandonado quando surgiu seu interesse por temas que combinavam raça, religião e justiça. Em 1946, King começou a escrever textos abordando a violência racial e o papel das lideranças negras na luta contra o racismo nos Estados Unidos. Aos dezessete anos, publicou um artigo no periódico *The Atlanta Constitution* no qual discutiu um caso de grande repercussão, o de um supremacista branco que havia assassinado dois casais e um homem, todos negros.

Martin Luther King demonstrou grande progresso como intelectual quando começou a frequentar o Seminário Teológico de Crozer, na Pensilvânia, onde conquistou certa autonomia em relação ao pai, devido à distância. Na instituição, ele iria organizar o conhecimento que fundamentaria grande parte de seu discurso. Foi ali que, através da leitura de Walter Rauschenbusch, King entrou em contato com o evangelho social, que interpretava os ensinamentos de Cristo como um veículo para a transformação da sociedade. Segundo essa perspectiva teológica, uma sociedade sem assimetrias e tensões entre segmentos sociais manifestava o amor divino. Em Crozer, King também incorporou a filosofia pacifista de Mahatma Gandhi, identificando no movimento liderado pelo indiano contra o imperialismo britânico "uma força social capaz de inspirar em larga escala". No entanto, uma referência pouco mencionada nas narrativas históricas sobre King foi a obra de Karl Marx, importante para estruturar sua crítica às desigualdades econômicas, sem que ele necessariamente incorporasse o materialismo histórico e o comunismo. Todos esses elementos foram combinados às ideias de Reinhold Niebuhr, que criticava o idealismo do pacifismo e enfatizava o pragmatismo para lidar com relações de poder, levando King a refletir sobre a importância de ajustar suas ideias à realidade das disputas políticas.

Martin Luther King, ao longo de sua trajetória, revelaria aspectos de sua vida pública e pessoal que entrariam em contradição com a imagem consagrada e idealizada após seu assassinato. O reverendo, além do engajamento intelectual, também teve uma vida social movimentada, com jogos de bilhar, cigarros e romances. A fama do jovem não era a de uma liderança religiosa, mas a de um playboy de Atlanta elegante e carismático. Suas habilidades persuasivas, que mais tarde seriam utilizadas para mobilizar movimentos de massa nos Estados Unidos, foram importantes para construir relações sociais e afetivas durante a experiência universitária. O rapaz bem-apessoado de voz poderosa e articulação acima da média se formaria com as maiores notas da turma, mas a excelência acadêmica seria sempre acompanhada de seu charme. Na Universidade de Boston, onde ingressou na pós-graduação, King continuou a flertar e a se relacionar com mulheres negras e brancas, até se comprometer com Coretta Scott, descrita como igualmente charmosa e inteligente.[13] Dezoito meses após se conhecerem, King e Coretta estariam casados, procurando por uma oportunidade profissional no Alabama, estado onde ela havia nascido.

Em 1954, quando começou a atuar em Montgomery, a principal contribuição de King foi promover a articulação entre as classes sociais dentro da comunidade afro-americana. As mobilizações eram tradicionalmente lideradas pelas elites negras, e nem todas as demandas das classes populares eram contempladas. A atuação de King visava encaminhar o processo de politização dos trabalhadores que não estavam habituados à organização política comunitária.

No processo de organização do boicote ao transporte público, ele procurava transmitir os princípios pacifistas e ressaltar a importância da resiliência diante das dificuldades de locomoção e das provocações com que os negros eram cotidianamente confrontados. A população branca, assim como as autoridades de Montgomery, duvidava da capacidade dos negros de seguir de maneira disciplinada as orientações das lideranças, e foi surpreendida pelos trabalhadores que caminhavam longas distâncias a pé para chegar até o local de trabalho sem pegar um ônibus. Além de organizar uma frota de táxi para dar conta da demanda por transporte, como já vimos, as igrejas e os membros da NAACP mobilizaram recursos administrados pela MIA a fim de adquirir vans para ajudar a transportar os trabalhadores.[14]

Os brancos não observaram passivamente o boicote. Pelo contrário, se engajaram em ações espontâneas ou articuladas para minar o movimento. Estas iam desde adolescentes que passavam de carro atirando ovos e bexigas de urina em negros que caminhavam pelas ruas até a explosão de bisnagas de dinamite nas garagens onde ficavam estacionados os táxis utilizados para substituir o transporte público, e também nas igrejas que abrigavam as reuniões associadas ao boicote.

As autoridades locais conseguiram ainda fazer com que um jovem defensor do movimento fosse recrutado para as Forças Armadas, e policiais organizaram ofensivas contra os motoristas que faziam parte do esquema alternativo de transporte, com aplicações sistemáticas de multas. Rosa Parks, por sua vez, foi obrigada a deixar a cidade após ser demitida, e se mudou para Detroit, onde morava o irmão.[15]

Martin Luther King, enquanto principal liderança do boicote, se transformou em um alvo natural. Um dos primeiros ataques ao jovem reverendo foi a difusão da notícia de que ele teria desviado dinheiro para comprar um automóvel de luxo. King, então, começou a sofrer ameaças constantemente e foi obrigado a recorrer a voluntários para vigiar sua casa e proteger sua família. As ameaças se transformaram em ações quando ele foi preso sob a alegação infundada de dirigir em alta velocidade e teve sua residência bombardeada. Em meio a esse cenário hostil, o reverendo começou a colocar em prática seus ideais pacifistas, insistindo para que os negros não se armassem e evitassem qualquer ato de vingança. As autoridades promulgaram uma legislação antiboicote e começaram a enquadrar todos os envolvidos no movimento, e King foi condenado a 386 dias de prisão e a pagar uma fiança de quinhentos dólares.[16] Foi solto após recorrer e iniciou um debate sobre um novo conjunto de ações para fazer frente aos atos racistas de Montgomery.

O aprisionamento e a condenação de Martin Luther King começaram a repercutir nacionalmente entre a militância afro-americana e os principais órgão da imprensa. Em questão de três meses após o início do boicote, a principal liderança de Montgomery já figurava na lista dos principais ativistas negros dos Estados Unidos, sendo retratada como uma estrela em ascensão e símbolo de uma nova geração de líderes da luta pelos direitos civis dos afro-americanos. À medida que ganhava notoriedade, o próprio reverendo foi assumindo a representação de um "Gandhi americano", articulando os valores do pacifismo, do patriotismo e da religiosidade.[17] Montgomery se transformou em uma das principais frentes de combate à segregação racial e à supremacia branca, aproximando King das principais lideranças negras no país, como Bayard Rustin e Ella Baker. Nesse processo, a MIA expandiu sua rede de financiadores, alcançando organizações de progressistas brancos e as principais igrejas do Norte.

A construção de uma base de apoio permitiu que o boicote se prolongasse. Por fim, em 21 de dezembro de 1956, depois de treze meses, os cidadãos negros voltaram a utilizar o ônibus, agora podendo se acomodar em qualquer assento sem ser incomodados por passageiros ou motoristas. O retorno foi marcado por uma cerimônia em que o ativista Ralph Abernathy e Martin Luther King fizeram uma fotografia histórica viajando em um ônibus da cidade.

Ao comentar a vitória do boicote, Rosa Parks observou que o fim da segregação nos transportes de Montgomery era apenas um primeiro passo em uma longa caminhada de lutas pela igualdade de direitos.

Em janeiro de 1957, impulsionados pela conquista e pela repercussão do movimento, Martin Luther King e outras lideranças religiosas fundaram a Conferência da Liderança Cristã do Sul (SCLC, no acrônimo em inglês), a fim de aproveitar o potencial das igrejas na mobilização de massas. Além de Abernathy, outras figuras importantes passariam a acompanhar o reverendo em seu objetivo de espalhar o modelo de Montgomery pelo Alabama e por outros estados sulistas. Andrew Young, Fred Shuttlesworth, James Bevel, Hosea Williams, Bayard Rustin e Ella Baker formaram uma liderança marcada pelo carisma dos religiosos, a bravura dos organizadores comunitários e a capacidade estratégica de ativistas já experientes. O discurso da organização era de que, para "redimir o Sul", seria necessário encorajar as próprias massas negras a assumir a luta contra a segregação racial.[18]

Ao longo desse processo, Martin Luther King deixou Montgomery e retornou a Atlanta, onde poderia ampliar a influência da SCLC e ainda cumprir a função de pastor na igreja organizada por seu pai. Seria necessário construir uma nova estrutura e formar ativistas, uma vez que a estratégia já não era mais articular boicotes, mas mobilizar comunidades negras por todo o Sul dos Estados Unidos, a fim de registrar eleitores afro-americanos e permitir o acesso às urnas. Na construção da SCLC, contudo, o protagonismo nos primeiros anos foi de Ella Baker, não de King. O reverendo, em meio a uma série de compromissos, não teve tempo suficiente para se dedicar à organização, obrigando Baker a assumir a formação de jovens ativistas. Ela foi fundamental para iniciar o diálogo com a nova geração de militantes, costurando as alianças que constituiriam a base de apoio de Martin Luther King no auge do Movimento pelos Direitos Civis na primeira metade da década de 1960.

A expectativa de King era de que os jovens se alinhassem automaticamente à SCLC; eles, no entanto, preferiram preservar uma certa autonomia, apostando, em 1960, na criação do Comitê de Coordenação Estudantil Não Violento (SNCC, no acrônimo em inglês), inspirado nos princípios de pacifismo e desobediência civil já intimamente associados à figura do reverendo. A principal estratégia do SNCC era o *sit-in*, o ato de se sentar em lanchonetes, restaurantes, lojas e outros espaços públicos tradicionalmente segregados. Os estudantes via de regra faziam pedidos como se fossem clientes brancos, mas tinham o atendimento negado porque eram negros. Como insistiam em permanecer nos estabelecimentos até serem atendidos, acabavam agredidos por seguranças ou indivíduos racistas que defendiam a segregação espacial. Os militantes que empregavam essa estratégia eram treinados para enfrentar a violência sem esboçar qualquer tipo de reação. O primeiro *sit-in* foi realizado de maneira espontânea por David Richmond, Franklin McCain, Ezell Blair Jr. e Joseph McNeil em uma lanchonete em Greensboro, no estado da Carolina do Norte. Entre fevereiro e julho de 1960, os estudantes, mesmo tendo o atendimento negado, continuaram a frequentar a lanchonete, enfrentando a violência e a cada semana atraindo mais participantes. Após a repetição dos atos por vários dias, a lanchonete deixou de proibir a clientela negra.[19]

Os *sit-ins* se transformaram em uma tática do repertório de desobediência do Movimento pelos Direitos Civis e se espalharam para várias cidades do Sul. O SNCC foi uma das principais organizações de combate à segregação do período ao institucionalizar os *sit-ins* e mobilizar os jovens negros nas cidades. O ato de ocupar os espaços segregados não foi adotado somente porque permitiria o acesso de negros a lojas e restaurantes, mas também porque passou a ter repercussão nacional. Ao promover a exposição dos jovens à violência física dos racistas do Sul, a militância ampliou o apoio à luta pela igualdade de direitos. O movimento dos *sit-ins* chegou a seu auge na cidade de Nashville, onde centenas de militantes ocuparam uma loja de departamento, fizeram compras e depois seguiram para as lanchonetes internas da loja. A onda negra assustou os funcionários e fez com que os clientes praticamente fugissem. A polícia foi chamada para prender os envolvidos na ação, que, seguindo rigidamente os princípios de desobediência civil, permaneceram em seus assentos e foram removidos sem se opor de maneira violenta.[20]

Em 1961, Martin Luther King começou a participar de modo mais intenso dos protestos da comunidade negra, estimulando uma participação cada vez maior dos segmentos populares. Nesse mesmo ano, estabeleceu a primeira de uma série de parcerias com o SNCC. Em Albany, King foi chamado para ajudar em um protesto contra a segregação no qual cerca de 470 jovens foram presos após uma ação da polícia local. A ideia foi organizar uma comissão para negociar a soltura da militância. Os manifestantes foram até a prefeitura para dialogar com as autoridades mas, de maneira intransigente, os policiais barraram sua circulação e, diante da insistência em continuar com o protesto, os prenderam também. Martin Luther King foi para a cadeia, mas logo foi solto e aguardou em liberdade o julgamento. Em julho de 1962, de maneira inesperada, King foi condenado a 45 dias de prisão, com a alternativa de pagamento de uma fiança de cerca de 178 dólares. Ele optou pelo cárcere, mas, um "cidadão negro não identificado" pagou a fiança para que o ativista retornasse a Atlanta.

A experiência de Albany não foi bem-sucedida para King. Entre a militância da cidade havia uma parcela de ativistas que questionavam a liderança de um forasteiro, ainda que fosse uma figura proeminente e sua presença tivesse sido solicitada. A participação do reverendo não alterou a situação dos jovens presos e sistematicamente reprimidos pela polícia, e as práticas que sustentavam a ordem segregada continuaram a ser empregadas. A decisão de King de continuar preso mesmo tendo a opção de pagar a fiança não foi considerada um ato de desobediência, apenas um ato demagógico de um ativista negro que só desejava manipular os acontecimentos para se autopromover. O erro estratégico de Albany também levantou dúvidas sobre a efetividade das estratégias de desobediência civil, obrigando o reverendo a repensar suas ações futuras.[21]

Um dos palcos mais tensos no Sul dos Estados Unidos era Birmingham, a ponto de a cidade ser conhecida como "Bombingham", em razão da violência da polícia local contra os manifestantes negros. Para a equipe de King, a cidade apresentava um ambiente hostil, mas adequado às táticas pacíficas do reverendo. O comissário local, Eugene Connor, incorporava o "espírito supremacista" do Sul, utilizando a violência para promover a imagem da polícia da cidade como uma das mais repressivas do país. Martin Luther King foi convidado a Birmingham pelo reverendo Fred Shuttlesworth, principal liderança pelos direitos humanos no Alabama. Ao contrário do que aconteceu em Albany, todos os passos foram discutidos e planejados antes de qualquer manifestação pública, prevendo-se, inclusive, o confronto físico. O movimento tomaria as ruas de Birmingham em abril de 1963. A ideia era iniciar um boicote contra os comerciantes do centro da cidade, promovendo uma agenda mais ampla contra a segregação. Os manifestantes organizaram o boicote, mas nos dias seguintes, quando caminhavam para a prefeitura a fim de questionar as práticas segregacionistas, Eugene Connor empregou suas habituais táticas violentas e, assim como em Albany, prendeu a militância.[22]

A experiência de Birmingham, porém, teve um resultado distinto e uma repercussão diferente. As imagens de policiais agredindo os manifestantes com cassetetes e cachorros circularam no mundo todo, revelando a dimensão da violência que sustentava a segregação racial nos Estados Unidos. A percepção de que a barbárie reinava nas comunidades do Sul seria reforçada pelo episódio com a "Cruzada das crianças". Libertado da prisão, King, após ser informado sobre o recuo das movimentações, discutiu com as demais lideranças uma estratégia para retomar o entusiasmo dos ativistas. Em um dos encontros, James Bevel e Ike Reynolds propuseram uma passeata com crianças e adolescentes, que se transformaria em uma manifestação contra a segregação racial. Martin Luther King não se empolgou com a proposta, mas foi persuadido pela militância que apostava no impacto moral de um protesto formado em sua maioria por adolescentes e crianças. Eugene Connor, ainda assim, foi implacável com a marcha, empregando a violência habitual para conter as manifestações contra a segregação.

A passagem de Martin Luther King por Birmingham tornou-se um marco no Movimento pelos Direitos Civis porque foi nesse encarceramento que o reverendo escreveu um dos discursos mais importantes de sua trajetória, em que revelava a um público mais amplo os princípios que norteavam sua agenda política. Na "Carta de Birmingham", King explicou as razões pelas quais resolvera participar dos protestos na cidade e descreveu o processo de mobilização e treinamento da comunidade para enfrentar a violência dos racistas. Ele observou que ações como *sit-ins* e outras do mesmo gênero eram um meio pacífico e alternativo às negociações, visando gerar crises e obrigar a sociedade a confrontar o tema. As "ações diretas" enquadravam as injustiças sociais em uma perspectiva dramática e provocavam aqueles que não eram vítimas do racismo a refletir sobre a violência e a separação racial. King afirmou que a militância chegara a um acordo com os comerciantes, que haviam assumido o compromisso de não discriminar os consumidores negros, mas semanas depois nenhuma mudança ocorrera. Ele considerava os acontecimentos em Birmingham parte de um movimento mais amplo contra a opressão, que se revelava no processo de independência dos povos africanos.[23]

A experiência de Birmingham foi fundamental para consolidar o repertório pacifista e de desobediência civil utilizado nas ações de Martin Luther King. A repercussão da violência do comissário Connor, assim como a capacidade do reverendo de construir narrativas dramáticas para os confrontos em torno da segregação racial, foram fundamentais para angariar o apoio de segmentos da população branca no Norte e no Sul do país. Táticas como o *sit-in*, antes tratadas como intransigências do ativismo afro-americano, passaram a ser consideradas instrumentos legítimos da democracia. A onda de protestos que já havia tomado as comunidades negras do Sul atraiu um número ainda maior de afro-americanos e brancos progressistas dispostos a eliminar os códigos segregacionistas enraizados na sociedade norte-americana.

Antes dos movimentos populares que emergiram na década de 1940, outras táticas e estratégias além dos *sit-ins* foram utilizadas para desafiar as práticas segregacionistas. A Jornada da Reconciliação, uma viagem de ônibus de duas semanas realizada por dezenove ativistas negros na década de 1940, foi reformulada pelo Congresso da Igualdade Racial (Core, no acrônimo em inglês) — que se tornaria uma das organizações mais importantes do Movimento pelos Direitos Civis e pioneira na articulação entre pacifismo e desobediência civil — e ganhou um novo nome, Viagem da Liberdade.

Em 1961, o Core retomou a estratégia de promover viagens interestaduais com passageiros negros e brancos sentados lado a lado. O objetivo era testar a efetividade da decisão judicial sobre a integração nos ônibus, provocando as comunidades sulistas com interações inter-raciais no transporte e em outros espaços públicos. Assim como no caso dos *sit-ins*, os ativistas foram treinados para lidar com a violência.[24]

A viagem começou na capital, Washington, e num primeiro momento atravessou o estado da Virgínia, onde não foram reportados problemas de violência. Ao longo do estado da Carolina do Norte, apenas dois casos sem gravidade foram registrados, e não chegaram a comprometer o curso da jornada dos militantes do Core. A partir da Carolina do Sul, grupos racistas já informados sobre o deslocamento dos ativistas começaram a criar estratégias para contê-los, utilizando emboscadas para atacar os ônibus e, em alguns casos, recebendo informações das próprias autoridades para encurralar e agredir os ativistas.

Em Birmingham, assim que o ônibus começou a fazer a manobra para estacionar em uma estação, um grupo avançou sobre os manifestantes, quebrando janelas e furando pneus. A polícia chegou cerca de vinte minutos depois para escoltar os ativistas, que foram abandonados mais adiante e atacados por membros da Ku Klux Klan.

A perseguição aos ônibus do Core e outras ações terroristas ganharam repercussão nacional, obrigando o presidente John Kennedy a dar uma reposta aos segregacionistas. Os embates entre os movimentos de desobediência civil e os supremacistas haviam chegado a um limite.

O presidente e o procurador-geral da República, Robert Kennedy, seu irmão, estavam tratando a questão dos direitos civis como um processo gradual, mas a explosão de protestos pelas comunidades negras impulsionou as tratativas para a criação de uma legislação específica destinada a promover a integração racial no país. Em junho de 1963, o presidente fez um discurso transmitido pela televisão para condenar as práticas segregacionistas, mobilizando narrativas tradicionais sobre o excepcionalismo da democracia norte-americana e confrontando as injustiças cometidas contra a liberdade dos negros, assegurada pela Constituição.[25] O movimento de John Kennedy, feito contra a vontade de seus conselheiros, que exigiam dele maior prudência, colocou em risco uma longa aliança entre os democratas e as elites conservadoras e racistas do Sul. Por outro lado, o presidente reforçou seu compromisso com as bases progressistas do Norte e do Sul do país, que já apoiavam as ações políticas das comunidades negras representadas na figura de Martin Luther King.

Para fazer pressão sobre a Câmara dos Representantes, a militância negra decidiu resgatar uma ideia proposta por A. Philip Randolph na década de 1940. A marcha sobre Washington, cogitada para forçar o presidente Franklin Roosevelt a aprovar políticas antidiscriminatórias, era agora reatualizada em um novo contexto, no qual uma legislação antissegregacionista contava com amplo apoio da sociedade norte-americana, saltando de 4% antes dos conflitos em Birmingham para 52% depois do evento.[26] Kennedy e algumas figuras da militância avaliavam que uma marcha sobre a capital poderia arruinar os esforços para aprovar a legislação.

Ainda assim, em 28 de agosto de 1963, com o engajamento das lideranças locais e planejamento detalhado, cerca de 250 mil manifestantes participaram do evento. O número superava em muito a expectativa dos organizadores, que esperavam um comparecimento na casa dos 100 mil.

Os princípios pacifistas defendidos por Martin Luther King orientaram os grupos que participaram da marcha, entoando canções que já se haviam transformado em trilhas sonoras do Movimento pelos Direitos Civis, como "Blowin' in the Wind", de Bob Dylan. Entre os oradores que se dirigiram aos manifestantes, figuras como Roy Wilkins, John Lewis,

Daisy Lee Bates, Ossie Davis, Ruby Dee e A. Philip Randolph enfatizaram a importância de uma legislação para afirmar os direitos civis dos negros, mas sem a poderosa retórica de King. O reverendo mobilizou temas tradicionalmente caros ao imaginário político norte-americano — patriotismo, religião e a Constituição — para fundamentar seu discurso, cujo tom profético era reforçado pela repetição da frase "Eu tenho um sonho".

O sucesso da marcha, no entanto, não foi suficiente para fazer a votação da lei avançar, e os congressistas que já haviam se posicionado contra a proposta continuaram a resistir. A disputa se prolongou por meses — durante os quais ocorreu o assassinato de John Kennedy, o que, de maneira indireta, acabou colaborando para a aprovação da lei. O vice-presidente Lyndon B. Johnson, ao contrário de Kennedy, era favorável a uma legislação que desmantelasse a segregação racial. Além disso, ao assumir a presidência, Johnson confirmou sua fama de grande negociador, capaz de contrabalançar os interesses de progressistas e conservadores no Partido Democrata. A Lei dos Direitos Civis foi assinada em julho de 1964, proibindo a segregação em espaços públicos e atribuindo poderes ao governo federal para tomar medidas a fim de integrar as instituições e promover a igualdade de oportunidades.[27]

Na esteira da legislação antissegregacionista, o Movimento pelos Direitos Civis também emplacou a Lei do Direito ao Voto, em 1965, depois de enfrentamentos violentos no estado do Alabama. A Marcha de Selma a Montgomery, que ocorreu em três etapas, envolveu a militância engajada no registro de eleitores negros, que, vítimas da violência de indivíduos brancos e autoridades da cidade de Selma, eram impedidos de votar. Desde a década de 1950, já havia na cidade uma articulação de ativistas negros que procuravam desafiar as organizações racistas que mantinham a população negra longe das urnas. Em fevereiro de 1965, em um protesto contra a prisão de James Orange, um agente da polícia, seguindo a rotina de violência racial, assassinou a sangue-frio o manifestante Jimmie Lee Jackson. Em seguida ao assassinato, foram realizadas três manifestações contra a violência das forças policiais e retomando a questão do voto. Em 7 de março de 1965, as lideranças de Selma organizaram uma marcha até Montgomery, violentamente barrada na ponte Edmund Pettus. Dois dias depois, Martin Luther King, em uma participação que já estava programada, chegou até a ponte e recuou diante de uma ordem judicial proibindo a evolução da marcha. No dia 21, por fim, o protesto foi retomado, e quatro dias depois os manifestantes alcançaram o capitólio em Montgomery, onde o reverendo fez mais um de seus discursos marcantes.

O desfecho da marcha, porém, foi marcado pelo assassinato de uma simpatizante branca da causa, Viola Liuzzo, assassinada a tiros por membros da Ku Klux Klan enquanto se deslocava com os manifestantes. Mais uma vez, uma sequência de acontecimentos violentos gerou enorme comoção nacional, criando o cenário propício para a aprovação da Lei do Direito ao Voto. A lei reforçava a Décima Quarta e a Décima Quinta Emendas, que, combinadas, garantiam a cidadania e o direito ao voto das minorias raciais, e continha disposições que proibiam todos os estados e autoridades locais de impor qualquer tipo de legislação que resultasse em discriminação racial. Dessa forma, práticas comuns no Sul do país, como a aplicação de testes de alfabetização para os cidadãos negros, fraudados de modo a inviabilizar seu registro como eleitores e manter a participação nas eleições circunscrita às populações brancas, foram proibidas.

A aprovação das leis de 1964 e 1965 foi um dos pontos altos do Movimento pelos Direitos Civis. Esse foi o momento em que Martin Luther King se transformou em uma liderança incontestável do ativismo afro-americano, superando a desconfiança de diferentes segmentos da sociedade. Em 1964, o reverendo foi premiado com o prêmio Nobel da Paz, reforçando a ideia de que a integração racial era um processo irreversível. King passou a personificar o movimento e todo o repertório organizado em torno dos princípios de desobediência civil e pacifismo, ainda que, como observou o historiador Manning Marable, a popularização da defesa dos direitos civis fosse um desdobramento do idealismo de jovens negros que acreditavam na eficácia dos *sit-ins*, apoiados por uma parcela de jovens brancos filhos de socialistas e comunistas. Os levantes contra a segregação e a favor do registro de eleitores negros se generalizaram, com uma militância repleta de moças e rapazes impacientes com o elitismo da NAACP e estimulada por um voluntarismo que, em diversas ocasiões, passou por cima de planejamentos estratégicos.

## Nacionalismo negro e Malcolm X

A cultura política que se desenvolveu com a politização das classes populares negras do Sul foi importante para imprimir mudanças na democracia norte-americana e nas relações raciais em todo o território, mas outros repertórios do ativismo afro-americano foram executados simultaneamente em centro urbanos do Norte e do Oeste. As comissões organizadas por lideranças negras fora dos ambientes sulistas historicamente segregados questionavam a eficácia da desobediência civil para enfrentar os problemas do racismo no Norte e no Oeste. O magnetismo da figura de Martin Luther King limitava o debate público da questão racial à luta para acessar espaços e ao registro de votos dos negros sulistas, ignorando as especificidades das dinâmicas raciais de outras regiões.[28]

Nesse sentido, as comunidades negras de cidades como Chicago, Nova York, Detroit, Boston e Rochester demonstraram abertura para soluções que iam além do repertório consolidado em 1963 pelas lutas dos negros do Sul. A heterogeneidade da experiência afro-americana se expressava pela convivência e a competição de diferentes projetos políticos. Assim, enquanto as estratégias "pacíficas" de desobediência civil se generalizavam pelo Sul do país, em outras regiões as respostas contra as práticas racistas seguiam repertórios diferentes, alguns dos quais se aproximavam da perspectiva nacionalista.

A figura mais conhecida dessa linhagem do ativismo afro-americano foi Malcolm X, que, na primeira metade da década de 1960, foi considerado uma espécie de antípoda de Martin Luther King. Uma narrativa baseada no senso comum posiciona os dois em lados opostos, representando agendas distintas orientadas por um polo integracionista e um polo separatista. Porém essa perspectiva, ainda presente no imaginário coletivo, ignora a complexidade de ambos e negligencia mudanças em suas posições, decorrentes da maturidade intelectual e das dinâmicas políticas do contexto.

Martin Luther King e Malcolm X se distanciaram e se aproximaram em suas agendas em vários momentos, revelando como as diferentes correntes políticas do ativismo afro-americano interagiram ao longo do século XX.

MALCOLM X NASCEU EM 1925, em Omaha, no estado de Nebraska, com o nome de Malcolm Little, filho de Earl Little e Louise Little. Suas memórias sobre a infância são marcadas pela pobreza e pela desagregação causada pelo assassinato do pai. Earl Little era um carpinteiro entusiasmado com o movimento de Marcus Garvey e assumira a responsabilidade de recrutar membros para a organização do líder jamaicano na pequena cidade de Lansing, no estado de Michigan. A proporção de negros na cidade era muito pequena, e sua atuação atraiu a atenção de supremacistas. No dia 8 de setembro de 1931, ele saiu para receber o dinheiro da venda de umas galinhas e não voltou para casa. Mais tarde, a família receberia a notícia de que o corpo de Earl Little estava no hospital. O carpinteiro garveísta fora espancado e jogado nos trilhos do bonde. A suspeita era de que o assassinato havia sido planejado por membros da Black Legion, uma organização supremacista branca atuante na cidade. Entretanto, a versão que circulou oficialmente foi a de um acidente.

A experiência política de Earl Little foi o primeiro contato de Malcolm com a militância e o nacionalismo negro. No período em que o pai atuava como membro da Unia, a rede de alcance nacional da organização já se encontrava em processo de desmantelamento, após a deportação de Marcus Garvey. Malcolm se lembrava das caravanas entre as sedes da Unia e dos rituais da organização, com seus slogans sobre a ascensão da raça negra. Contudo, as memórias positivas da infância com Earl Little no papel de liderança política foram acompanhadas pela desagregação da família. Após o assassinato, Louise Little se viu obrigada a sustentar sozinha sete crianças e a lidar com a pressão de assistentes sociais, que, devido às condições precárias dos Little, obrigaram a família a se separar. Em 1938, ela deu entrada em uma instituição de saúde mental, onde permaneceria por mais de vinte anos. Malcolm, embora talentoso e reconhecido por colegas brancos que o elegeram presidente da turma, já encarava e compreendia as dinâmicas do racismo no ambiente escolar. E, quando a mãe colapsou, ele, que apreciava o exercício da escrita e do discurso, abandonou a escola e começou a cometer pequenos delitos pelas ruas.

Todo o carisma utilizado anteriormente para influenciar os colegas se transformou em recurso fundamental para constituir alianças a fim de sobreviver nas ruas de Nova York e Boston. Malcolm Little, no final da adolescência, se transformou em "Red" (Vermelho), apelido recebido em razão da cor de seu cabelo, e passou a utilizar roupas de cores berrantes, em uma experiência marcada pelo consumo frequente de álcool e maconha, além da busca incessante por "dinheiro fácil". O historiador Peniel E. Joseph observa que Red, um exímio dançarino de lindy hop, era o arquétipo do jovem negro descolado dos grandes centros urbanos que tinha pouca formação escolar e procurava por autonomia, liberdade e prazer como um contraponto a uma vivência marcada por guerra, violência e segregação racial.[29] Nesse momento de sua trajetória, ele estava muito distante dos padrões de respeitabilidade da elite negra que organizava o ativismo afro-americano.

Aos quinze anos, Malcolm Little foi morar com a irmã, Ella, e parecia que as relações familiares interrompidas pela morte do pai e a internação da mãe seriam retomadas. No entanto, essa foi apenas mais uma fase conturbada em sua vida. Ella, embora transmitisse a imagem de mulher de boas maneiras, vivia cometendo pequenos crimes, como furtos em lojas. Foi seu terceiro marido que introduziu Malcolm ao submundo de Boston. Entre roubos e trapaças, o adolescente conheceu Bea Caragulian, apresentada em sua autobiografia como Sophia, uma garota branca que, além de sua namorada, era parceira de crime. Depois de assaltar a casa de uma família rica de Boston, Malcolm ficou com um relógio que depois presenteou a um parente. Entretanto, mais tarde o objeto foi vendido e rastreado pela polícia, que chegou até Malcolm quando ele tentava vender outro relógio em uma casa de penhores. E ele portava também um revólver carregado. Declarou-se culpado à Justiça, esperando, como combinado, uma sentença leve. Entretanto, foi condenado a dez anos de prisão, em parte por ter envolvido duas mulheres brancas, Bea e a irmã, no arrombamento de casas em Boston.

Na prisão estadual de Charlestown, Malcolm manteve parcialmente seu comportamento explosivo, que só foi controlado quando começou a se relacionar com Bembry, que assumiu para ele o papel de mentor. Os relatos sobre John Elton Bembry, principalmente do próprio Malcolm, falam de um homem respeitado e erudito, habituado a dar sermões políticos para outros prisioneiros e seguranças brancos. A autoridade de Bembry, combinada com a inteligência, atraiu a atenção de Malcom. O colega o estimulou a frequentar a biblioteca e a iniciar um curso à distância. Manning Marable enfatiza o aspecto pragmático do engajamento nos estudos, que poderia resultar na transferência para uma penitenciária com regras mais brandas. Malcolm Little iniciou uma imersão em leituras na área da linguística e da etimologia, combinada à memorização de palavras do dicionário, passando por um processo profundo de transformação e incrementando, sobretudo, a habilidade para a oratória, que seria determinante para sua ascensão como uma das principais lideranças do ativismo afro-americano.[30]

Contudo, as horas de leitura na biblioteca só foram responsáveis por parte dessa transformação. Outro elemento fundamental foi sua conversão ao islamismo heterodoxo da Nação do Islã. Malcolm seguiu a trajetória de familiares que já frequentavam as atividades religiosas da mesquita da instituição, aprofundando o processo de autodisciplina em sua experiência como encarcerado. O contato com uma narrativa religiosa que anunciava a ascensão da raça negra através de mensagens de orgulho e autodeterminação o reconectaria com a figura do pai. Assim como o garveísmo, a Nação do Islã era orientada pelo nacionalismo negro, e, como ressaltou Peniel E. Joseph, por alguns elementos do pan-africanismo. A organização também reconstruía um patriarcado, com o claro objetivo de "exacerbar a masculinidade" dos homens negros, destituídos de autoridade no processo de escravização e racialização, segundo as narrativas que circulavam entre seus membros.

A grande liderança da Nação do Islã era o "honorável" Elijah Muhammad, conhecido anteriormente como Elijah Poole, um meeiro semianalfabeto da Geórgia que ascendera como um mensageiro de Alá, anunciando "a tarefa de emancipar os negros dos efeitos da opressão racial".[31] A narrativa que estruturava a existência do grupo era a de que as civilizações africanas e asiáticas eram superiores e retomariam o poder da civilização europeia com o tempo. Assim, Muhammad frequentemente abordava o tema da decadência das populações brancas, que seriam julgadas em um futuro próximo pelos constantes crimes perpetrados contra as "raças negras". A Nação do Islã combinava elementos do islamismo tradicional com a tradição nacionalista negra, articulando uma mensagem religiosa para fundamentar uma agenda de autossuficiência e autodeterminação.

O discurso do grupo tinha como alvo justamente homens negros com o perfil de Malcolm Little, oriundos de uma subclasse dos grandes centros urbanos que sequer havia experimentado um breve período de prosperidade no pós-guerra. Além de uma visão do mundo reorganizada por meio de mitologias negras racializadas no contexto das dinâmicas sociais dos Estados Unidos, a Nação do Islã apresentava uma abordagem mais pragmática da recuperação de homens negros, promovendo a abstinência de drogas, álcool e sexo fora do casamento. Os membros do grupo costumavam ter vários empregos, incluindo negócios da própria Nação do Islã, a fim de gerar a receita necessária para manter a estrutura e os privilégios do mensageiro de Alá, revelando uma rigorosa hierarquização na cadeia de comando. O recrutamento era feito entre os indivíduos mais vulneráveis das comunidades afro-americanas, sobretudo ex-condenados, encarcerados e adictos, oferecendo a redenção através de um rigoroso código de conduta.

Na Nação do Islã Malcolm Little se transformaria em Malcolm X — sendo o "X" adotado para substituir o sobrenome, considerado um legado da escravidão. Os historiadores que analisaram a trajetória de Malcolm X apontam para o modo como a organização o acolheu, inserindo-o em um conjunto de relações interpessoais que lhe possibilitaram reviver a experiência familiar perdida com o assassinato do pai e a internação da mãe. Nos primeiros anos de Malcolm X no grupo, Elijah Muhammad representou uma figura paterna em um momento de transformação na sua masculinidade. Quando foi transferido para a prisão de Norfolk, em 1948, Malcolm, em um ambiente orientado pelo princípio da reabilitação, já demonstrava seu engajamento com a Nação do Islã, recrutando colegas e aprofundando leituras que combinavam temas religiosos e obras de intelectuais negros como Carter D. Woodson e W. E. B. Du Bois. Em 1952, quando deixou a cadeia, já dominava o repertório do islamismo heterodoxo da organização, e seus longos turnos na biblioteca da penitenciária se mostraram fundamentais para sua ascensão como autoridade intelectual.

Malcolm X, então, passou por um programa de treinamento a fim de ocupar a função de ministro na Nação do Islã. Em um primeiro momento, combinou o emprego em uma loja de móveis com as funções da organização religiosa. Mais tarde, passou a se dedicar às atividades do grupo em tempo integral, sobretudo à organização do Templo n. 1, que fora o primeiro a ser levantado mas se encontrava em condições precárias. Em Detroit, deu início ao recrutamento e à conversão de novos membros, alcançando o mesmo número de adeptos que templos mais avançados, como o de Chicago. A capacidade acima da média de executar as atividades religiosas e administrativas lhe permitiu alcançar o status de liderança na organização em um curto período. Assim, ele assumiu a missão de ampliar o número de membros do grupo nas cidades de Boston e da Filadélfia, momento em que, pela primeira vez, chamaria a atenção das autoridades que monitoravam as atividades das organizações políticas negras.[32]

No recrutamento e em seus sermões nos templos, Malcolm X abordava temas como as relações raciais no país, a pobreza negra, a injustiça racial e a brutalidade da polícia, sempre em uma perspectiva histórica na qual escravidão e segregacionismo eram interpretados como fenômenos constituintes da sociedade norte-americana. A reorganização da experiência afro-americana, para ele e para a Nação do Islã, só poderia ser encaminhada por meio de um projeto de controle das comunidades pelos próprios negros. Logo no princípio, Malcolm X também elaborou um quadro internacional, identificando nos movimentos de independência na Ásia e na África a evidência da redenção das raças negras anunciada nas profecias do grupo.[33] Em 1955, quando as nações afro-asiáticas se reuniram na Conferência de Bandung, na Indonésia, para discutir questões de cooperação, autodeterminação, descolonização e paz, ele associou a luta dos afro-americanos aos povos não europeus.

A projeção pública de Malcolm X foi impulsionada por um caso de violência policial contra um membro da Nação do Islã no Harlem, que tentara intervir em favor de um cidadão negro agredido por policiais. Johnson X. Hinton foi seriamente ferido durante o ataque e levado pela polícia, o que obrigou os membros da Nação a irem atrás dele na delegacia e no hospital. Malcolm X liderou um grupo de homens negros vestidos de preto que circularam pelo Harlem e atraiu a atenção dos moradores da área. Em 1957, quando se deu o episódio, ele já era uma figura conhecida entre os negros de Nova York, e utilizou sua autoridade como liderança política para pressionar os policiais, que permitiram o acesso dos membros da Nação a Hinton na delegacia e, mais tarde, o levaram para o hospital. O evento ampliou ainda mais a influência da Nação do Islã, e a disciplina de seus membros, além da postura que adotaram para abordar os policiais, impressionou muitas pessoas. Esse evento foi reproduzido décadas depois, de maneira coreografada, no filme sobre Malcolm X dirigido por Spike Lee.

A partir daquele momento, Malcolm X deixou de ser apenas um representante da Nação do Islã para assumir o papel de defensor dos negros contra os abusos da polícia e as demais práticas do repertório racista nos grandes centros urbanos. A imprensa começou a acompanhar as atividades da organização, sobretudo as manifestações públicas de Malcolm X, destacando seu carisma e seus discursos, vistos como promotores de ódio racial entre os afro-americanos. A partir de 1960, ele começou a dar palestras nas principais universidades do país, defendendo as posições nacionalistas da Nação do Islã e discutindo os diferentes aspectos do racismo nos Estados Unidos e a sua reprodução em um ambiente formalmente democrático. No mesmo ano, cumpriu o papel de embaixador do Harlem e recepcionou Fidel Castro no Hotel Theresa, em Nova York; o chefe de governo cubano participaria da Assembleia Geral da ONU e optou por se hospedar no bairro negro depois de enfrentar um ambiente hostil em outro hotel da cidade. O encontro entre os dois foi rápido, e em sua conversa eles abordaram sobretudo a agenda do governo norte-americano, que atacava os atores sociais marginalizados dentro e fora do país.[34]

Na ocasião desse encontro, Malcolm X já possuía experiência internacional e já pautava o debate sobre a questão racial nos Estados Unidos, transcendendo a Nação do Islã, influenciando a organização comunitária no Harlem. Essa projeção nacional deu início a um confronto com outras lideranças da Nação, que seguiam as diretrizes que restringiam as ações externas de seus membros. O regulamento, por exemplo, orientava os devotos de Alá a evitar qualquer conflito com a polícia, aspecto ignorado por Malcolm X. O líder negro foi responsável pela ampliação da rede do grupo e conquistou a adesão de figuras importantes, como o boxeador Cassius Clay, que se transformaria em Muhammad Ali. No entanto, a organização religiosa limitava a atuação de Malcolm X, que já participava de articulações políticas com outros líderes religiosos, grupos nacionalistas, sindicalistas, socialistas e trabalhadores da área da cultura. Ele também era a principal figura do ativismo negro a questionar o pacifismo de Martin Luther King, oferecendo uma agenda com um repertório alternativo.

Em março de 1964, Malcolm X deixou a Nação do Islã. Além das limitações impostas ao seu engajamento político, o líder radical havia entrado em rota de colisão com Elijah Muhammad, acentuada pela forte evidência de que o grande chefe da organização mantinha relações extraconjugais com seis mulheres. Assim, Malcolm cortou os seus laços com o grupo e passou a planejar uma nova articulação, que resultaria na Organização da Unidade Afro-Americana. No final do ano anterior, quando já indicava que não permaneceria por muito tempo na Nação do Islã, ele fez o discurso mais marcante de sua carreira, "Mensagem às bases", que teve para a militância negra radical o mesmo significado que o discurso "Eu tenho um sonho", de King, teve para os defensores da agenda integracionista. Malcolm X discorreu sobre os limites da democracia norte-americana e atribuiu à escravidão o peso de elemento definidor das relações sociais no país. Para ele, a revolução, descrita de forma genérica no discurso dos integracionistas, não deveria ser pacífica, pois nunca fora pacífica em lugar algum do mundo: "A revolução é sangrenta, a revolução é hostil, a revolução não faz concessões, a revolução derruba e destrói tudo que apareça no caminho".[35]

Por meio de sua "Mensagem", Malcolm X consolidou seu espaço no espectro político afro-americano, oferecendo uma alternativa radical à agenda integracionista de Martin Luther King. Nesse sentido, ajudou a estabelecer as bases do Black Power, promovendo a autossuficiência e a autodefesa como meios de garantir a autonomia das comunidades negras, através de novos arranjos sociais, políticos e econômicos. Peniel E. Joseph destaca a importância de Malcolm X na formação de uma militância que emergiu com o Black Power na segunda metade da década de 1960, dedicada a abordar temas como a violência policial, a precariedade dos serviços públicos e os direitos dos inquilinos com um horizonte revolucionário atravessado pelos levantes anticoloniais asiáticos e africanos. Grande parte dessas jovens lideranças já identificava o esgotamento dos métodos pacifistas e a reorganização das hierarquias raciais em um cenário sem os tradicionais códigos segregacionistas.

Em 1964, então, livre das amarras da Nação do Islã, Malcolm X começou a ampliar suas alianças, incorporando parte da militância que lutava contra a segregação sulista por meio de métodos pacíficos. Esse movimento não resultou de uma simples mudança do líder negro, mas tinha relação com o seu distanciamento da organização religiosa, que explicava a situação das raças negras a partir de uma suposta natureza maléfica das populações de origem europeia. Nesse mesmo ano, Malcolm também empreendeu sua segunda jornada pelo Oriente Médio e o continente africano, aprofundando sua perspectiva internacional e refinando sua interpretação das relações raciais nos Estados Unidos. Ele sempre teve uma visão negativa da democracia norte-americana, procurando desarticular qualquer argumento que estivesse fundamentado em discursos sobre o excepcionalismo do sistema político do país. Malcolm achava que era a supremacia branca que definia os Estados Unidos, e não os princípios democráticos, os quais nunca haviam beneficiado a população afro-americana. Essa percepção não se alterou, mas ele começou a considerar que nem todos os brancos eram essencialmente racistas, e que poderiam cooperar com as agendas da população negra. Nessa mesma época, também passou a refletir sobre estratégias de organização do voto afro-americano nas eleições, aproximando-se da militância que lutava pelo registro de eleitores negros no Sul. Em sua perspectiva, o engajamento nas eleições poderia ter alguma consequência prática se fosse combinado com pressão internacional sobre o país.[36]

Malcolm X, portanto, passou a compreender que a agenda política negra deveria ser anti-imperialista, que não havia uma fronteira entre internacional e doméstico e que as instituições de governo norte-americanas produziam assimetrias internas e externas. Essa reorientação política, no entanto, foi interrompida pelo seu assassinato. Ao deixar a Nação do Islã, Malcolm X passou a sofrer ameaças do grupo, e sua casa chegou a ser bombardeada. Em 21 de fevereiro de 1965, atiradores presentes em um evento religioso realizado por ele fizeram vários disparos e o executaram. Manning Marable aponta para, além da participação de membros da Nação do Islã no atentado, evidências do envolvimento do FBI. Se os agentes federais não puxaram o gatilho das armas que assassinaram Malcom X, foram fundamentais para preparar o palco para os assassinos, uma vez que tinham ciência de uma conspiração para matá-lo, pois acompanhavam as disputas no interior da Nação do Islã por meio de escutas. Segundo Marable, a narrativa que prevaleceu em um primeiro momento foi a da polícia, que retratou o incidente como uma guerra de gangues, reforçando a imagem de Malcolm como um homem violento. Mais tarde, porém, surgiram questionamentos sobre a investigação, assim como narrativas de reconstrução da imagem do líder negro por meio de testemunhos de militantes e de uma autobiografia, preparada por Alex Haley, que transformou sua trajetória em uma epopeia.[37]

## Panteras Negras, Black Power e o fim da era do Movimento pelos Direitos Civis

Os especialistas que acompanharam a ascensão de Malcolm X como um fenômeno político geralmente enfatizam sua capacidade de traduzir as frustrações dos negros pobres dos grandes centros urbanos dos Estados Unidos. Ele foi o líder por excelência de uma subclasse negra que, como falamos, não havia experimentado em nenhum grau a prosperidade da era de ouro da economia norte-americana.

As leis sobre direitos civis e direito ao voto aprovadas em 1964 e 1965 evidentemente não resolviam o problema das relações raciais no país. Pelo contrário, abriam novos campos de disputas e reorientavam a agenda das organizações negras. A precariedade dos serviços públicos, a insalubridade dos locais de moradia e a brutalidade policial, temas tão comuns nos discursos de Malcolm X, foram abordados em agendas multidimensionais que diziam respeito a dinâmicas de raça e de classe.

O lumpemproletariado negro foi incorporado simbolicamente ao imaginário político do ativismo afro-americano depois de uma série de levantes em grandes centros urbanos. Em diferentes partes do território, as comunidades negras se insurgiram contra a violência policial e a precariedade da infraestrutura. Em contrapartida, ao longo da década de 1950, as cidades passaram por transformações demográficas, com uma "revoada" das populações brancas para os subúrbios e cidades menores, processo garantido por um conjunto de ações governamentais que facilitaram o acesso ao crédito mobiliário. Especuladores e empreiteiros reproduziram as dinâmicas raciais nos projetos suburbanos por meio do bloqueio de empréstimos bancários às famílias negras de classe média. Uma das promessas dos espaços suburbanos, para além da reclusão ao espaço privado, era a possiblidade de estabelecer a homogeneidade racial. Esse movimento foi responsável também pela transferência de plantas industriais e empresas dos setores de serviço para bairros nos subúrbios.

Postos de trabalho que na década de 1950 estavam disponíveis para operários e profissionais negros com formação universitária começaram a desaparecer nos anos 1960. A região de South Central, em Los Angeles, por exemplo, considerada por Du Bois a "terra prometida" para os negros no Oeste, entrou em uma espiral de decadência que a transformaria em um lugar violento.[38] Nesse processo, os governos deixaram de investir nos bairros habitados predominantemente por negros e latinos, fazendo-se presentes apenas na forma de repressão policial.

A onda de levantes na década de 1960 foi uma resposta a esse abandono, muitas vezes justificado pelas autoridades com o argumento de que se tratava não de um problema relativo a investimentos, mas de uma cultura afro-americana fora de sintonia com a ética do trabalho dos demais cidadãos do país.

O levante de Watts, em Los Angeles, foi um dos mais marcantes no período. O episódio teve início justamente com um desentendimento entre uma família negra e policiais, provocando a ira de moradores da comunidade já cansados de abordagens violentas. O embate entre os residentes de Watts e a polícia se espalhou por Los Angeles e pelas cidades vizinhas, resultando na depredação de uma série de comércios administrados por brancos. Motoristas brancos de passagem pelas áreas conflagradas eram atacados e arrancados de seus carros. A resposta das forças de repressão foi extremamente violenta; o levante terminou com cerca de 34 mortos e mais de mil feridos.

Controlada a violência, as autoridades iniciaram um debate sobre as causas do conflito e as medidas necessárias para evitar que voltasse a acontecer. Um relatório do governo constatou que problemas sociais haviam contribuído de maneira decisiva para o episódio, entre os quais a alta taxa de desemprego, a falta de estrutura das escolas e a precariedade das moradias nas comunidades negras. Como solução, o relatório recomendava a expansão da formação profissionalizante e da oferta de empregos, a educação pré-escolar com ensino em pequenas turmas, o aprimoramento da aplicação de leis para a prevenção de crimes e a criação de uma ouvidoria para melhorar a relação da polícia com as comunidades. A maioria dessas propostas não saiu do papel, e o relatório é lembrado hoje como uma expressão da dificuldade das autoridades para compreender a relação das dinâmicas raciais e de classe.[39]

Na mesma época, um outro relatório do governo sobre a pobreza afro-americana — "The Negro Family: The Case for National Action" [A família negra: Um caso de ação nacional] — argumentava que a escravidão e as hierarquias raciais haviam contribuído para a desestruturação das famílias afro-americanas, que não conseguiam alcançar certa estabilidade porque seus laços tinham sido constantemente interrompidos pelas dinâmicas escravocratas. Além disso, o documento apontava que as famílias negras haviam adquirido uma propensão à organização matriarcal, uma vez que a ordem social proporcionava algumas oportunidades para as mulheres negras como domésticas, mas praticamente inviabilizava o acesso dos homens negros ao mercado de trabalho. O caminho mais adequado para quebrar o ciclo de pobreza entre os afro-americanos e fomentar uma classe média negra passaria, portanto, pela promoção e elevação dos homens negros, que através da integração racial se transformariam em provedores, como os homens brancos.[40]

Em meados da década de 1960, havia uma plêiade de teorias sobre a pobreza negra, e parte delas fazia da própria comunidade negra a grande responsável por seu estado de coisas, minimizando o papel do racismo em instituições e políticas públicas. No entanto, começou a se delinear nesse momento uma mudança, que se desloca dos problemas provocados pelo segregacionismo stricto sensu e passa a olhar também para questões relacionadas às desigualdades sociais de maneira mais ampla. Com isso, o repertório de desobediência civil pacífica associado à figura de Martin Luther King começa a ser questionado, e o próprio reverendo incorpora essas novas questões em sua atuação. Em 1966, guiado pelos novos ventos, ele iniciou uma nova cruzada, e, assim como outras figuras importantes do ativismo negro, passou a privilegiar temas como desemprego, moradia, infraestrutura pública, ensino e segurança. Empreendeu também um deslocamento geográfico, programando uma jornada pelos grandes centros do Norte e do Oeste. Um dos eventos mais marcantes dessa nova fase foi sua passagem por Chicago. King se mudou com a família para um bairro negro e procurou estabelecer um compromisso entre lideranças comunitárias, proprietários de imóveis e autoridades governamentais. O objetivo era reproduzir ali o modelo das campanhas de Birmingham e Selma, desta vez dramatizando a situação dos negros que viviam em prédios sem manutenção e em áreas sem investimentos públicos. Depois de algumas rodadas de negociação, o reverendo organizou uma passeata pelas ruas do centro da cidade, com a ideia de levar as demandas da comunidade negra até a prefeitura. Durante a marcha, grupos de brancos jogaram pedras e garrafas nos manifestantes; alguns, ostentando bastões de beisebol, ameaçaram King. As negociações foram concluídas com um acordo que promoveria a integração residencial, mas sem o compromisso de envolver qualquer instituição pública no arranjo. A experiência de Chicago foi considerada uma derrota para Martin Luther King, e um sinal de que era preciso fazer ajustes para contemplar os novos desafios.

Stokely Carmichael foi a pessoa cuja imagem passou a simbolizar a melhor forma de encarar esse novo momento. Nascido em Trinidad, ele havia iniciado sua trajetória de ativismo apoiando ações de desobediência civil, e fazia parte do núcleo do SNCC que criou a Organização da Liberdade do Condado de Lowndes, na qual foi um dos responsáveis por promover uma mudança substantiva na forma de atuar: em lugar do pacifismo inabalável de King, o inegociável direito à autodefesa, nos moldes preconizados por Malcolm X. A pantera negra foi adotada como símbolo para fazer oposição ao Partido Democrata, que no estado do Alabama ostentava o símbolo de um galo branco. O felino, de acordo com os ativistas, só reagia quando acuado, representando a disposição da comunidade negra de revidar a violência racial com o uso de armas, caso necessário. Mais tarde, a pantera do grupo serviu de inspiração ao Partido dos Panteras Negras, criado na cidade de Oakland, no estado da Califórnia, em 1966.

---

As primeiras experiências de autodefesa armada entre os ativistas afro-americanos da década de 1960 não foram necessariamente idealizadas por jovens militantes negros, mas por veteranos de guerra com formação militar, como Robert F. Williams, que havia realizado um trabalho consistente de integração racial para a NAACP. Williams iniciou sua trajetória política em 1943 nos sindicatos de Detroit, período em que trabalhava na fábrica automotiva da Ford. Recrutado para o serviço militar, testemunhou na caserna práticas discriminatórias e segregacionistas que reforçavam a contradição entre a luta por democracia em terras estrangeiras e a hierarquização racial nos Estados Unidos.

Em todo caso, o serviço militar proporcionou aos negros o treinamento no manuseio de armas, que passaram a ser utilizadas para autodefesa, principalmente no Sul. Essa é uma informação importante, pois a narrativa tradicional sobre o Movimento pelos Direitos Civis nos Estados Unidos tende a enquadrar as experiências políticas do Sul como pacíficas, ignorando as iniciativas de veteranos que se dispuseram a recorrer às armas a fim de enfrentar os supremacistas.[41] A experiência de Robert F. Williams em Monroe, cidade do Alabama onde nasceu, desestabilizou a fronteira entre o pacifismo do Movimento pelos Direitos Civis e as táticas de autodefesa armada. Williams, além de ter feito parte da NAACP, que representou historicamente a agenda integracionista do movimento negro nos Estados Unidos, também estabeleceu uma unidade da Associação Nacional de Rifles em Monroe a fim de mobilizar veteranos dispostos a pegar em armas para confrontar a violência dos supremacistas.

Em 1960, ele iniciou uma campanha combinando os *sitins* com o apoio de um grupo de homens armados na retaguarda. A seu ver, as ações de desobediência civil na cidade não enfrentavam reações violentas porque os supremacistas sabiam que havia um grupo de atiradores pronto para o confronto.

Umas das ações mais importantes da NAACP em Monroe, sob a liderança de Robert F. Williams, foi a organização de uma campanha de integração racial na piscina pública da cidade, em 1957. A iniciativa foi impulsionada pelo afogamento de crianças negras, obrigadas a nadar em riachos da região para se refrescar, pois estavam proibidas de acessar a piscina da cidade. Em um primeiro momento, a comunidade negra propôs a construção de uma piscina para a população afro-americana, mas a prefeitura alegou que não dispunha de recursos. Outra alternativa aventada foi a reserva de dois dias da semana para que os negros pudessem, separadamente, frequentar o espaço. A justificativa para a recusa foi a mesma: não haveria recursos suficientes para trocar a água e evitar que os brancos entrassem em contato com a água utilizada pelos negros… A insistência da NAACP em dar um fim à segregação das piscinas logo chamou a atenção da Ku Klux Klan, que começou a se manifestar por meio de mensagens e ameaças, anunciadas com carreatas nos bairros negros.[42]

As lideranças, contudo, não só não retrocederam como ampliaram a agenda, transformando a pauta da piscina em um programa de integração dos espaços públicos de Monroe e de promoção de empregos para os trabalhadores afro-americanos. Os supremacistas escolheram então como alvo o médico negro Albert Perry, vice-presidente da NAACP local. Membros da Ku Klux Klan foram até a casa dele, mas Robert F. Williams havia construído uma barricada e afastou a ameaça com o apoio de homens armados sob seu comando. Na perspectiva de Williams, o episódio deixava claro que a única maneira efetiva de se contrapor aos supremacistas era por meio das armas, demonstrando que os negros estavam dispostos a usar de violência para defender seus interesses e combater a violação de seus direitos.

Assim, em 1966, ao fundarem o Partido dos Panteras Negras para a Autodefesa, jovens negros da cidade de Oakland, na Califórnia, articularam um repertório de ações já utilizadas por organizações políticas afro-americanas. O emprego de armas, a organização da autossuficiência comunitária, a conexão entre as experiências afro-americanas e o processo de descolonização do mundo afro-asiático, a mobilização de referências como Frantz Fanon, Mao Tse-tung e Che Guevara, todos esses elementos foram combinados de forma a criar um imaginário revolucionário e emancipatório distinto daqueles idealizados por outros movimentos, projetando a organização em âmbito nacional.

Diferentemente de várias outras organizações do Movimento pelos Direitos Civis, formadas por quadros da classe média e da elite afro-americana, os Panteras contavam com uma base ampla entre as classes populares. A postura radical do grupo diante do verdadeiro potencial da democracia norte-americana guardava relação com esse fato, e ganhou contornos concretos na trajetória de suas principais lideranças, como Huey P. Newton e Bobby Seale.

Em 1945, os Newton se mudaram para Oakland em busca de trabalho e de uma qualidade de vida melhor. Assim como muitas outras famílias negras, viviam em uma casa de baixo padrão e muito pequena. Huey costumava dormir na cozinha. Seu pai era pastor, e, como estratégia para enfrentar a pobreza, se valia dessa posição para reforçar os laços de solidariedade comunitária.

A experiência de pobreza durante a infância e a juventude em bairros de maioria negra nutriu em Huey P. Newton o sentimento de baixa autoestima e inferioridade em relação aos brancos. O "sonho americano", marcado por narrativas de prosperidade possibilitadas pelo excepcionalismo dos Estados Unidos, não fazia sentido para ele e outros jovens negros de sua geração. E ele entendia que, nesse caso, o problema não era que não tivessem uma ética do trabalho, mas sim a existência de um conjunto de práticas racistas que mantinha a população afro-americana na base da sociedade norte-americana.[43]

Newton decidiu se formar em direito. Assim, em 1959, se matriculou no Merritt College, uma pequena faculdade de Oakland, onde se envolveu em debates e articulações políticas e se engajou em discussões acadêmicas, sem jamais perder de vista a experiência nas ruas. Essa circulação entre os dois universos teve também um sentido prático, já que ele recorreu a pequenos crimes a fim de pagar pelos estudos. Sua visão era bastante pragmática: as leis poderiam ser usadas para defender seus próprios interesses. Quando foi preso, surpreendeu a acusação ao fazer sua própria defesa, livrando-se da prisão.[44]

Em 1962, em um protesto contra o bloqueio dos Estados Unidos a Cuba, Huey Newton conheceu Bobby Seale. Nascido no Texas em 1936, Seale crescera em Oakland, também experimentando as práticas sistemáticas de racismo cotidiano. Valendo-se de sua habilidade com a metalurgia, desde a adolescência forjava facas, que utilizava para a autodefesa.[45]

Seale e Newton tinham uma visão bastante pessimista das relações raciais no país. Em 1966, uma série de episódios violentos envolvendo a comunidade negra criou um ambiente favorável para a mobilização de um grupo de base popular. E, para Seale e Newton, não havia dúvida de que uma atuação política em prol da população negra deveria ter como ponto central a autodefesa armada. A ideia da nova organização estava clara, mas faltava um nome que pudesse traduzi-la.

Como conta Huey P. Newton, foi nesse momento que ele se deparou com um panfleto da Organização da Liberdade do Condado de Lowndes, a iniciativa de registro de eleitores negros liderada por Stokely Carmichael que tinha a pantera negra como símbolo. Newton também ressalta o fato de a pantera retroceder ao se sentir acuada, mas avançar quando não há mais alternativa, associando esse comportamento à estratégia do grupo. Surgia o Partido dos Panteras Negras para a Autodefesa.[46]

MANNING MARABLE DESTACA que havia inúmeros significados para o Black Power, revelando, muitas vezes, mais a característica de um slogan do que de um conceito organizado capaz de orientar as agendas radicais que emergiam na segunda metade do século XX. Stokely Carmichael e Charles Hamilton, no livro *Black Power*, o definiram como um enquadramento teórico ou uma ideologia com o objetivo de promover o controle sobre as vidas negras nas esferas econômica, política e psicológica.[47]

Robert Carson, membro do Core no Brooklyn, fazia a relação entre o Black Power e uma possível revolução socialista nos Estados Unidos. Os afro-americanos, para ele, seriam os responsáveis pela destruição do capitalismo. Julius Lester, do Comitê de Coordenação Estudantil Não Violento, contextualizou a radicalização do ativismo negro em um quadro amplo de manifestações políticas contra o imperialismo na América Latina, na Ásia e na África. Já o socialista James Boggs, com enorme pessimismo, argumentava que a visão histórica construída pelo Black Power fundamentava cientificamente a ideia de que não havia a possibilidade de os trabalhadores brancos se juntarem aos negros para iniciar um processo revolucionário. Havia até mesmo uma versão conservadora do Black Power, associada à organização das comunidades negras em torno de empreendimentos comerciais e reforçando a ideia de capitalismo negro. Todo esse repertório foi articulado em um conjunto de lutas para mudanças radicais na estrutura social e política dos Estados Unidos, que constituíram imaginários utópicos que transcendiam os limites da democracia.[48]

O Black Power, nesse sentido, não somente reorientou as agendas das organizações políticas e das lideranças negras, como também produziu novas subjetividades e uma cultura política distinta do Movimento pelos Direitos Civis. Nikhil Pal Singh pondera que, em um contexto de esgotamento das abordagens pacíficas e moderadas, os intelectuais e ativistas negros definiram as posturas radicais como um momento de tomada de controle da autorrepresentação.[49] O movimento para a autossuficiência e a autodeterminação deu projeção a uma dimensão cultural que se revelou a partir da reconstituição de identidades negras conectadas com as experiências africanas, o uso do cabelo crespo como símbolo de orgulho e a constituição de narrativas históricas sobre a população negra dissociadas do excepcionalismo norte-americano. Uma articulação relacionada a esse processo de valorização da diferença cultural foi a pressão de estudantes afro-americanos sobre os programas universitários para a incorporação dos estudos negros. As lideranças envolvidas reforçaram suas demandas por uma educação relevante a fim de problematizar a história de repressão dos negros no país, e todas tinham relação com as organizações afro-americanas que se radicalizavam com a consolidação do Black Power.

O ethos do Black Power também encontrou expressão no universo das artes. Foi nesse período, por exemplo, que correntes artísticas, sobretudo na literatura e no teatro, começaram a convergir e a organizar temas relacionados, produzindo uma arte baseada na crença de que os afro-americanos formavam um povo com direito à autodeterminação.[50] Havia uma variedade de significados quando o termo autodeterminação era empregado em discursos sobre a experiência negra na história dos Estados Unidos, mas todos concordavam que, sem o controle sobre o próprio destino, os negros continuariam a ser uma classe oprimida e marginalizada, gozando de uma cidadania de segunda classe.

Mais do que qualquer ato organizado de proselitismo, foram ações de insubordinação às autoridades estabelecidas que atraíram a atenção das comunidades negras, contribuindo para aumentar a base dos Panteras Negras. Certa ocasião, uniformizados com boinas e jaquetas pretas, os Panteras escoltaram Betty Shabazz, viúva de Malcolm X, na cidade de San Francisco. Ela ia participar de um evento e temia ser atacada por inimigos do marido. A segurança oferecida pelo grupo apresentava um caráter performático ímpar, ostentando homens negros armados em espaços públicos, o que, do ponto de vista prático e simbólico, desafiava as forças policiais, demonstrando sua incapacidade de proteger uma cidadã negra.

Em 1967, as autoridades começaram a discutir maneiras de evitar que grupos considerados subversivos pudessem ter acesso a armas de fogo. Na Califórnia, uma articulação bipartidária apresentou um projeto de lei que proibia a circulação de indivíduos com armas carregadas. No dia da votação, os Panteras, já prevendo o resultado, compareceram ao capitólio para protestar. Armados e vestidos com jaquetas pretas, eles mais uma vez atraíram a atenção da grande imprensa, popularizando o figurino país afora. Mas a partir daquele momento não puderam mais recorrer à ação armada ostensiva para se contrapor aos policiais que aterrorizavam as áreas negras da cidade.[51]

Huey P. Newton e Bobby Seale pensaram em uma alternativa eficaz para conectar os Panteras às comunidades sem o recurso das patrulhas armadas. Aproveitaram o momento para dar um salto, reforçar o capital político angariado e ampliar a agenda da organização, indo além da autodefesa, e consolidando esse esforço num programa de dez pontos difundido por meio do jornal *The Black Panther*.

Essa iniciativa teve a importante colaboração de Eldridge Cleaver, que se aproximou aos poucos do partido, cumprindo, como jornalista da revista *Ramparts*, o papel de mediador dos Panteras com as organizações da esquerda. Cleaver tinha o perfil típico dos homens negros que ingressavam no partido, com uma trajetória marcada pela pobreza e práticas de pequenos crimes durante a adolescência. Em seus oito anos na cadeia, assim como Malcolm X começara a se engajar em atividades de leitura e escrita, e seus textos controversos, atravessados pela misoginia, foram publicados em *Soul on Ice*, que se tornou um best-seller. Ao longo do tempo, Cleaver assumiria um papel de liderança nos Panteras Negras, atuando como ministro da Informação. O *Black Panther* contaria também com a colaboração de Emory Douglas, que mais tarde seria ministro da Cultura do grupo.[52]

Um dos pilares da atuação dos Panteras Negras foram os programas de assistência social, que se estruturaram nas lacunas deixadas pelas autoridades e se transformaram em um instrumento importante de divulgação dos ideais do grupo. A ideia era transformar seus núcleos em espaços de resolução de conflitos, intervindo em despejos, violência de gangues, reparo de vias públicas e outras questões ordinárias. Em janeiro de 1969, em Oakland, os Panteras deram início a um programa de café da manhã para as crianças nas escolas, que dois meses depois começou a ser deliberadamente difundido entre as unidades da organização. Em quinze meses, mais de 35 cidades colocaram em prática o programa, alcançando 20 mil crianças em todo o país.[53]

Um dos principais responsáveis pela expansão dos programas sociais dos Panteras Negras foi David Hilliard, que assumiu essa coordenação após a prisão de Huey Newton. Hilliard tinha uma postura discreta no grupo e não participava das patrulhas; apostava menos no confronto e mais na construção de redes de solidariedade, e dedicou-se a estabelecer um padrão de serviços de assistência social em todo o país, que incluíam, além do "café da manhã", escolas emancipacionistas, clínicas de saúde gratuitas, distribuição gratuita de comida, campanhas de agasalhos, transporte gratuito para penitenciárias, campanhas de informação sobre a anemia falciforme, programas de manutenção de encanamentos, assistência para o pagamento de aluguéis e serviços de ambulância. Os recursos para manter esses programas vinham da própria comunidade ou de comércios que dependiam dos consumidores negros e contribuíam ou espontaneamente ou por constrangimento, através de protestos.[54]

Essas iniciativas comunitárias, ao contrário das patrulhas e de outras ações ostensivas, contavam com grande participação das mulheres. De modo geral, elas ocupavam funções auxiliares, como secretárias, assistentes e membros de comitês. Além dos desafios impostos pelas práticas racistas das instituições, as mulheres tinham de enfrentar a hipermasculinidade dos Panteras, patente na postura militarizada, nas jaquetas de couro e nas representações fálicas das armas. Se para os homens a noção de autodefesa tinha a ver com a reconfiguração da masculinidade negra, para as mulheres ela significava a possibilidade de conter a violência promovida pelas forças policiais e o fortalecimento dos laços de solidariedade nas comunidades afro-americanas.

Dentre as narrativas sobre a experiência feminina negra, algumas reforçavam a importância das mulheres no apoio aos homens, enquanto outras questionavam a concentração do poder nas lideranças masculinas. À medida que as figuras mais notórias do grupo eram encarceradas ou assassinadas, as mulheres foram preenchendo as lacunas hierárquicas da organização, reorientando sua abordagem por meio de articulação de programas sociais.[55]

Kathleen Neal Cleaver foi uma das primeiras mulheres a ocupar uma função de destaque entre os Panteras Negras. Diferentemente das primeiras lideranças masculinas do grupo (como seu próprio marido, Eldridge Cleaver), ela vinha de uma família de classe média, sendo filha de professores universitários com uma longa experiência internacional. Kathleen, porém, largou a universidade, juntou-se aos Panteras Negras e dirigiu projetos nas áreas de educação, moradia, negócios e serviço militar, chegando à função de ministra da Informação.[56] Ericka Huggins também abandonou os estudos no ensino superior para participar de uma organização do Black Power. Assim como Kathleen Cleaver, ascendeu na hierarquia, destacando-se pela coordenação de "escolas emancipacionistas", que eram organizadas em frente às escolas ou igrejas em horários alternativos a fim de proporcionar aos estudantes negros uma educação contra-hegemônica. Mais tarde, após o assassinato do marido, Huggins organizou a unidade dos Panteras na cidade de New Haven, em Connecticut.[57]

Elaine Brown foi a maior liderança feminina do grupo. Em 1970, depois de uma viagem por China, Coreia do Norte e Vietnã com os Panteras Negras, Brown ascendeu à liderança da organização, destacando-se na composição de canções engajadas e outras produções artísticas, e assumindo posteriormente a edição do *Black Panther.* Em 1974, quando ocorreu um rompimento entre Huey Newton e Bobby Seale, além de outras crises, que envolveram tortura e assassinatos de lideranças, Brown foi indicada por Newton para assumir os Panteras Negras.[58] Ela inseriu a organização em uma nova dinâmica, promovendo os programas sociais e aprofundando a participação do grupo na política institucional por meio do apoio a candidaturas em Oakland. Sua maior conquista foi a eleição de um candidato negro, o ex-juiz Lionel Wilson, para a prefeitura da cidade.[59] Brown deixou a organização em 1977, quando Huey Newton se negou a condenar a violência de um dos membros contra uma mulher.

Ao longo da década de 1970, os Panteras Negras passaram por disputas entre as lideranças e enfrentaram a pressão da intelligentsia, que fomentava ainda mais as rivalidades internas com outras organizações negras. A experiência de Fred Hampton em Chicago foi um exemplo da violenta ofensiva das forças policiais sobre os Panteras Negras com o apoio da contrainteligência. Hampton fora o responsável pela construção de uma filial do grupo na cidade, que, logo em seu início, procurou incorporar as gangues de jovens já existentes, atraindo a atenção das autoridades. Em um de seus primeiros atos no processo de articulação dos Panteras em Chicago, Hampton "se apropriou" de uma carrocinha de sorvete a fim de distribuir a guloseima entre as crianças de uma comunidade, e logo foi detido por roubo e assalto.

A ascensão de Hampton e a força de sua personalidade carismática, que forjou uma aliança inter-racial ampla com outras organizações de esquerda, levou o FBI a lançar mão da contrainteligência para conter o impulso revolucionário dos Panteras Negras na cidade.[60] A polícia passou a abordar os membros do grupo de maneira cada vez mais agressiva, destruindo utensílios de cozinha e até mesmo alimentos estocados para o programa de café da manhã para as crianças. Em uma dessas ações, um policial foi morto, criando um cenário ainda mais hostil.

William O'Neal, que havia sido infiltrado pelo FBI, ajudou os policiais a fazer uma batida no apartamento de Hampton, dando detalhes até sobre a posição dos móveis. A incursão terminou com as mortes de Hampton e de Mark Clark, e com outros sete Panteras feridos. Em um primeiro momento, a polícia alegou uma disputa com os membros do grupo, mas uma investigação paralela conduzida pelo Departamento de Justiça demonstrou que Hampton havia sido drogado e não teria condições de reagir. A análise balística indicou que a principal liderança dos Panteras Negras em Chicago havia sido executada.

O assassinato de Fred Hampton reforçou o discurso da organização de que havia um plano do governo norte-americano para destruí-la, o que lhe valeu o apoio de lideranças moderadas. Entretanto, na década de 1970 o quadro favorável aos Panteras Negras foi se desfazendo com as disputas internas e as conspirações alimentadas pelo Cointelpro, o programa de contrainteligência do FBI criado para desestabilizar grupos identificados como dissidentes.[61]

Desde a década de 1960, a radicalidade dos movimentos sociais vinha sendo sustentada por uma crítica moral à Guerra do Vietnã e pelos protestos contra o recrutamento compulsório. Durante a Guerra Fria, e com certa dose de pragmatismo, o governo de Richard Nixon deu um outro rumo ao país ao se aproximar da República Popular da China e restabelecer relações com países que haviam sido centros do terceiro-mundismo radical, como a Argélia, diminuindo o apoio desses atores internacionais às agendas radicais negras. Além disso, as ações afirmativas na década de 1970 começaram a incorporar profissionais afro-americanos formados nas universidades, revelando a possibilidade de um horizonte menos injusto na democracia do país.

Nesse cenário de arrefecimento das organizações radicais e retomada de soluções progressistas, a linguagem revolucionária foi desaparecendo do jornal *Black Panther*, assim como o conteúdo associado às lutas armadas pelo mundo. Esse processo desencadeou a reação de grupos radicais em várias unidades do país e de expatriados como Eldridge e Kathleen Cleaver, que enfatizavam que aquele era o momento certo para os Panteras Negras iniciarem de fato um levante armado nos Estados Unidos. A elite e a classe média negra, porém, deixaram de lado o apoio às iniciativas mais radicais para apostar nas oportunidades do funcionalismo público e das grandes corporações. A situação da classe trabalhadora negra pouco se alterou.

Nesse contexto, os Panteras Negras, assim como outras organizações mais radicais do Black Power, não foram capazes de responder às mudanças. Na primeira metade da década de 1970, a organização já não tinha uma rede nacional, mantendo suas operações circunscritas a Oakland, até encerrar suas atividades, em 1982.

No auge da popularidade e do radicalismo dos Panteras Negras, Stokely Carmichael fez um discurso que ficou marcado na história como o "Discurso do Black Power". Ele havia sido preso em uma homenagem ao ativista James Meredith, que, em junho de 1966, iniciara uma marcha solitária "contra o medo". Meredith não queria que seu ato fosse associado a qualquer organização política, e pretendia caminhar de Memphis, no Tennessee, até Jackson, no Mississippi. No segundo dia, porém, foi baleado por um atirador e hospitalizado. A fim de homenagear a coragem de Meredith, as principais lideranças do país, dentre elas Martin Luther King e Stokely Carmichael, decidiram retomar a marcha, mas logo foram presos, acusados de invadir um terreno para supostamente usá-lo como acampamento dos manifestantes. Horas depois, já liberado pela polícia, Carmichael participou de um comício organizado pelo SNCC. Disse que aquela era a vigésima sétima vez que havia sido preso e que não pretendia permitir que isso voltasse a acontecer. Os manifestantes presentes, inflamados pelo discurso, deliraram quando Stokely Carmichael utilizou a expressão "Black Power" para se referir à postura assertiva que os negros deveriam manifestar diante da violência de brancos racistas.

A imprensa e o público mais amplo representaram Carmichael como um "racista demagogo que caminhava cada vez mais para o separatismo racial",[62] mas, em 1967, o Black Power havia se tornado a ideologia predominante entre as organizações e lideranças negras.

As águas eram outras, e Martin Luther King entendeu isso muito bem. Ele fazia críticas pontuais, mas não se distanciava da militância do Black Power, que manifestava a postura política da geração mais jovem. O reverendo percebia que um ataque sistemático ao movimento significava, na prática, impedir a constituição de uma luta ampla e conjunta. Questionado algumas vezes sobre o assunto, King respondia que, a despeito da reivindicação pela autossuficiência negra, o Black Power não era incompatível com a luta do Movimento pelos Direitos Civis. O grande desafio para ele era aproveitar o impulso dado pelo Black Power ao ativismo afro-americano para reorganizar sua própria agenda nesse contexto de mudanças.

O diálogo estabelecido com o Black Power definiu o fim da aliança com o governo, e a imprensa também começou a dar um tratamento diferente ao reverendo, reproduzindo a imagem de uma liderança indisposta a compromissos democráticos e habituada e se envolver em conflitos políticos. A agenda de King, traduzida na proposta de uma Marcha dos Pobres sobre Washington, com a participação de trabalhadores negros, brancos e latinos , foi interpretada como um passo rumo ao extremismo. Enquanto isso, o FBI, sob a liderança de J. Edgar Hoover, que não escondia seu enorme desprezo e aversão pela figura do reverendo, coordenava ações para destruir a imagem da principal liderança afro-americana.

Em 1968, Martin Luther King já havia assumido um discurso anticapitalista, organizado não por uma visão marxista, mas pela crítica ao materialismo exacerbado da sociedade norte-americana. Sua agenda agora abrangia o mundo do trabalho, e ele demonstrou interesse em mobilizar lideranças sindicais e outras organizações de trabalhadores a fim de estabelecer uma ampla aliança capaz de pressionar o governo por políticas de redistribuição de renda. O apoio que ele resolveu dispensar aos trabalhadores da limpeza urbana de Memphis, por exemplo, fazia parte dessa agenda. Essa categoria profissional, formada sobretudo por negros, sofria com baixos salários, abuso de superiores brancos, insalubridade e pobreza estrutural. Entre as principais demandas estava o reconhecimento do sindicato da categoria.

Martin Luther King identificou em Memphis a possibilidade de impulsionar essa nova agenda, e programou uma série de atividades para reforçar sua cruzada contra a pobreza nos Estados Unidos. No dia 4 de abril, depois de uma noite de descanso após semanas de tensão, King despertou revigorado e passou o dia em atividades de formação política e reuniões para promover o movimento. No fim da tarde, quando terminava de se arrumar para o jantar, decidiu ir até a sacada do hotel a fim de conferir a temperatura. Nesse momento, foi atingido por uma bala que atravessou seu rosto e a sua espinha. Levado ao St. Joseph's Hospital, passou por uma cirurgia de emergência, mas não resistiu. Foi declarado morto às 19h05.

Assim que o assassinato foi divulgado, as comunidades negras tomaram as ruas dos grandes centros, que se transformaram em palcos de rebeliões. Stokely Carmichael culpou a "consciência racista coletiva dos brancos" pela morte do reverendo e afirmou que o ato havia sido uma declaração de guerra ao povo negro.

# 4. A era pós-direitos civis

## Raça em uma era pós-racial

Na terceira segunda-feira do mês de janeiro, os norte-americanos celebram o feriado nacional em homenagem a Martin Luther King, aprovado pela Câmara dos Representantes e sancionado pelo presidente Ronald Reagan em 1983. A iniciativa de celebrar a figura do reverendo King não significou apenas a consolidação da principal liderança do Movimento pelos Direitos Civis como símbolo nacional, mas também a incorporação do movimento à narrativa do excepcionalismo da democracia norte-americana. O discurso de Martin Luther King na Marcha sobre Washington de 1963 foi considerado o evento-chave de um longo processo de luta contra a segregação, que garantiria a integração racial nos Estados Unidos. A proposta do feriado surgira anos antes, logo após seu assassinato em 1968, mas os congressistas que a rejeitaram questionavam a importância de King e o custo de um feriado nacional para a economia.[1] O próprio Reagan, que confrontou as lideranças negras quando governador da Califórnia (1967-75), não demonstrava nenhuma simpatia pelo feriado de King, mas não desejava se indispor com eleitores brancos moderados que admiravam o grande líder do Movimento pelos Direitos Civis.[2]

A celebração do feriado, entretanto, ao longo dos anos, não levou em consideração vários aspectos da trajetória e do pensamento de King. Alguns especialistas apontam para a depuração de sua imagem, que o transformou na principal referência de uma profecia pós-racial que projetava o desaparecimento da raça como categoria organizadora das relações sociais no país. Antes de seu assassinato, Martin Luther King não era uma unanimidade. Foi constantemente atacado pela imprensa por se engajar contra a Guerra do Vietnã e levar adiante a luta pelos direitos civis, mesmo depois da aprovação das leis antirracistas da década de 1960. A insistência na articulação de um amplo movimento inter-racial com ênfase nas desigualdades econômicas aumentou as críticas à figura do reverendo, reforçando a representação de um ativista demagogo movido por interesses pessoais. Nesse sentido, para muitos de seus concidadãos, não havia nada de espetacular na trajetória de King, que se revelava apenas mais um dos baderneiros do ativismo negro que emergiam na segunda metade da década de 1960.

Com o distanciamento temporal, sua imagem foi sendo reconstruída e associada a eventos específicos, como a Marcha sobre Washington e o notório "Eu tenho um sonho". A retórica de King nesse discurso passou a ser aclamada como um dos ápices da história da democracia norte-americana, prevalecendo até mesmo sobre o discurso de Gettysburg feito por Abraham Lincoln durante a Guerra Civil. A popularização do reverendo como um dos ícones da democracia estava associada à sensação de que se vivia nos Estados Unidos um novo período histórico, pós-direitos civis. Nesse processo, o vasto repertório discursivo de King foi reduzido e distorcido, transformando-o em referência de moderação e indiferença à ideia de raça. Sua postura contundente diante das dinâmicas sociais que reproduziam a pobreza no país, no final de sua vida atravessadas por uma visão anticapitalista, foi substituída pela imagem de um líder que celebrava os princípios democráticos e as narrativas da excepcionalidade da nação sem criticar as contradições e os problemas estruturais da sociedade.

No curso desse processo de reconstrução da imagem de King, a passagem em que ele expressa o desejo de que seus filhos pudessem viver em uma nação na qual "não seriam julgados pela cor da pele, mas pelo caráter", acabou por se tornar uma de suas frases mais célebres, sendo, porém, mais utilizada para condenar ativistas negros do que para promover o antirracismo.

A representação do reverendo King, nesse aspecto, foi reelaborada em narrativas que anunciavam o fim de uma ordem racial e o avanço da democracia no tocante aos direitos civis dos negros. Era cada vez mais comum o argumento, sobretudo entre os conservadores, de que o ativismo afro-americano não tinha mais relevância em uma sociedade que havia passado por mudanças profundas após o fim da segregação racial. Nesse contexto, de acordo com a perspectiva daqueles que anunciavam uma era pós-racial, as organizações negras passaram a representar mais o lobby de uma classe de políticos e ativistas afro-americanos do que os anseios das classes populares negras. A construção da democracia sonhada por King estava em curso, mas, de modo contraditório, os entraves a ela supostamente seriam colocados pelas próprias lideranças negras, que demonstravam dificuldade de abrir mão da ideia de raça e da identidade racial como instrumentos de mobilização política.

Ao longo da década de 1970, foi ganhando força o discurso segundo o qual a esfera pública estava passando por um processo de restauração dos interesses dos indivíduos, que deveriam prevalecer sobre os interesses de coletivos, que enfraqueciam os procedimentos democráticos. A representação de um "Martin Luther King pós-racial" foi acionada sistematicamente para questionar iniciativas voltadas à população negra. Um argumento comum era que, ao afirmar que os negros deveriam ser julgados pelo caráter, King estaria manifestando uma posição contrária às políticas de ação afirmativa no mercado de trabalho e, principalmente, nas universidades. Em 1986, por exemplo, o presidente Ronald Reagan citou Martin Luther King com o objetivo de questionar a política de cotas raciais. O republicano, que chegara a se opor à Lei dos Direitos Civis de 1964, afirmou que tinha um compromisso com a igualdade de oportunidades para todos os homens e mulheres, a despeito da cor de sua pele.[3]

O racismo nos Estados Unidos, apesar do anúncio de uma nova era pós-racial, não estava chegando ao fim; apenas passava por mais um processo de transformação. A estratégia de Richard Nixon para as eleições de 1968, que vimos no capítulo anterior, revelara os termos pelos quais as relações raciais se desenvolveriam mais tarde. Ao contrário do que havia acontecido nas eleições de 1964, quando o candidato republicano Barry Goldwater se posicionara contra o Movimento pelos Direitos Civis e a intervenção do governo federal nas disputas em torno do tema, Nixon celebrava a importância das organizações negras na luta pela igualdade de direitos, mas simultaneamente criou uma estratégia para os eleitores brancos que, de maneira codificada, apelava a seus anseios diante da radicalização do ativismo afro-americano e de outros movimentos sociais. A "estratégia sulista" se baseava em discursos condenando os protestos negros, que supostamente passavam dos limites ao recorrer a enfrentamentos violentos e não reconhecer os avanços nas relações raciais. Assim, apostava no ressentimento de segmentos das populações brancas diante do Movimento pelos Direitos Civis e na possibilidade de atraí-los para a base republicana, que sempre encontrou dificuldades para competir com os democratas nos estados do Sul. O cálculo feito por alguns republicanos era o de que o voto negro era um caso perdido, sendo necessário disputar o eleitorado branco do Sul para compensar essa perda.[4]

Já nas eleições de 1966, o Partido Republicano havia demonstrado sua força com a conquista da maioria na Câmara dos Representantes e vitórias importantes, como a de Ronald Reagan na Califórnia. Nesse momento, os republicanos já calibravam um discurso que denunciava a relação entre democratas e "grupos de interesse negros" e de outras minorias, ignorando as demandas do "resto dos Estados Unidos". Os ativistas da nova esquerda e as organizações ligadas ao movimento Black Power foram enquadrados nos discursos de Nixon como grupos diversionistas que fraturavam a sociedade norte-americana. Assim, o republicano passou a convocar a "maioria silenciosa" a fim de reconstruir uma nação dividida.

A ideia de maioria silenciosa foi utilizada inicialmente para enfrentar os supostos antipatriotas que comprometiam o encaminhamento do final da Guerra do Vietnã, porém logo ganhou um caráter racializado. Em contraste com os ativistas negros, essa maioria não foi chamada para tomar as ruas das grandes cidades. Sua virtude era a ausência de ação cívica, a resistência quieta, um patriotismo passivo que se fortalecia em termos morais a partir do reconhecimento do presidente. No discurso de Nixon, era essa maioria que reconduziria o país à "normalidade".[5]

O Movimento pelos Direitos Civis, que havia derrubado as políticas segregacionistas, começou a ser incorporado ao imaginário nacional, porém como um fenômeno de um passado recente, e não como um movimento contínuo de articulação de uma frente ampla contra as práticas racistas. Esse processo permitiu que políticos republicanos elogiassem as lideranças negras do passado, sobretudo Martin Luther King e Rosa Parks, e desenvolvessem uma linguagem para uma população branca ressentida com os avanços do ativismo afro-americano. À medida que a sociedade norte-americana desmontava as políticas segregacionistas de base institucional, começava a circular o discurso de uma era pós-racial, apontando para o declínio acentuado da importância da raça nas dinâmicas sociais. Sendo assim, as explicações para a pobreza dos negros e latinos na esfera pública passaram a individualizar e moralizar as causas, ou considerar somente as interações de classe. Intelectuais do campo conservador, com a ajuda de alguns progressistas, começaram deliberadamente a construir o senso comum da existência de uma ordem social desprovida do aspecto de raça nos Estados Unidos, difundindo o que alguns acadêmicos passaram a chamar de "ideologia do *color blindness*".*

---

* A expressão "*color blindness*" pode ser traduzida literalmente como daltonismo, mas, como estamos tratando de um fenômeno sociológico complexo, vamos manter a expressão original, que nesse contexto significa indiferença à cor de pele, "daltonismo racial".

Uma das obras mais importantes sobre o declínio da ideia de raça não foi escrita por um ideólogo neoconservador, mas pelo sociólogo negro e progressista William Julius Wilson, ligado ao Partido Democrata. Em *The Declining Significance of Race*, de 1978, ele argumentou que as dinâmicas do mercado de trabalho na indústria estavam passando por transformações e que a questão racial não era mais mobilizada nas disputas entre os trabalhadores. Na década de 1970, o desemprego entre a população negra teria mais a ver com as transformações estruturais na indústria — com o deslocamento de fábricas e mudanças na logística — do que com as divisões raciais e étnicas. A indústria tradicional deixava de ser o principal empregador na economia e as corporações tecnológicas começavam a ganhar espaço, aumentando a demanda por mão de obra qualificada. Assim, o grande desafio para a classe trabalhadora afro-americana, e não necessariamente para a elite negra, era se qualificar nesse contexto, encarando não as práticas de violência racial, mas o acesso a programas de qualificação. Wilson apresentava um cenário completamente desfavorável para o operariado negro e um sucesso sem precedentes para os afro-americanos de colarinho-branco.[6]

As narrativas sobre a ordem pós-racial, entretanto, não foram fundamentadas por argumentos complexos como o de Wilson, embora utilizassem recorrentemente a emergência da classe de profissionais negros como evidência do suposto declínio da questão racial na sociedade norte-americana. Os argumentos que compunham a ideologia do *color blindness* faziam referência a uma cultura da pobreza, presente entre os negros, que comprometia a assimilação dos "valores americanos". O sociólogo Eduardo Bonilla-Silva, que se propôs a analisar as desigualdades sociais na era pós-racial, observa que houve uma mudança no repertório de práticas racistas da sociedade norte-americana, com os discursos tradicionais sobre a inferioridade inata dos negros dando lugar às explicações que ignoravam o papel da população branca e enfatizavam a culpa das minorias pela situação em que se encontravam.[7] Com isso, e com o sequestro dos avanços nos direitos civis pelo mito da excepcionalidade da democracia norte-americana, a negrofobia histriônica que fundamentava a opressão racial e ações abertas e violentas para sustentar as hierarquias raciais perde a sua função. O discurso racista foi reelaborado, articulando elementos do liberalismo tradicional para justificar a reprodução das desigualdades entre os grupos raciais, como ética do trabalho, meritocracia, igualdade de oportunidades e individualismo.

Os especialistas que acompanharam as transformações nas dinâmicas raciais, portanto, demonstram que a raça não estava em declínio, mas que começara a operar sobre novas bases econômicas, políticas e institucionais, levando à utilização de termos como novo racismo, novo Jim Crow, racismo cultural e racismo simbólico.[8]

A postura de Ronald Reagan diante do racismo estabeleceu uma relação tensa com os afro-americanos, gerando percepções distintas entre os grupos raciais. Entre os negros, a impressão era de que o republicano era um inimigo do Movimento pelos Direitos Civis que nunca demonstrara qualquer tipo de preocupação com a situação dos negros e dos pobres, desmontando políticas de bem-estar social sem pensar nas consequências. Entre segmentos da população branca, o reaganismo significava a "retomada" ou o "despertar" da "América", com a valorização dos verdadeiros patriotas. Em muitas ocasiões, o presidente foi acusado por lideranças negras de ser intolerante e racista, o que segundo a primeira-dama, Nancy Reagan, o deixava extremamente magoado. Tanto como governador da Califórnia quanto como presidente dos Estados Unidos, Reagan procurou se defender das acusações de racismo, levantando a voz contra ativistas negros ou utilizando o recurso mais comum das narrativas anedóticas.[9] O republicano falava sobre sua infância e sobre a educação que recebera dos pais, que o haviam ensinado a rejeitar o preconceito racial. Além disso, mencionava sua luta, quando jovem radialista, para que a liga nacional de beisebol iniciasse a integração de jogadores negros.

Entretanto, o que acabou prevalecendo em seu histórico foi seu confronto com organizações e lideranças negras no período em que foi governador da Califórnia. Na década de 1960, insurreições e mobilizações políticas no estado transformaram cidades como Oakland e Los Angeles em epicentros de tensões raciais nos Estados Unidos. Em meio ao processo de articulação da militância negra na Califórnia, algumas universidades se converteram em palco de manifestações de estudantes negros, que denunciavam a precariedade das comunidades afro-americanas e exigiam a incorporação dos estudos negros aos currículos dos cursos de graduação e pós-graduação. Na Universidade Estadual de San Francisco, por exemplo, os estudantes organizaram uma greve que Reagan interrompeu sem negociação, indicando um reitor linha dura que perseguiu alunos e professores envolvidos no movimento.[10] Nesse processo, o conflito mais marcante foi com a ativista e filósofa Angela Davis, professora da Universidade da Califórnia. Davis havia sido identificada pelo FBI como membro do Partido Comunista, o que levou o governador a exigir seu imediato desligamento do quadro docente. A ativista recorreu à Justiça, acusando o racismo e a cruzada do governador contra o comunismo. Depois que ela retomou sua posição como professora, Reagan se utilizou do argumento de uso de linguagem inflamatória para eliminá-la de vez da universidade.

A trajetória de Ronald Reagan foi marcada pelo discurso do patriotismo combinado com o apelo ao eleitorado branco, sem necessariamente fazer qualquer referência direta à raça, ao contrário do reacionário governador do Alabama, George Wallace. Reagan incorporou elementos religiosos a seu discurso, incrementando o aspecto nacionalista, mas o tema fundamental de sua agenda foi o laissez-faire econômico, com a valorização do individualismo, da livre iniciativa e do empreendedorismo.[11] O historiador Gary Gerstle identifica no mandato de Reagan a construção da ideia de uma nação liberal, que incluiria os cidadãos a partir de uma moralidade que enfatizava a importância da ética do trabalho, a capacidade produtiva dos indivíduos e o respeito às leis. Apesar de todo o esforço para ressaltar o caráter inclusivo de seu projeto de nação, a questão racial continuou a orientar os discursos que legitimavam as transformações nas políticas públicas.[12] O presidente republicano trabalhava com uma noção muito clara de divisão entre cidadãos responsáveis e irresponsáveis. Entre os primeiros estavam os indivíduos ordeiros, que possuíam uma ética de trabalho; já os segundos eram aqueles que dependiam dos programas sociais e não conseguiam se livrar da cultura da pobreza. A questão racial só emergia no discurso do presidente quando ele fazia a relação, de maneira implícita, entre a população afro-americana e a dependência do Estado.[13]

Esse tipo de recurso foi frequente nos discursos de Ronald Reagan na década de 1970, quando ele contava casos de mulheres negras que fraudavam programas sociais a fim de enriquecer. Na campanha de 1976, procurou galvanizar o eleitorado branco com a representação das "rainhas do bem-estar social", que sugavam os recursos públicos enquanto a população branca era obrigada a lidar com o fardo da pesada carga de impostos. Em um discurso em New Hampshire, Reagan fez menção a uma tentativa de ataque em grande escala aos programas sociais por parte de "trabalhadoras do bem-estar". O republicano utilizou o termo "figura sinistra" para se referir a uma mulher que utilizava oitenta nomes, cinquenta endereços e doze cartões da seguridade social para coletar benefícios de cerca de 150 mil dólares de maridos incapazes que não existiam. A tal "rainha do bem-estar", Linda Taylor, uma mulher que vivia em Chicago, não operou nem de perto na escala mencionada por Ronald Reagan: foi processada por utilizar dois nomes, e não oitenta, coletando cerca de 8 mil dólares, e não 150 mil. Entretanto, a estratégia de associar a imagem de uma mulher negra às fraudes foi bem-sucedida em atrair o apoio do eleitorado branco para uma agenda de desmonte de programas sociais, sob o pretexto de enxugar o Estado.[14]

Outra anedota que o republicano costumava contar era sobre negros e porto-riquenhos que viviam em habitações subsidiadas pelo governo no complexo de Taino Towers, no Harlem, que dispunha de apartamentos espaçosos com academia e piscina, em contraposição aos brancos, que adquiriam seus bens por meio do trabalho duro.[15] Na eleição presidencial de 1980, Ronald Reagan evitou abordar a questão racial, mesmo de maneira implícita. Contudo, a associação entre as experiências das minorias racializadas e o excesso de gastos com programas sociais retornou em 1981, quando ele iniciou o planejamento para encerrar alguns benefícios e reduzir a carga tributária. David Stockman, um dos responsáveis pelos cortes no orçamento do governo, associava com frequência os direitos civis ao inchaço do Estado.[16] As lideranças negras progressistas, incluindo as que compunham a NAACP, questionaram os cortes e apontaram para as consequências negativas da medida sobre a população afro-americana. Discursando para um público de ativistas negros, Reagan reativou a lógica racialista de sua retórica ao dizer que acreditava na igualdade de oportunidades para todos, e que os programas sociais haviam criado uma "nova escravidão negra". Ao aliviar o setor privado com um corte de cerca de 187 bilhões de dólares em impostos, o governo diminuiu suas receitas em meio a uma recessão econômica, levando negros e brancos pobres às filas de sopa pelas cidades do país.

No processo de contenção da capacidade redistributiva do Estado, com a adoção de uma perspectiva moral racializada da representação dos fraudadores negros e dos trabalhadores brancos, criou-se um cenário econômico que aprofundou as desigualdades sociais, apesar de ciclos de crescimento econômico. Entre 1980 e 1984, o número de famílias que entraram na linha de pobreza dobrou; a pobreza entre os brancos cresceu de 10,2% para 12,1% e, entre os negros, de 32,5% para 35,7%. Em 1984, após um ano de crescimento econômico e queda na taxa de desemprego, a taxa de desemprego entre os negros era de 16%, e de 6,4% entre os brancos. O desemprego entre os afro-americanos foi acompanhado pelo desmonte de programas sociais de formação profissionalizante e auxílio financeiro, desarticulando a rede de proteção que, proporcionalmente, era mais acessada pelos negros. Além disso, o governo reduziu os recursos para os programas de educação básica, diminuindo o número de negros secundaristas que acessavam as universidades.[17]

Por outro lado, a administração Reagan começou a investir mais nas forças de segurança, intensificando a repressão ao tráfico de drogas a partir de 1982. Uma das principais consequências desse processo foi o encarceramento em massa de populações negras e latinas. No discurso das autoridades, o objetivo era desarticular as redes internacionais do tráfico, mas o peso da repressão se deu sobre consumidores e pequenos vendedores de comunidades negras e latinas, ainda que as brancas consumissem os entorpecentes em uma proporção maior. Com a transferência das plantas industriais para países com sindicatos menos organizados, várias cidades perderam postos de trabalho, que foram preenchidos, em alguns casos, com as atividades do tráfico de drogas, iniciando uma onda de consumo de crack. Michelle Alexander afirma que a guerra contra as drogas teve popularidade entre os brancos; eram as atitudes raciais, e não os índices de violência, que determinavam o apoio ao endurecimento contra o crime e a assistência social.[18]

O Partido Republicano, porém, mesmo se valendo da questão racial para cortejar de maneira codificada o eleitorado branco, resolveu apostar algumas fichas no eleitorado negro, investindo em intelectuais e políticos negros conservadores durante o auge do reaganismo. De certa forma, o objetivo era convencer os afro-americanos, sobretudo entre as classes populares, de que o acesso aos programas sociais constituía uma espécie de dependência que minava o exercício da individualidade.

A geração de conservadores negros que emergiu na década de 1980, acompanhando o campo mais amplo do conservadorismo, afirmava que o racismo já não era um fator preponderante nas relações sociais, e que o sistema do país era acessível a todos os cidadãos, a despeito da cor da pele. Assim, o intervencionismo do Estado já não fazia mais sentido, sendo necessário que a maioria dos afro-americanos aderisse à ideia de que a iniciativa individual era o caminho para a prosperidade, e não a demanda por políticas públicas em benefício de grupos específicos.

Entre os republicanos, a leitura era de que o ativismo negro estava em crise, por não ter reproduzido linhagens de militantes orientados pelo Movimento pelos Direitos Civis ou pelo Black Power. Havia, portanto, uma lacuna que poderia ser preenchida pelos conservadores. Como observou Sherri Smith, a noção de coletivo sempre foi um problema para os conservadores, porque ignorava a heterogeneidade da comunidade afro-americana, e a ideia de experiências compartilhadas era tratada como uma agressão à humanidade que naturalmente se desdobrava em vitimismo.[19] O cenário que se apresentava no início da década de 1980, portanto, não era, na perspectiva conservadora, de reorganização coletiva da população negra, mas de redirecionamento para uma era de individualismo, que a erosão das ordens sociais segregadas havia tornado possível.

Logo após a vitória de Ronald Reagan, think tanks conservadores como o American Enterprise Institute, o Cato Institute, a Hoover Institution e o Manhattan Institute começaram a construir plataformas para integrar pessoas negras em seus quadros. A ideia era projetar intelectuais negros conservadores e divulgar suas ideias entre os afro-americanos. Ed Meese, da advocacia-geral, se incumbiu de formar uma nova geração de republicanos negros, que seria mobilizada a partir da Conferência de Fairmont, em San Francisco. O evento reuniu cerca de 125 pessoas, alinhando negros conservadores que atuavam isoladamente em diferentes instituições, sobretudo universidades, e figuras associadas ao Black Power entusiasmadas com a ideia de capitalismo negro. Thomas Sowell, na época pesquisador na Universidade Stanford, foi encarregado de coordenar o encontro, que planejava estabelecer uma organização para antagonizar com a NAACP. A iniciativa não foi adiante. Clarence Thomas, um conservador negro que seria indicado para a Suprema Corte pelo presidente George H. W. Bush, afirmou anos depois que a maioria dos participantes estava mais interessada em obter uma indicação do que em fazer articulação política. Outros observaram que os negros conservadores eram individualistas por convicção, o que inviabilizaria qualquer possibilidade de mobilização como a que se observava entre os negros progressistas.[20]

De fato, um número relevante de negros foi indicado para uma série de postos no governo de Reagan, ainda que de segunda classe. Em todo caso, as principais lideranças ideológicas, como Walter Williams e Thomas Sowell, rejeitaram qualquer possibilidade de atuação no Estado. Preferiram demonstrar uma outra perspectiva para os afro-americanos, por meio de publicações, talk shows e palestras. Além de Williams e Sowell, figuras importantes como Glenn Loury, Alan Keyes, Shelby Steele e Armstrong Williams tiveram suas publicações difundidas entre o público conservador e negro, tratando de temas nos campos da filosofia, economia, ciência política e literatura. Contudo, o gênero mais explorado pelos conservadores — não somente negros, mas mulheres, gays e latinos — foi a autobiografia, com narrativas que relatavam os desafios enfrentados e superados por meio de uma rigorosa ética de trabalho e do individualismo. Na maioria das vezes, o recurso autobiográfico foi utilizado para demonstrar as armadilhas das articulações coletivas e a degradação moral associada aos programas sociais.[21]

Thomas Sowell, no entanto, procurou dar um tratamento acadêmico aos temas abordados pelos conservadores. Além da sua vasta obra no campo da economia, enveredou pela sociologia e a ciência política para analisar o significado da raça na sociedade. Em *Ethnic America*, ele retrata um mosaico étnico formado ao longo de uma história de fluxos migratórios, analisando, por meio de uma série de variáveis, o processo de integração social dos grupos de imigrantes. Seu objetivo não é discutir a tradicional relação entre negros e brancos no país, mas ressaltar o caráter inclusivo dos Estados Unidos. O argumento desenvolvido, entretanto, tem implicações quando se leva em consideração a experiência afro-americana. Na obra de Sowell, o racismo vivenciado pelos negros se aproxima de uma variedade de práticas discriminatórias contra grupos étnicos, relativizando o peso da escravidão e da segregação racial. O autor observa que o pós-guerra constituiu um divisor de águas, com o refluxo de atitudes racistas dirigidas a judeus, negros e asiáticos e o início de uma nova onda de integração étnica na sociedade. E expõe a ascensão e a ampliação de uma classe de profissionais qualificados entre a população negra como representantes da capacidade de inclusão dos Estados Unidos.[22]

Embora mergulhando na história étnica do país, Sowell anunciava indiretamente uma nova ordem social para os afro-americanos, marcada pela liberdade individual referenciada sistematicamente nos discursos de Ronald Reagan. O intelectual desempenhou uma função importante na construção de uma narrativa conservadora para os negros no momento em que os republicanos desconstruíam os programas da rede de proteção social e reestruturavam o Estado. No entanto, o discurso dos conservadores não teve o retorno esperado entre a população afro-americana, e o objetivo de ampliar sua base atraindo segmentos desse eleitorado que se considerava moderado ou conservador não foi bem-sucedido. A imagem do partido de Lincoln, ou da liberdade individual, não prevaleceu sobre a representação de um partido que utilizava códigos raciais para galvanizar a base de brancos ressentidos do Sul do país.

Os negros conservadores, nesse sentido, foram mais efetivos na organização do debate racial entre o público branco conservador do que entre os próprios negros. Os republicanos, porém, não desistiram do voto da população afro-americana, e insistiram em estratégias ao longo das décadas de 1980 e 1990 para alcançar esse eleitorado. Em meio a tal esforço, o partido foi construindo o que Angela Dillard chamou de multiculturalismo conservador, um processo no qual os republicanos recrutavam lideranças conservadoras entre latinos, asiáticos, negros, gays e mulheres. O multiculturalismo republicano rendeu a Clarence Thomas a indicação à Suprema Corte, em 1991, e a Colin Powell e Condoleezza Rice a nomeação como Secretários de Estado, na década de 2000.[23] Assim, o Partido Republicano, a partir da sua rede de think tanks, constituiu um quadro de lideranças negras conservadoras — pequeno se comparado ao de lideranças progressistas — que propôs um passo para além dos direitos civis e a adesão à ideologia do *color blindness*, atribuída pelos conservadores à figura de Martin Luther King.

## Ativismo negro na era Reagan

Apesar do alcance limitado dos conservadores sobre o eleitorado negro, a ideologia do *color blindness* foi importante na construção da ideia de uma era pós-racial. O cenário que se constituiu a partir da década de 1970, quando os conservadores começaram a manejar o ressentimento de setores da população branca diante dos avanços do Movimento pelos Direitos Civis, apresentou um horizonte limitado para a atuação das organizações negras. O capital político conquistado ao longo da década de 1960 foi diminuindo com a retirada de apoio de setores progressistas que acreditavam que as formalidades jurídicas que proibiam a segregação já eram suficientes para promover avanços sociais, e com a ofensiva conservadora sobre programas do Estado que possibilitavam a articulação de organizações negras como a Liga Urbana Nacional, que recebia recursos para promover a formação profissionalizante dos afro-americanos. Outras organizações tiveram de se transformar para se adequar aos novos tempos, reorientando suas agendas para a direita. Foi o caso, por exemplo, do Core, que, depois de adotar a desobediência civil como tática antes mesmo de King, e de organizar as comunidades negras na era do Black Power, encampou a ideia de um capitalismo negro como elemento organizador e restaurador da ordem nas comunidades.[24]

Outro aspecto a se ressaltar na retração e transformação da militância de massa foi a intensificação da política eleitoral, articulada inicialmente por lideranças do Black Power a partir da segunda metade da década de 1960, como os Panteras Negras e os candidatos democratas na Califórnia sob o comando de Elaine Brown. Jesse Jackson, conhecido de início como uma das figuras do séquito de Martin Luther King, em sua trajetória política acompanhou essas mudanças no ativismo afro-americano, incorporando a ideia de inclusão das minorias ao capitalismo norte-americano e encarando o ressentimento branco como elemento de orientação das estratégias eleitorais nas primárias democratas.

Ao explorar o voto do eleitorado branco, os conservadores do Partido Republicano definiram os limites do debate racial, determinando também a relação do Partido Democrata com as agendas e lideranças negras. Foi nesse contexto que o ativista Jesse Jackson decidiu disputar a nomeação no Partido Democrata na década de 1980. Após a morte de Martin Luther King, ele conseguiu conquistar seu próprio espaço na Conferência da Liderança Cristã do Sul, articulando agendas econômicas da comunidade negra. Jackson foi o responsável pela organização do programa Cesta de Pão, que abordava empresas que tinham os afro-americanos como grandes consumidores, sobretudo a indústria de alimentos, e promovia a contratação e formação de profissionais, além da incorporação de alguns empreendimentos das comunidades negras. Mais tarde, ele idealizou a operação People United to Save Humanity (Operation Push), com o objetivo de promover o registro de eleitores, a organização econômica das comunidades afro-americanas e a participação de negros nas grandes corporações, fosse como diretores ou como parceiros nas cadeias de produção. Apenas três anos depois, a organização já havia assinado convênios milionários com empresas como General Foods, Avon e Quaker Oats.[25] Em 1974, a comunidade negra de Chicago se transformou na mais rica dos Estados Unidos, a Meca negra dos negócios.

Dez anos mais tarde, Jesse Jackson deixou a organização para concorrer nas primárias democratas presidenciais. A iniciativa foi pioneira, marcando a primeira vez em que um afro-americano participou de primárias em um dos dois maiores partidos dos Estados Unidos. Um dos eventos que colaboraram para a decisão de Jackson foi a eleição para a prefeitura de Chicago de Harold Washington, uma figura desconhecida até mesmo entre a comunidade negra, que pouco a pouco mobilizou o eleitorado afro-americano e transcendeu as barreiras raciais durante a campanha eleitoral. Washington obteve a vitória por uma pequena margem, tendo enfrentado discursos racistas de seus oponentes durante todo o processo. A experiência de Chicago, entretanto, foi uma de várias vitórias de negros em cidades de médio e grande porte ao longo dos anos, entusiasmando eleitores e políticos afro-americanos. A candidatura de Jesse Jackson seguia a tendência entre organizações e lideranças negras de ingressar na política partidária e disputar eleições a fim de impulsionar as agendas desse segmento da população.

Jackson, apesar do entusiasmo da base com a possibilidade de participação nas primárias do Partido Democrata, não obteve o apoio de lideranças e políticos negros.[26] Naquele momento, não se imaginava que ele teria capacidade de articular uma candidatura competitiva, sobretudo para desafiar Walter Mondale, ex-vice presidente durante o mandato de Jimmy Carter. Mondale, frente ao desmonte dos programas sociais empreendido pelo governo de Ronald Reagan, já havia declarado para plateias de lideranças afro-americanas que reverteria as ações do republicano, reforçando o compromisso com os democratas negros. No início, Jackson teve problemas com declarações sobre a comunidade judaica e a proximidade com o líder da Nação do Islã, Louis Farrakhan, que representava o separatismo negro, o que prejudicou seu desempenho nas primeiras etapas do processo. Todavia, ele demonstrou sua força ao mobilizar o eleitorado negro, que tinha uma influência importante no processo democrata. Também revelou capacidade política ao negociar com sírios e cubanos a libertação de cidadãos norte-americanos. Jackson acabou sendo derrotado por Walter Mondale, que disputou a presidência com Ronald Reagan, mas sua campanha foi considerada um movimento inspirador e impulsionou sua participação nas primárias de 1988.

Ainda em 1984 Jesse Jackson iniciara a articulação da Coalizão Arco-Íris, para ampliar a agenda que ele havia construído ao longo dos anos e encampar outras minorias raciais, brancos das classes baixas e as pautas do movimento gay. Seu objetivo era construir uma oposição de esquerda no Partido Democrata, apontando os limites das políticas do governo de Ronald Reagan e se afastando de sua agenda anterior de promoção do capitalismo negro. A intenção de concorrer novamente nas primárias preocupou alguns membros do próprio Partido Democrata, já que não havia naquele momento nenhuma liderança viável para disputar as eleições presidenciais e conter o possível avanço de Jackson nas primárias de 1988. Em seus discursos, o líder negro afirmou que expandiria o Estado de bem-estar social, ampliaria a cobertura de saúde, criaria novos projetos habitacionais e aumentaria benefícios como os cupons de alimentação. O tema que dominou o debate entre os democratas foi o envio das fábricas do país para a América Latina e a Ásia, com ênfase na criação de mecanismos para manter os empregos gerados pela indústria nos Estados Unidos.

Os republicanos, no entanto, deslocaram o eixo político para a direita, levando os democratas a incorporarem gradualmente várias políticas da agenda de Ronald Reagan.[27] Nesse período, algumas figuras moderadas do Partido Democrata, inclusive, começaram a questionar as políticas de ação afirmativa e outras iniciativas com o potencial de beneficiar minorias em detrimento das populações brancas. Esse foi o momento em que as agendas das lideranças negras deixaram de ser tratadas como um avanço da democracia norte-americana. Republicanos e democratas moderados passaram a ver nos ativistas afro-americanos apenas mais um grupo de interesse que disputava os recursos do Estado.

O Comitê Nacional Democrata começou a reformular o discurso do partido para a população branca, criando tensões com os democratas negros. Se Jesse Jackson procurava oferecer uma alternativa à esquerda para uma possível disputa presidencial em 1988 com o candidato republicano, seu oponente democrata, Michael Dukakis, se distanciou desse posicionamento e do público afro-americano, evitando fazer discursos para lideranças negras e aparecer perto de Jackson em fotografias. Dukakis, um progressista de Massachusetts, remodelou seu discurso a fim de atrair o voto de brancos moderados e conservadores, aceitando agendas como a de cortes nos programas sociais, redução de impostos e investimentos nas Forças Armadas. Com o apoio do establishment, venceu as primárias e não apontou para qualquer futura indicação de Jackson ou outra liderança negra em caso de vitória.

## Era de punitivismo democrata

Naquele momento, em que os republicanos definiam os termos para a constituição das políticas econômicas e sociais, o capital político do ativismo negro em âmbito nacional definhava, e os democratas começaram a ignorar o legado construído pelo próprio partido, de apoio às minorias e às classes populares por meio do Estado de bem-estar social. Nesse contexto, George H. W. Bush dava continuidade à estratégia de Reagan, e, antes mesmo da conclusão das primárias democratas, já mobilizava alegorias racializadas de violência para associar aos adversários, explorando o caso de um prisioneiro negro que cometera estupro e tentativa de assassinato após ser liberado da prisão, beneficiado por um programa apoiado por Michael Dukakis quando este era governador.[28] O episódio, aliado à estratégia de veicular imagens de violência cometida por negros, foi importante para minar a liderança de Dukakis durante a campanha presidencial e garantir a terceira vitória seguida do Partido Republicano.

Nas eleições de 1992, os democratas se mobilizaram para evitar uma terceira tentativa de Jesse Jackson. Desta vez, uma ala moderada resolveu liderar o processo e incorporar de vez o discurso recorrente entre os republicanos de responsabilizar os próprios negros pelas desigualdades. Bill Clinton explorou uma declaração dada pela artista e ativista Sister Souljah, que, ao comentar o levante de Los Angeles de 1992, após o júri inocentar os policiais que haviam espancado o operário da construção civil Rodney King, afirmou que não haveria problema em negros matarem brancos, já que estavam habituados e se matar uns aos outros. Clinton estava em um evento com Jesse Jackson e aproveitou o momento para isolar o adversário no partido, por conta de seu suposto perfil "radical". Mais do que atacar Jackson, a estratégia de Clinton era desconstruir a imagem dos democratas como partido das minorias, evitando o debate racial durante a campanha e qualquer tipo de comprometimento com os interesses da população negra. Nesse sentido, o léxico da luta pelos direitos civis associado ao ativismo afro-americano foi sendo removido dos discursos dos candidatos.

Um dos grandes desafios para os democratas era assumir o controle dos símbolos raciais, cortejando o voto dos brancos do Sul e deixando os negros democratas na sala de espera. Nesse sentido, Bill Clinton foi muito mais incisivo na estratégia de superar a narrativa da aliança histórica entre o Partido Democrata e os "interesses das minorias", deslocando-se para a direita. Ele tinha a experiência de Michael Dukakis como uma referência negativa, que revelara a dificuldade do partido para responder às acusações de não ser rigoroso com a criminalidade. Clinton procurou ser ativo no tema e responder a casos como o de Sister Souljah e de criminosos negros, a fim de se afirmar como um candidato implacável contra o crime e distante dos interesses da militância negra.[29] Ao longo de sua trajetória, Clinton recorrera a anedotas sobre sua amizade com negros e a experiência de trabalho com líderes do Movimento pelos Direitos Civis quando jovem, mas, durante o processo de reconstrução de sua imagem nas primárias democratas e na campanha presidencial, manteve silêncio sobre os direitos civis e se apresentou como um novo democrata. Uma de suas promessas mais marcantes foi a de fazer cortes nos programas de bem-estar social, o que é marca registrada da política dos republicanos.[30]

Quando assumiu a presidência, Bill Clinton nomeou vários negros, mas alguns aspectos da nova postura democrata tiveram impacto negativo sobre a população afro-americana. Em 1994, por exemplo, o governo de Clinton articulou a aprovação do "Crime Bill", um projeto de lei para combater a criminalidade. A proposta previa punições mais rigorosas, com prisão perpétua obrigatória para condenados por um terceiro crime grave, investimento nas forças policiais e a constituição de fundos para a construção de prisões. Além dessas medidas, havia pontos associados à reabilitação, que tiveram um espaço reduzido quando o projeto foi aprovado.[31] A Lei de Controle de Crimes Violentos não foi responsável pelo encarceramento em massa, impulsionado por políticas da administração de Ronald Reagan e iniciativas estaduais, mas ajudou a reproduzir o padrão de punição sem o investimento na infraestrutura das comunidades mais pobres como compensação, conforme havia sido proposto pelos democratas negros antes que a lei fosse aprovada.

Enquanto mostrava o quanto os democratas poderiam ser implacáveis em relação aos crimes violentos, Clinton também deu início ao processo de mudanças nas políticas de bem-estar social, dificultando ainda mais o acesso à assistência social nos Estados Unidos. Michelle Alexander, ao analisar as posições do presidente, ponderou que o democrata replicava a postura dos republicanos, que se diziam compromissados com a responsabilidade fiscal mas apenas realocavam os recursos do orçamento, transferindo-os dos programas sociais para a organização das forças de repressão.[32] O punitivismo, somado às mudanças na assistência social, acabou tendo a consequência prática de impedir que ex-condenados tivessem acesso a programas do governo, por exemplo de habitação pública. Embora a intenção não fosse colocar as minorias raciais na cadeia, nem impedir seu acesso aos programas de bem-estar social, todo o processo foi orientado não somente pela necessidade de diminuir a violência ou enxugar as contas do Estado, mas também pela percepção de setores da sociedade branca de que as populações negra e latina deveriam ser enquadradas pelo Estado.

Assim, a nova lei intensificava o encarceramento, que já vinha há anos punindo desproporcionalmente essas minorias e, mais importante, reorganizava o racismo no país.

Ainda que o discurso da era pós-racial se disseminasse entre a sociedade, fundamentado sobretudo no sucesso de parte da classe média negra, as estatísticas e alguns eventos revelavam que as desigualdades e a violência racial se reproduziam sob novos termos. A linguagem tradicional dos supremacistas brancos foi desaparecendo ao longo da era pós-direitos civis, mas as hierarquias raciais e suas dinâmicas foram sustentadas por meio de termos da tradição liberal dos Estados Unidos. As noções de mérito, cidadania e trabalho duro, que apareciam nos discursos de Ronald Reagan, não eram aplicadas para toda a população. As minorias negras e latinas eram tratadas como aquelas que violavam diariamente a ordem, acessando de maneira desproporcional os programas sociais, ingressando em instituições por meio de ações afirmativas ou explodindo em fúrias coletivas contra a pobreza. A inferiorização baseada na diferença biológica era substituída por outra noção, que os apresentava como seres culturalmente desajustados para a democracia.

O ressentimento de segmentos da população branca nos Estados Unidos transmutou o segregacionismo do Jim Crow em práticas sistemáticas de limitação do acesso dos grupos racializados às instituições democráticas e na violenta racialização da guerra contra as drogas. Como demonstra Michelle Alexander, os agentes das forças de repressão policial e da Justiça norte-americana cumpriram um papel primordial na reorganização do racismo. Nesse sentido, a tensa relação entre as comunidades negras e as forças de segurança foram recontextualizadas, continuando a provocar agitações nas áreas ocupadas por negros, como na década de 1960.[33]

Em 1992, por exemplo, os Estados Unidos passaram por um dos maiores distúrbios raciais na era pós-direitos civis, quando negros, latinos e outras minorias tomaram as ruas de Los Angeles em uma explosão de fúria depois que policiais que haviam espancado um homem negro foram inocentados por um júri. Rodney King dirigia em alta velocidade e foi perseguido por uma viatura da polícia. Depois de ser capturado, foi espancado por dois policiais brancos e um latino. O registro da violência em vídeo, algo incomum na época, causou grande comoção entre a comunidade negra de Los Angeles, suscitando um amplo debate sobre a problemática relação das forças de segurança com as minorias raciais.

Cerca de quatro horas após o desfecho do julgamento, com resultado favorável aos policiais, uma onda de saques tomou a cidade. Durante seis dias, o levante, que envolveu um grau de violência muito maior que os da década de 1960, teve como resultado 63 mortes, 2383 feridos, 3,6 mil casos de incêndio e 4 mil negócios destruídos. O governo do estado foi obrigado a recorrer à Guarda Nacional e às Forças Armadas a fim de conter os saques. Outros distúrbios, de dimensão menor, irromperam em cidades como San Francisco, Las Vegas, Seattle, Atlanta e Nova York.

Entre os acadêmicos que se dedicaram a entender a explosão de indignação racial em Los Angeles, havia o consenso de que não era apenas uma reação ao julgamento dos policiais, mas um grito de indignação diante de anos de omissão das autoridades com as condições das populações negras e latinas.[34] Segundo Michael Omi e Howard Winant, as agressões sistemáticas contra as minorias raciais foram acompanhadas de desigualdade na distribuição de renda, declínio do poder de compra dos salários, deslocamento de plantas industriais para outros estados e países, e diminuição de recursos públicos para a educação. Nesse sentido, o caos de Los Angeles foi uma manifestação contra a crise dos grandes centros urbanos entre as décadas de 1980 e 1990.[35]

O levante também revelou uma dinâmica muito mais complexa das relações raciais do que a tradicional tensão entre negros e brancos. Apesar da indignação da comunidade negra com o espancamento de Rodney King e com o resultado do julgamento, pouco mais da metade dos participantes dos distúrbios eram latinos — grande parte deles, imigrantes ilegais oriundos da América Central. Durante os enfrentamentos e saques, os agentes da polícia privilegiaram o ataque aos latinos ilegais, mais vulneráveis. Além disso, os principais alvos de negros e latinos foram os comércios administrados por coreanos, que tinham a péssima fama de explorar seus funcionários e maltratar os clientes. Num caso extremo, em 1991 Soon Ja Du, uma senhora que trabalhava em uma loja da família, iniciou um enfrentamento físico com Latasha Harlins, uma garota negra de quinze anos que ela acreditava ter roubado uma garrafa de suco de laranja. O desentendimento terminou com a coreana disparando uma arma de fogo, que atingiu a jovem nas costas, de forma fatal. As câmeras de vídeo mostraram que Harlins tinha a intenção de pagar pelo suco, mas fora abordada de maneira inadequada por Soon Ja Du, que foi condenada à prisão e teve a pena convertida em trabalho comunitário.[36]

O levante de Los Angeles já revelava a insatisfação das populações negras e outras minorias raciais com o desmonte neoliberal arquitetado por Ronald Reagan e reproduzido por administrações posteriores. No entanto, republicanos e democratas, em sua disputa pelo eleitorado branco, continuaram a sustentar discursos de uma era pós-racial, ignorando as transformações do racismo nos Estados Unidos.

À medida que a desigualdade aumentava, eventos marcantes revelavam diferentes dimensões das hierarquias raciais que se reconstituíam na era pós-direitos civis. Em 2005, por exemplo, o rompimento de um dique em New Orleans, causado pelo furacão Katrina, provocou a inundação de casas e isolou habitantes, destruindo quarteirões inteiros e deixando cerca de 1800 mortos em uma cidade com cerca de 70% de predominância negra. A falta de coordenação da Agência Federal de Gestão de Emergências transformou o caos em New Orleans em uma crise humanitária, evidenciando as condições precárias de grande parte da população afro-americana.

Lideranças negras locais apontaram as inúmeras omissões das autoridades, que não haviam se preparado para iniciar os procedimentos de evacuação, obrigando os próprios residentes a improvisarem estratégias para deslocar crianças e idosos das aéreas atingidas para espaços mais adequados. Logo começaram a circular, na imprensa, imagens de corpos boiando e de famílias negras que haviam perdido quase todos os seus pertences. A cidade que representava o berço da música afro-americana se transformara no espaço de mais uma tragédia das relações raciais nos Estados Unidos. O debate sobre o impacto do furacão Katrina abordou não apenas os erros do governo George W. Bush, mas, a partir de uma série de imagens de pessoas desabrigadas em um ginásio esportivo, um grau de pobreza fora dos padrões do imaginário do "sonho americano" — e que tinha uma origem nos cruzamentos entre as dinâmicas de classe e de raça.

Ainda que famílias brancas também tivessem sido vítimas do furacão, as áreas de concentração negra na cidade atingidas pelo Katrina tinham um longo histórico de segregação racial, deslocamento branco para os subúrbios e precarização da infraestrutura. New Orleans foi uma das primeiras cidades a iniciar a integração racial nas escolas, o que motivou a fuga das populações brancas para outros espaços. O reordenamento racial do espaço também reorientou a alocação de recursos, colaborando para a redefinição da segregação na era pós-direitos civis. Em 2004, um terço da população negra de New Orleans tinha renda anual abaixo da linha de pobreza, em um contexto de tendência de queda da renda para todos os negros da cidade.[37] O estado da Louisiana, ao contrário de outros, tinha uma economia baseada em atividades menos complexas e um mercado de trabalho limitado para a mão de obra qualificada. Nesse sentido, a situação dos negros de New Orleans evidenciava de maneira mais grave as desigualdades raciais.

O drama dos moradores, contudo, não ficou restrito à devastação provocada pelo furacão. Como observa Manning Marable, a destruição de milhares de residências e comércios e a realocação de moradores foram tratadas como uma oportunidade de ouro por construtoras e parte da elite conservadora, que desejavam remodelar a cidade.[38] Antes mesmo que se resolvesse o problema das enchentes, corporações ligadas ao governo de George W. Bush já fechavam contratos multimilionários para a reconstrução das áreas afetadas, sem qualquer concorrência. Os moradores apontavam para a possibilidade de gentrificação de espaços ocupados tradicionalmente por negros, que poderiam se transformar em zonas de maioria branca. Esse processo era interessante para os republicanos, que poderiam construir artificialmente, através da especulação mobiliária, distritos habitados por uma população conservadora: com o expurgo dos negros para cidades e regiões vizinhas a New Orleans, o domínio dos democratas sobre o Executivo e o Legislativo da cidade se deslocaria para os republicanos.

O caso Rodney King e o furacão Katrina demonstraram, de maneira dramática, a complexidade do racismo em uma sociedade que acreditava ter incorporado o antirracismo como um valor primordial de sua democracia. A violência da polícia, o encarceramento em massa, a guerra contra as drogas, a desindustrialização, a especulação imobiliária e o desmonte da rede de proteção social foram fenômenos que, articulados, aprofundaram as desigualdades raciais ao longo dos anos. Esses fenômenos, entretanto, foram tratados como racialmente neutros, comprometendo a compreensão do novo racismo nos Estados Unidos.

## Fim do sonho pós-racial

Um jovem senador negro que havia iniciado sua carreira política na cidade de Chicago foi o protagonista de um evento político ímpar, que acabou por intensificar a disseminação de narrativas que sustentavam a ideia de uma ordem — ou utopia — pós-racial nos Estados Unidos. Ele atraiu a atenção do público em 2004, na Convenção Democrata que confirmou a candidatura de John Kerry para a eleição presidencial daquele ano. Barack Obama, um nome que causava estranheza aos eleitores, entusiasmou o público com um discurso sobre a necessidade de reforçar a união entre os cidadãos norte-americanos.

A convenção projetou Obama nacionalmente e o credenciou como presidenciável para as primárias seguintes, mesmo que ele não tivesse a experiência de colegas como Hillary Clinton e Joe Biden. O jovem político demonstrou grande habilidade ao mobilizar o imaginário pós-racial no país e se colocar como o único democrata capaz de promover mudanças. Obama flertava com a ideia de transcendência racial através da proposição de um pacto multicultural para os Estados Unidos.[39]

Em 2008, antes mesmo da eleição de Obama, o ator Dennis Haysbert declarava ter um papel importante na ascensão de um candidato negro pelo Partido Democrata. Ele acreditava que, ao atuar como presidente dos Estados Unidos no seriado de TV *24 Horas*, havia naturalizado entre o público a possibilidade de o país ser liderado por um negro. O retrato de um presidente negro era comum nas produções de cinema e TV, porém as mais marcantes apresentavam um aspecto caricatural em trabalhos de comediantes negros como Chris Rock e Dave Chappelle.[40] Segundo Evan Katz, produtor do seriado, uma das intenções na construção de David Palmer, o presidente negro encenado por Haysbert, era "transcender a questão da raça; ninguém estava pensando em Barack Obama".[41] Enquanto uma representação da era pós-racial, o personagem fora concebido a partir da noção de respeitabilidade, normalmente atribuída a negros pioneiros em diferentes campos profissionais, revelando uma masculinidade negra alternativa não associada à representação dos negros da cultura hip-hop.

Barack Obama revelava uma tendência forte entre os políticos afro-americanos, sobretudo do Partido Democrata. A partir da década de 1970, os negros que concorreram de maneira competitiva para prefeituras e governos estaduais raramente encampavam agendas específicas para minorias raciais, tendendo a mobilizar uma base ampla formada por maioria branca. Nesse sentido, a participação de Jesse Jackson em duas primárias na década de 1980, combinando agendas de minorias e das classes populares, foi uma exceção. Thomas Bradley, candidato à prefeitura de Los Angeles, em 1973, e Wilson Goode, à da Filadélfia, em 1983, foram eleitos com o apoio de eleitores brancos, depois de reduzirem o espaço para as demandas étnicas. A partir da década de 1990, uma geração de políticos negros assumiu a "neutralidade racial", alcançando, em 2008, a percentagem de 30% de candidatos eleitos a partir de uma base de maioria branca.[42]

As equipes desses políticos acreditavam que a grande maioria dos eleitores brancos jamais votaria em um candidato negro, mas votaria em um candidato altamente qualificado que fosse "acidentalmente negro". O cientista político Robert C. Smith, que estudou a incorporação dos negros aos quadros de republicanos e democratas, aponta para uma correlação entre a ascensão de políticos negros nos dois partidos e o recuo da militância negra ao longo da era pós-direitos civis. À medida que passavam a ocupar cargos-chave no sistema político, fossem eletivos ou comissionados, os negros se acomodavam aos procedimentos institucionais e perdiam a capacidade de implementar propostas mais contundentes para atender às necessidades de seu grupo racial. Smith cita exemplos de negros entre os republicanos que apoiaram o desmonte das ações afirmativas e entre os democratas que apoiaram o desmantelamento das redes de proteção social e a aprovação de leis punitivistas. Para ele, a geração que passou a operar no sistema, sobretudo com o discurso de neutralidade racial, assumiu uma identidade partidária, enfraquecendo os laços com os atores políticos que tradicionalmente organizavam as comunidades negras.[43]

Assim, Barack Obama não inaugurou o discurso da neutralidade racial, mas o reorganizou de maneira mais sofisticada, combinando universalidade e diversidade para contemplar um eleitorado abrangente que a disputa presidencial requeria. Ele foi calibrando sua narrativa de celebração multicultural sem construir compromissos étnicos. O conceito de multiculturalismo surgiu na década de 1960 como reconhecimento da pluralidade cultural das sociedades ocidentais. O desafio era pensar a sociedade norte-americana como uma comunidade política que combinava os tradicionais direitos individuais do liberalismo clássico com o reconhecimento de demandas coletivas simbólicas e materiais de minorias que emergira na década de 1960. Embora algumas políticas tenham sido implementadas para promover a inclusão de minorias em instituições como universidades e empresas, autores como Nancy Fraser questionam o multiculturalismo de republicanos e democratas, que dissociaram, ao longo dos anos, o reconhecimento simbólico das políticas de redistribuição. Nesse sentido, Obama representaria um multiculturalismo que demonstrava força para reimaginar a pluralidade cultural dos Estados Unidos sem necessariamente impulsionar o combate às desigualdades sociais.[44]

Assim, diferentemente de Jesse Jackson, Barack Obama não concorreu à presidência como um homem negro, mas como uma liderança capaz de superar os interesses de classe, raça e fronteiras culturais. Sua experiência como organizador comunitário em Chicago o levou a cultivar relações com brancos, judeus, latinos, povos do Oriente Médio, conservadores e negros, possibilitando a construção de uma linguagem adequada para organizar sua visão multicultural. Em seu discurso de 2004, ele potencializou a imagem de político conciliador, fazendo referência à sua própria trajetória como filho de pai africano e mãe branca de classe média baixa em um contexto de busca incessante pelo "sonho americano". Obama reelaborou as narrativas da mitologia norte-americana e incorporou simbolicamente novos sujeitos, como negros, latinos, asiáticos e imigrantes:

> Meus pais compartilharam não somente um amor improvável, mas também a fé em todas as possibilidades que esta nação poderia oferecer. Eles me deram um nome africano, Barack, o "abençoado", acreditando que, em um país tolerante, meu nome não constituiria um empecilho para o sucesso. Eles me imaginaram frequentando as melhores escolas desta nação, mesmo que não fossem ricos, porque neste país generoso não é preciso ser rico para atingir todo o seu potencial. Eles já morreram. Mas eu sei que, esta noite, estão me observando lá de cima com grande orgulho. Hoje, estou aqui para demonstrar minha gratidão pela diversidade das minhas origens, consciente de que os sonhos dos meus pais se manifestam nas minhas preciosas filhas. Hoje, tenho noção de que minha história faz parte da história dos Estados Unidos, e que tenho uma dívida com todos aqui presentes, pois minha trajetória não seria possível em outro país. Esta noite, estamos juntos para afirmar a grandeza desta nação, não para celebrar a altura de nossos arranha-céus, nosso poder militar ou o tamanho de nossa economia. Nosso

orgulho se fundamenta em uma simples promessa, resumida em uma declaração feita duzentos anos atrás: "Consideramos estas verdades como autoevidentes, que todos os homens são criados iguais".[45]

A opção pela neutralidade racial não era apenas uma estratégia política ou fruto da imersão em uma determinada cultura política, mas sim o modo como o próprio Barack Obama foi constituindo sua identidade negra. Durante a infância, ele teve pouco contato com pai queniano, e foi criado por uma família branca na qual a questão racial era raramente debatida. Ao contrário de outros políticos negros de sua geração, Obama não havia sido educado em instituições negras e não tinha familiaridade com vários elementos da cultura afro-americana. O processo de construção de sua identidade foi tardio, o que contribuiu para a constituição de sua linguagem desracializada e de um perfil singular de negritude que, aos olhos do público, demonstrava seu potencial para transcender a questão da raça.[46]

Obama passou pelas primárias democratas e foi eleito presidente dos Estados Unidos transmitindo a mensagem de esperança e mudança, propondo estratégias para a retirada das tropas no Oriente Médio e para a criação de empregos após a quebradeira do mercado financeiro em 2008. Entretanto, seu apelo pela união da nação e a intenção de promover o bipartidarismo não foram suficientes para aliviar as tensões raciais. Ainda nas primárias, em 2008, ele tentou se esquivar do debate racial, mas foi obrigado a abordar o tema quando uma edição com sermões do pastor da igreja que frequentava foi divulgada pela rede de televisão ABC. Jeremiah Wright fazia uma série de denúncias contra a política externa dos Estados Unidos e a supremacia branca no país. Como resposta, Obama repreendeu o tom do pastor, mas não se eximiu de apontar os antagonismos de classe e raça no país, esfriando um pouco a euforia pós-racial.

Já presidente, Obama foi obrigado a tratar da questão racial pela primeira vez depois que o intelectual negro Henry Louis Gates Jr. foi detido por um policial no momento em que tentava entrar em sua própria casa, em um bairro nobre de Cambridge, Massachusetts. A denúncia veio de um vizinho, que o confundiu com um ladrão. Após um desentendimento entre o professor de Harvard e o policial James Crowley, o caso ganhou espaço na imprensa, provocando um amplo debate sobre estereótipos raciais e o comportamento da polícia. Em sua autobiografia, Obama afirmou não ter considerado o evento um resultado de práticas racistas do cotidiano, mas uma sequência de mal-entendidos.[47] A maneira mais adequada de dar um desfecho ao incidente sem violar sua suposta neutralidade foi promover um novo encontro entre Gates e Crowley com ares de informalidade na Casa Branca, selando uma conciliação com conversa e cerveja.

Barack Obama não propôs nenhuma política pública específica para os afro-americanos, embora apostasse que alguns programas de investimentos e iniciativas, como os subsídios para acessar seguros de saúde pelo Obamacare, pudessem ter um impacto importante. Seu antirracismo foi manifestado de maneira performática com a celebração de eventos em homenagem ao Movimento pelos Direitos Civis, que coincidentemente chegava aos cinquenta anos durante sua administração. Em 2013, por exemplo, Obama comemorou os cinquenta anos do discurso mais importante de Martin Luther King, aquele feito em Washington e popularizado com a expressão "Eu tenho um sonho". O presidente enfatizou o progresso alcançado nas relações raciais desde a aprovação de leis na década de 1960, mas também ressaltou o longo caminho que ainda precisava ser percorrido. Já em 2015, ao lado de figuras históricas do ativismo afro-americano, Obama refez parte do percurso da marcha de Selma e falou sobre a importância do evento para a aprovação da Lei do Direito ao Voto, em 1965.

Em seus discursos sobre a questão racial, Obama nunca deixou de reconhecer que, do ponto de vista histórico, o antirracismo deveria avançar em várias frentes a fim de promover a igualdade de oportunidades, mas jamais operou com a percepção de que o racismo no país havia passado por um processo de reorganização. Assim, enquanto segmentos progressistas da sociedade vislumbravam uma redenção pós-racial ou a possibilidade de avanços consideráveis a partir da liderança de um presidente negro, a crise econômica, associada a fatores já enumerados, projetou novos atores e velhos conhecidos que reavivaram os conflitos raciais nos Estados Unidos. O governo de Barack Obama, depois de uma breve euforia no tocante às dinâmicas raciais, não iniciou sequer uma caminhada lenta e gradual para a utopia pós-racial, alimentando ressentimentos que reenergizariam as lideranças e organizações supremacistas. Por outro lado, a geração de millennials revelava as primeiras frustrações com a falta de contundência do presidente, intensificando a formação de uma nova cultura política no ativismo afro-americano.

A oposição a Obama, em um primeiro momento, não revelaria sua face racista, organizando sua agenda em torno de um ativismo popular e libertário que repudiava o socorro do governo às instituições do mercado financeiro envolvidas nas ações que levaram o país a afundar durante a crise de 2008. O Tea Party, articulado no primeiro ano da administração Obama, foi idealizado por conservadores que atuavam nas redes sociais e programaram os primeiros protestos contra o governo em um momento no qual o presidente ainda gozava de certa popularidade. Esses protestos iniciais surgiram em resposta à indignação do jornalista Rick Santelli, do canal de televisão CNBC, que propôs a organização do Chicago Tea Party — fazendo referência à Festa do Chá de Boston, uma ação de colonos norte-americanos contra o governo britânico em 1773 — para condenar o plano de recuperação econômica de Obama. Aproveitando a insatisfação de segmentos da sociedade, radialistas e blogueiros conservadores começaram a divulgar protestos que foram rapidamente encampados pela rede de TV Fox News. Em um curto período, o Tea Party se transformou em um movimento descentralizado com várias unidades locais que levavam milhares de pessoas às ruas.[48]

Em setembro de 2009, cerca de 70 mil pessoas tomaram as ruas de Washington para exigir o retorno do sistema político a um estágio inicial imaginário e essencializado, com Estado mínimo, impostos baixos e liberdade religiosa. A percepção entre os que participavam do protesto era de que o país estava fora dos eixos e precisava se reconectar com suas origens para superar a crise econômica. As pesquisadoras Theda Skocpol e Vanessa Williamson enfatizaram o caráter popular do movimento, mas não deixaram de observar que o Tea Party não era simplesmente uma "rebelião" de cidadãos ordinários, e que havia a influência de think tanks financiados por multimilionários que aproveitaram a oportunidade de empurrar a agenda do "mercado livre" e da redução de impostos para as grandes corporações e as classes mais abastadas. Entre os financiadores de algumas ações estavam bilionários conservadores como os irmãos Koch, que despejavam dinheiro em campanhas de políticos republicanos alinhados com a agenda de corte de impostos e desarticulação dos sindicatos.[49]

No entanto, a questão racial não tardaria a se manifestar. Em entrevistas concedidas a Skocpol e Williamson, os manifestantes, majoritariamente brancos, e sobretudo das classes trabalhadoras, deixavam transparecer o incômodo com "certas pessoas" que acessavam os programas sociais do governo. Os estereótipos presentes nas falas faziam referência a negros, latinos e imigrantes ilegais que se transformavam em um peso para o orçamento do Estado. O tradicional discurso da falta de uma ética de trabalho entre os membros das minorias raciais e o hábito de se acomodarem com as regalias proporcionadas pelo governo era frequente, e os apoiadores do Tea Party demonstravam uma tendência maior em relação aos conservadores de acreditar que o problema das populações não brancas era a falta de empenho, e não as práticas sistemáticas do racismo institucional. Assim, o antagonismo racial se manifestava em uma linguagem desracializada e codificada que explicava o fracasso das minorias pelo argumento de assimilação insuficiente dos valores americanos.

As lideranças do Tea Party tinham plena consciência da dimensão racial que mobilizava os manifestantes, mas não eram capazes de impedir a racialização da agenda. Em um curto período de tempo, surgiram os cartazes com imagens de Barack Obama contextualizadas em discursos de "racismo reverso" e "escravidão branca".[50] Na maior parte das vezes, o presidente não era hostilizado apenas pelo sentimento de negrofobia, mas também pela islamofobia da Guerra contra o Terror, que, naquele momento, já galvanizava os supremacistas brancos. Obama foi acusado de ocupar a Casa Branca ilegalmente por ser muçulmano e de não ter nascido nos Estados Unidos, ampliando a circulação de teorias da conspiração e a cultura da paranoia. Uma corrente do movimento, liderada por Donald Trump, começou a exigir que o presidente apresentasse sua certidão de nascimento, e, quando foi comprovada a cidadania norte-americana, apelaram para o argumento de fraude. Assim, o movimento Tea Party, que procurava enquadrar os esbanjadores dos cofres públicos, se transformou em porta de entrada de supremacistas que pediam o retorno de Barack Obama para o Quênia e não se envergonhavam em ostentar imagens que o comparavam a um macaco.[51]

A mensagem implícita inicial, que foi se tornando clara, era que o presidente negro não seria capaz de contemplar a necessidade da população branca dos Estados Unidos. Entre eventos e discursos relacionados ao movimento Tea Party se constituía o imaginário em torno do declínio da "América branca" diante de um chefe de Estado que representava um multiculturalismo inclusivo. Joseph Lowndes, ao traçar um paralelo entre a ascensão do ressentimento branco na década de 1960 e o Tea Party, observou que, na primeira experiência, na perspectiva de segmentos da população branca havia uma pressão que vinha das duas pontas: a do ativismo afro-americano e a de uma elite progressista. No contexto dos primeiros quatro anos da presidência de Barack Obama, já não havia um movimento negro dinâmico como o de décadas passadas, e o ressentimento fora canalizado para o Estado.[52] Para Omi e Winant, a política anti-Estado do Tea Party apela aos brancos que se beneficiaram historicamente dos programas do New Deal e se assumiam como os "verdadeiros americanos" diante da ameaça de pobres "de cor" indignos da cidadania de primeira classe que cresciam demograficamente e procuravam ter acesso às políticas públicas.[53]

As dinâmicas de imigração da América Latina e da Ásia têm impactado o perfil sociocultural dos norte-americanos, gerando projeções que apontam para a formação de uma sociedade majoritariamente não branca. A agência responsável pelo censo demográfico no país processou dados parciais de 2020 e demonstrou que, pela primeira vez em uma década, a população branca deixou de crescer. Em 2019, a população menor de dezesseis anos já era majoritariamente não branca, em uma sociedade na qual cerca de quatro pessoas em dez não se enquadram na categoria branco. O declínio demográfico da população branca é modesto, mas, em uma conjuntura de crise econômica e rearticulação de grupos supremacistas, serve como argumento para acirrar os antagonismos raciais.[54] O pesquisador Justin Gest, por exemplo, observa entre os brancos da classe trabalhadora — com o processo de crescimento da desigualdade social e a desarticulação do operariado como desdobramentos da desindustrialização em algumas regiões nos Estados Unidos — a tendência de se considerarem uma "nova minoria" marginalizada em uma sociedade multicultural.[55]

Nas eleições presidenciais de 2008, os republicanos já flertavam com a ideia de uma "América" hostil à população branca. A linguagem que galvanizou a branquitude não partiu da figura moderada de John McCain, mas de Sarah Palin, vice na chapa, que assumiu o papel de mãe branca da classe trabalhadora disposta a enfrentar a plutocracia de Washington. Desde então, os republicanos foram organizando narrativas que combinavam a etiqueta pós-racial com expressões racistas episódicas e dramatizavam a condição do branco em um cenário de crise do "sonho americano". O governo Obama, em seus oito anos, acompanhou a articulação política de grupos em torno da responsabilidade fiscal que se transformaram em expressões do sentimento étnico da população branca. Em 2016, o palco estava pronto para a emergência da Alt-Right, uma direita alternativa que acusava os conservadores tradicionais de não travarem as guerras culturais com a esquerda e que entendia que confrontar as agendas LGBTQIAPN+, feminista, pró-imigração e antirracista era uma etapa fundamental para restaurar a normalidade no país. As redes sociais, que impulsionaram a eleição de Obama em 2008, foram utilizadas pela equipe do republicano Donald Trump na campanha de 2016 como plataformas para a proliferação de fake news, reforçando as narrativas de decadência da população branca e, consequentemente, dos Estados Unidos.[56]

Paralelamente ao processo de reordenação da direita e de mobilização de organizações supremacistas, surgia no campo da esquerda um outro enquadramento para a crise de 2008 e o aprofundamento das desigualdades sociais. A interpretação não era baseada no drama do declínio demográfico e econômico da população branca, mas no enfrentamento entre o

1% mais rico, que influenciava a política econômica com programas de resgate de empresas e obstruía políticas de combate à desigualdade, e os demais 99%, que não conseguiam transformar a superioridade numérica em políticas voltadas para as classes médias e a classe trabalhadora. Em 2011, o Occupy Wall Street, acompanhando a Primavera Árabe, o Movimento dos Indignados na Espanha e a crise do débito universitário no Reino Unido, canalizou a insatisfação com uma narrativa de injustiça econômica, combinando táticas de desobediência civil e democracia deliberativa radical para protestar contra a falta de controle sobre o rentismo e as medidas de austeridade. Os manifestantes ocuparam o distrito financeiro e outros espaços públicos da cidade de Nova York, mas logo o movimento se espalhou pelo país e ganhou também versões europeias.

As ocupações, que se iniciaram em setembro, foram removidas dois meses depois, o que levou os ativistas a rever as estratégias para manter as iniciativas de grupos que tinham como referência a agenda do Occupy Wall Street. As assembleias em espaços públicos não se mantiveram por muito tempo, mas deixaram um legado, com a formação de ativistas pelo território que reorganizariam o campo da esquerda operando com diferentes agendas. A historiadora Barbara Ransby aponta para uma conexão entre o movimento e a ascensão de uma nova agenda do ativismo negro nos Estados Unidos, que, embora não tenha enfatizado o papel da supremacia racial, contou com uma base de jovens latinos e negros que mais tarde participariam de outras organizações.[57] Já Keeanga-Yamahtta Taylor observa que os debates que criticavam as grandes corporações do capitalismo norte-americano foram importantes para a militância negra, que reelaborou uma interpretação sobre a situação dos afro-americanos conectando as dinâmicas raciais às assimetrias do capitalismo.[58]

Esse é um processo importante, porque os levantes organizados pelo movimento Black Lives Matter (ou BLM) a partir de 2013 não foram obviamente uma ação espontânea das comunidades negras pelos Estados Unidos, mas a rearticulação das organizações negras em um momento de polarização e antagonismos políticos. Ransby fala de uma "ampla constelação" de organizações que, no processo de construção da agenda do Black Lives Matter, reuniram diferentes experiências políticas que já vinham sendo articuladas há anos. Existe, portanto, uma genealogia que envolve organizações como o Black Aids Institute, criado para promover o acesso ao tratamento adequado do HIV. Outros grupos importantes foram o Black Radical Congress, criado em 1998 para rearticular o repertório radical do ativismo afro-americano, e o Critical Resistence, que construiu um movimento contra a violência de Estado e o complexo prisional, organizando dados e teorias sobre a relação entre raça e encarceramento em massa. Essas redes do ativismo foram responsáveis pela formação de militantes negros que reorganizariam as narrativas sobre o racismo sob o governo de um presidente negro.[59]

Em 2012, o assassinato do jovem negro Trayvon Martin pelo morador de um condomínio fechado na Flórida e a posterior absolvição do assassino, integrante da patrulha informal da vizinhança, impulsionaram um movimento provocado pela indignação, mas que ganhou projeção devido ao empenho de ativistas nas comunidades negras dos Estados Unidos. O grupo Malcolm X Grassroots Movement, por exemplo, divulgou um relatório consistente afirmando que um negro era morto pela polícia ou por seguranças privados a cada 28 horas. As primeiras movimentações em torno do caso contaram com organizações lideradas por feministas negras como o Dream Defenders, que ampliaram o alcance da denúncia do caso de Martin e já vinham promovendo o debate sobre o encarceramento de jovens negros na Flórida por meio da organização de programas para estudantes do ensino médio. Iniciativas similares foram desenvolvidas em outros estados, à medida que outros assassinatos perpetrados pelas forças policiais eram denunciados.[60]

A absolvição do assassino de Martin levou a ativista Alicia Garza a postar nas redes sociais a hashtag #blacklivesmatter, que viralizou e acabou dando nome à série de mobilizações políticas contra a violência policial. Garza, junto com Patrisse Cullors e Opal Tometi, fundou a organização Black Lives Matter, e outras foram articuladas em reação ao caso Trayvon Martin. O Black Youth Project 100, em Chicago, incorporou o espírito das iniciativas sob o guarda-chuva da rede de organizações que formariam o Black Lives Matter, anunciando a estratégia de atuar fora dos canais institucionais e de não estabelecer relações automáticas com as lideranças negras tradicionais. Charlene Carruthers, principal liderança do grupo e eleitora de Obama para o Senado e para a presidência, revelou sua frustração com o presidente e com o sistema político, enfatizando que a transformação não viria através de um simples indivíduo ou da classe política, mas de uma ampla mobilização.[61]

Keeanga-Yamahtta Taylor observa que o grande catalisador do movimento foi o assassinato de Michael Brown em

Ferguson, no estado do Missouri, em agosto de 2014. Brown, que tinha dezoito anos, teria roubado cigarrilhas em uma loja de conveniência e foi abordado pelo policial Darren Wilson. A abordagem terminou no assassinato do jovem, após o disparo de doze tiros. Wilson alegou ter sido atacado pelo jovem, mas Dorian Johnson, que acompanhava Brown, disse que o policial disparou a arma após a rendição de ambos. O local onde Michael Brown foi assassinado se transformou em memorial logo após seu corpo ser removido, mas policiais o destruíram. Horas depois se organizava um levante, reprimido por uma força policial majoritariamente branca que exibia no uniforme os dizeres "Eu sou Darren Wilson". Ao longo da semana, as tensões entre os policiais e a comunidade negra foram se intensificando, resultando em mais de uma centena de prisões. Durante o confronto entre cidadãos e as forças de segurança, foi revelado um esquema de corrupção pelo qual os policiais multavam negros deliberadamente a fim de manter o financiamento da cidade.[62]

Na época em que Michael Brown foi assassinado, casos semelhantes ocorreram em outras cidades, como o de Eric Garner, sufocado por um policial em Nova York, e o de John Crawford, alvejado pela polícia em um supermercado de Beavercreek, no estado de Ohio, por estar segurando uma arma de brinquedo enquanto conversava no celular. Em meio a esse contexto de conflitos, a militância negra que se articulava em torno do Black Lives Matter programou uma série de atividades em Ferguson, que aproximaram a comunidade negra do ativismo. O principal objetivo era pressionar as autoridades para que Darren Wilson fosse indiciado, acentuando ainda mais o enfrentamento com os policiais no dia a dia. À medida que a militância organizava piquetes e bloqueava as ruas, os policiais reagiam de maneira cada vez mais violenta.

A Justiça, no final de 2014, decidiu não indiciar Wilson, reforçando o sentimento de frustração entre os ativistas e provocando reações mais violentas entre manifestantes em diferentes partes dos Estados Unidos. As articulações estabelecidas para enfrentar a violência policial, no entanto, não se desfizeram, contribuindo para renovar a militância. Durante as atividades do Black Lives Matter em Ferguson, os ativistas mais jovens entraram em rota de colisão com os mais experientes. Al Sharpton, naquele momento a principal liderança afro-americana do país, foi alvo da insatisfação da militância do Black Lives Matter ao tentar conduzir as manifestações na cidade. Utilizando seu capital político construído ao longo dos anos, o reverendo, assim que chegou a Ferguson, assumiu o papel de moderador entre ativistas e autoridades, preocupando-se mais em controlar a fúria dos jovens negros do que em responsabilizar as forças policiais pelas tensões ocorridas desde o assassinato de Brown. Keeanga-Yamahtta Taylor observa que Al Sharpton procurou seguir a linha de orientação do governo federal, com um discurso que tentava evitar que Ferguson se transformasse em um campo de guerra.[63]

Além dele, Jesse Jackson também foi criticado por não adotar uma postura mais assertiva diante da sequência de atos violentos contra cidadãos afro-americanos. Os levantes de jovens negros, embalados pelo Black Lives Matter, expuseram uma tensão geracional no ativismo negro no país. A era pós-direitos civis foi marcada pela diminuição da capacidade de mobilização da militância negra, e organizações como a NAACP e a Liga Urbana Nacional, que sobreviveram à ofensiva empreendida pelo FBI na década de 1970, passaram a "administrar" os conflitos de raça e a produzir relatórios sobre as desigualdades raciais nos grandes centros urbanos do país. Dentro dessa lógica, as lideranças afro-americanas tenderam a tratar os casos de racismo de repercussão nacional como eventos isolados, em contraste com a onda gerada pela experiência de Ferguson, que estimulou a mobilização de jovens negros por todo o território nacional e identificou os episódios de violência dos agentes do Estado como práticas de um racismo sistêmico. A tendência da "velha guarda" à contenção da fúria e da indignação foi desafiada pelo ímpeto das agendas mais radicais em propagar as táticas das organizações políticas sob o guarda-chuva do Black Lives Matter.

Barbara Ransby chama a atenção para o fato de que as tensões geracionais eram marcadas também por uma política de respeitabilidade que historicamente atravessou o ativismo afro-americano, marginalizando e isolando segmentos das comunidades que não seguiam os referenciais da classe média negra. Algumas figuras da elite negra, ao longo do século XX, procuraram assumir a responsabilidade pela educação das massas, eliminando os traços comportamentais dos negros pobres que supostamente comprometiam o progresso de toda a comunidade. Na década de 1960, o discurso da respeitabilidade acabou afastando parte das classes populares de algumas organizações, mas, por outro lado, lideranças como Malcolm X e algumas figuras do Black Power conceberam discursos e iniciativas que incorporaram os sujeitos oriundos dos guetos. No momento de ascensão do Black Lives Matter, o debate entre os analistas políticos muitas vezes privilegiou o tema da depredação nas manifestações, destacando o papel de "marginais" que promoviam o saque e não demonstravam nenhum interesse na luta contra a violência policial, em contraste com as lideranças pacíficas da NAACP ou do imaginário constituído em torno do Movimento pelos Direitos Civis.[64]

Algumas lideranças do Black Lives Matter foram formadas no feminismo negro, o que implicou não somente uma abordagem específica da dimensão do gênero, mas também um olhar interseccional que compreende o racismo como um fenômeno multidimensional que envolve interações de raça, classe e gênero. Assim, as desigualdades entre os negros e as condições precárias da classe trabalhadora afro-americana foram fundamentais para construir uma interpretação das dinâmicas contemporâneas do racismo nos Estados Unidos. Nessa perspectiva, as depredações não eram manifestações de uma pulsão criminosa, mas a expressão da raiva acumulada de algumas comunidades negras diante da violência policial, da falta de investimento na infraestrutura dos espaços ocupados majoritariamente por negros e do subemprego. As vozes do Black Lives Matter conseguiram difundir a ideia de que havia um novo racismo nos Estados Unidos articulado pelo desmonte das redes de proteção social, pela guerra contra a drogas e pelo encarceramento em massa. Assim, era imprescindível que o movimento incorporasse jovens negros dos quarteirões mais pobres do país enquanto sujeitos políticos.

O Black Lives Matter procurou mobilizar, com muita tensão, os corpos desviantes que estavam fora do enquadramento de uma sociedade imaginada por republicanos e democratas. A violência sobre os jovens negros que não se encaixavam no padrão de cidadãos ordeiros fomentou um debate sobre a complexidade das relações raciais nos Estados Unidos que encontrou na interseccionalidade das teorias do feminismo negro recursos para a compreensão das diferentes práticas de opressão que se articulavam e impactavam a diversidade de sujeitos das comunidades afro-americanas. Em sua heterogeneidade, o Black Lives Matter estimulou discussões a respeito da violência policial não somente sobre homens negros heterossexuais, mas também sobre mulheres e transexuais negros. Kathleen Fitzgerald observa que a reação de brancos conservadores ao progresso de minorias raciais tem impacto sobre a vigilância policial, definindo a amplitude dos perfis desviantes que devem ser controlados e reprimidos.[65] A violência policial estava direcionada também aos espaços públicos nos quais se manifestavam as sexualidades "desviantes", reprimindo jovens sem-teto e trabalhadores do sexo com base em leis tradicionais de desvio de condutas. Os homens negros gays e as mulheres negras trans são as principais vítimas da violência policial sobre a população LGBTQIAPN+.

A partir dessa perspectiva multidimensional, surgiu também a campanha Say Her Name, na qual lideranças do Black Lives Matter e intelectuais procuraram questionar as narrativas sobre o movimento, que focavam nas experiências de homens e ignoravam as mulheres assassinadas por policiais.[66] Em manifestações de rua, além dos nomes de Trayvon Martin, Michael Brown e Eric Garner, eram citados também os de mulheres como Tanisha Anderson, sufocada por policiais em 2014 enquanto era levada por eles para uma clínica de saúde mental, ou Natasha McKenna, que morreu eletrocutada após ser reprimida de forma inadequada com uma arma de choque por seguranças do Centro de Detenção do Condado de

Fairfax, na Virgínia. O caso que mais chamou a atenção da imprensa, porém, foi o assassinato da técnica de emergência Breonna Taylor, já no ano de 2020. Policiais à paisana invadiram a casa de Taylor sem se identificar, cumprindo um mandado de busca de drogas relacionado ao namorado dela, Kenneth Walker, que reagiu aos invasores com disparos de arma de fogo. Os policiais revidaram e Taylor foi atingida por cinco tiros, morrendo no local. Nenhuma droga foi encontrada no apartamento. Como resultado do caso de Taylor, foi aprovada uma lei federal regulamentando a abordagem de policiais durante o cumprimento de mandados judiciais.

A partir dos casos de violência das forças policiais, o ativismo afro-americano conectou essa série de assassinatos a outras práticas racistas institucionais contemporâneas. As denúncias do movimento ajudaram a desconstruir a noção de um pós-racialismo norte-americano, já combalido pela ascensão e rearticulação de supremacistas brancos que utilizaram o Tea Party como porta de entrada para retornar à política mainstream. O Black Lives Matter, por meio de várias iniciativas espalhadas pelo território, reproduziu a tradição de organização comunitária dos negros e a recontextualizou em um levante de sujeitos marginalizados pelas dinâmicas econômicas e políticas dos Estados Unidos, combatendo o imaginário sobre os territórios segregados ocupados por negros e latinos como espaço de subversão dos "valores americanos" e descrevendo-os como áreas representativas das falhas das políticas públicas e instituições, o vácuo da democracia norte-americana.

Nesse sentido, o Black Lives Matter foi constituindo e reforçando uma noção de rebeldia negra que não se manifestava somente contra a polícia, mas contra um racismo sistemático. O caráter de insurgência dos protestos, como os distúrbios de Baltimore, que explodiram após o assassinato de Freddie Gray — que teve a espinha quebrada depois de ser detido pela polícia — em 2015, organizou uma cultura política distinta daquela de lideranças negras que haviam emergido nas décadas de 1980 e 1990. Enquanto as organizações negras do mainstream tenderam a abordar as práticas racistas da era pós-direitos civis de maneira protocolar, enquadrando o racismo e as ações antirracistas na jurisprudência produzida historicamente pelo ativismo afro-americano, a geração do Black Lives Matter apontou para problemas estruturais da sociedade, utilizando protestos em massa e até mesmo confrontos como instrumentos fundamentais para promover mudanças nas instituições. Essa perspectiva, ainda que não organizada, orientou em Baltimore a insurgência de negros que confrontaram uma polícia administrada por negros. Segundo Barbara Ransby, trata-se de uma geração que tem consciência dos limites da representação e acompanhou a eleição de políticos afro-americanos e a ascensão de multimilionários afro-americanos. As transformações, portanto, não viriam através da capacidade de influência de indivíduos, mas por meio de ações coletivas dos grupos marginalizados das comunidades empobrecidas.

As ondas de protestos provocadas pelo Black Lives Matter tiveram impacto sobre os artistas negros, que passaram a performar a rebeldia negra, mesmo não tendo um histórico de ativismo. Em 2016, por exemplo, Beyonce Knowles enfureceu a audiência branca do Super Bowl, a final da liga de futebol americano, ao incorporar a indumentária dos Panteras Negras em seu show no intervalo da partida. No mesmo ano, o ator Jesse Williams, da série *Grey's Anatomy*, ao receber o prêmio de ativismo entre artistas da BET, canal de conteúdo cultural afro-americano, fez um discurso sobre o Black Lives Matter que gerou bastante repercussão; ele agradeceu o trabalho desempenhado pelos ativistas e fez menção a um sistema criado para dividir e destruir os negros, reforçando a importância de refundar as instituições.[67] Já Kendrick Lamar, rapper que concorria ao Grammy, também em 2016, se destacou pela performance em que denunciou o encarceramento em massa. Estrelas da cultura pop norte-americana, dessa forma, reproduziram a percepção de que havia práticas racistas articuladas que configuravam um novo racismo, resistente à ascensão de um presidente negro que fundamentava seu discurso na representação de uma "América multicultural".

Barack Obama, apesar da resistência em abordar o tema da raça e da preocupação em manter uma imagem de presidente dos Estados Unidos, e não de presidente dos negros, foi obrigado a se posicionar sobre eventos relacionados aos assassinatos causados pelas forças policiais. Assim que assumiu a presidência, Obama tendeu a abordar a ausência paterna entre as famílias negras, flertando com os discursos mais conservadores que atribuíam a desigualdade racial à desorganização das relações familiares. A ascensão do Black Lives Matter o obrigou a deixar o tema da responsabilidade individual para dar uma resposta contundente à violência de Estado. Obama, no entanto, procurou garantir ao público afro-americano que as instituições estavam funcionando, apesar da sequência de práticas violentas de policiais e da insistência da Justiça em não condenar os perpetradores dos crimes contra as comunidades negras. Obama apostou em um discurso ambivalente que apontava de maneira circunstancial para os legados do "pecado original americano" (o racismo) e condenava as manifestações de raiva dos jovens negros. Os problemas, para ele, só poderiam ser resolvidos pelas vias institucionais. Foi somente no seu último ano como presidente, já em 2016, que ele tratou do encarceramento em massa e revelou, em sua fala, uma noção de racismo estrutural.

À medida que o presidente resistia em quebrar protocolos para apoiar, pelo menos retoricamente, a luta contra a violência sobre os jovens negros, os cidadãos afro-americanos manifestaram sua insatisfação e decepção com a reação da Casa Branca. Ficava cada vez mais claro que o governo Obama não iria encampar um conjunto de políticas para desmantelar o racismo norte-americano, e a presidência de um homem negro acabou intensificando as tensões raciais, criando, como vimos, um cenário favorável para supremacistas brancos e políticos demagogos como Donald Trump, dispostos a explorar a questão da raça para aprofundar antagonismos. Ao final dos oitos anos da gestão Obama, o ressentimento branco, nutrido pela ascensão de um presidente negro e por uma crise econômica, já orientava diferentes segmentos da população branca. Por outro lado, o Black Lives Matter já demonstrava não ser uma simples onda de insurgências negras, mas a reorganização de redes do ativismo afro-americano sob uma cultura política distinta. O movimento promovia manifestações de rua, diálogos com as autoridades, coordenação de comunidades pobres e um imaginário atravessado pela ideia de rebeldia que impulsionava os negros e uma esquerda antirracista.

## Trump e a América branca

As relações raciais nos Estados Unidos ficaram muito mais tensas com a eleição de Donald Trump em 2016. O republicano ascendeu como uma força política justamente no momento em que a extrema direita começava a revelar seus traços supremacistas. Durante as primárias do Partido Republicano, Trump superou uma maioria de candidatos moderados ao apostar em discursos radicais denunciando a entrada de imigrantes "criminosos" no país, a "alta" taxa de homicídios de brancos por negros e as "trapaças" da China na economia global. Quando, enfim, foi escolhido como candidato do partido para disputar as eleições presidenciais, reforçou o discurso contra as minorias raciais, atacando principalmente o Black Lives Matter, por supostamente dividir a nação.[68] As reações "violentas" da militância negra, segundo ele, instigavam o assassinato de policiais. Trump chegou a apoiar um movimento chamado Blue Lives Matter, organizado por conservadores e policiais.

A postura de Donald Trump era coerente com seu histórico enquanto figura pública desde a década de 1980, quando exigiu a pena de morte de adolescentes negros condenados injustamente pelo estupro e espancamento de uma mulher branca. Contudo, era também uma estratégia eleitoral no momento em que o campo da direita se reconfigurava com a ascensão da Alt-Right, uma direita que se posicionava como alternativa frente a conservadores moderados que não se manifestavam de maneira contundente contra o declínio da "América branca". Para esse grupo, a situação da população branca havia chegado a um ponto crítico, devido a um esgotamento do sistema político reorganizado para atender às demandas das minorias raciais e das elites econômicas. Trump explorava justamente a imagem de liderança fora do establishment e capaz de compreender as experiências das classes populares brancas.

Sua retórica, portanto, propunha a restauração da democracia para esses setores da sociedade, formalizada no slogan "Tornar a América Grande Novamente" (MAGA, no acrônimo em inglês).[69] Apoiado pela expertise do supremacista branco Steve Bannon, Trump estruturou uma comunicação agressiva por meio de memes que rechaçavam o feminismo, o politicamente correto e o multiculturalismo. Nesse sentido, foi bem-sucedido em capturar o imaginário de trabalhadores brancos ao propor a "reconstrução" de uma democracia idealizada na qual a população branca retomaria seu papel de liderança e recuperaria a economia industrializada que possibilitara a concepção de uma versão de "sonho americano" para os trabalhadores brancos.[70] Assim, Trump reproduziu, em diferentes circunstâncias, a noção supremacista de que os brancos tinham a responsabilidade de ordenar as relações sociais e evitar que os sujeitos racializados desequilibrassem os arranjos institucionais que garantiam as assimetrias materiais e simbólicas.

O republicano emergiu como um agente subversivo da democracia, eleito por meio das formalidades do sistema democrático mas articulando um conjunto de informalidades que quebravam as regras de tolerância mútua. Apostando na polarização política no país, Trump não se posicionou como conciliador, mas como a figura capaz de tensionar ainda mais os antagonismos da sociedade, elegendo e identificando os inimigos das classes populares brancas.

O discurso agressivo, portanto, não desapareceu quando ele assumiu seu posto na Casa Branca. Donald Trump continuou a quebrar protocolos e rituais, criticando movimentos sociais e não assumindo a função de moderador quando eclodiram conflitos que degeneraram em embates físicos. Em agosto de 2017, em Charlottesville, um grupo de supremacistas se manifestou contra a remoção de uma estátua do general Lee, liderança militar dos Confederados durante a Guerra Civil (1861-5). A manifestação pretendia não defender um patrimônio público, mas reivindicar a importância simbólica do general como representante de um "estilo de vida" do Sul. Naquele momento, os estados sulistas haviam iniciado um movimento de retirada de bandeiras e estátuas associadas aos confederados de edifícios públicos, uma vez que elas compunham o imaginário supremacista de ordem racial hierarquizada.[71] Em um primeiro momento, Trump evitou criticar a manifestação, permitindo a escalada do confronto com os antifascistas. No dia 12 de agosto, um supremacista avançou deliberadamente com o carro contra um grupo de antifascistas, atropelando 35 manifestantes e matando uma mulher.

A tensão racial já presente na última década foi aprofundada ao longo dos quatro anos de mandato de Donald Trump. Durante a crise pandêmica, que teve início em 2020, outros elementos do repertório da extrema direita impactaram as relações raciais. O negacionismo em torno dos impactos da pandemia de covid-19 — como o questionamento do uso de máscaras e da eficiência das vacinas — comprometeu as estratégias de contenção do coronavírus. Apesar do alto investimento do governo em pesquisa para a produção de vacinas, o país se transformou em um território de alta proliferação do vírus, revelando aspectos sociais da pandemia. Negros, latinos e alguns grupos de asiáticos estavam muito mais expostos, por viverem em casas superlotadas, trabalharem na linha de frente de combate ao vírus e não disporem de acesso a um sistema de saúde estruturado. Como consequência, as taxas de mortalidade entre essas minorias eram mais altas que a média geral.

Havia um quadro crítico na percepção a respeito dos negros que piorava com a contribuição do próprio presidente. As recorrentes condutas violentas dos policiais continuavam a fomentar o debate sobre a função das forças de segurança nas engrenagens do racismo contemporâneo, desta vez agravadas pela pandemia. O acadêmico Eric Dyson pondera que os supremacistas brancos também perceberam que a crise pandêmica atingia desproporcionalmente as minorias raciais, o que os levou a intensificar os protestos nas ruas contra as medidas de governadores que restringiam a circulação de pessoas.[72] Nesse sentido, o assassinato de George Floyd pelo policial branco Derek Chauvin em 25 de maio de 2020, em Minneapolis, foi o rastilho de pólvora que levou à explosão de manifestações antirracistas por todo o território. A força da imagem dos joelhos de Chauvin sufocando Floyd, que fora abordado por ter supostamente utilizado uma nota falsa em uma compra, viralizou nas redes sociais.

No mesmo dia da morte de George Floyd, manifestantes saíram pelas ruas da cidade. Três dias depois, o clima de rebelião havia se instalado, com o incêndio de uma delegacia. Dessa vez, os protestos se espalharam por todo o território com uma velocidade muito maior, combinando ações violentas com enfrentamento das forças policiais e mobilizações pacíficas em frente às sedes de órgãos públicos. A imprensa conservadora, em sua cobertura, retratou as manifestações como episódios de vandalismo e defendeu a necessidade de repressão policial. Por outro lado, os progressistas, à medida que evento se estendia, tenderam a tratar o movimento como uma explosão de raiva diante das ações policiais e do agravamento dos impactos sociais da crise pandêmica. No debate público, começaram a ser difundidos conceitos como "racismo sistêmico" e "capitalismo racial", comumente utilizados por lideranças do Black Lives Matter para se referir às práticas racistas das instituições e às dinâmicas do capitalismo norte-americano que ao longo da história haviam incorporado a ideia de raça como elemento funcional e estrutural para a exploração de trabalhadores negros.

Donald Trump, mais uma vez, não se apresentou como a liderança política interessada em contornar as tensões raciais e moderar o debate público. Pelo contrário, após mais de um mês de protestos, ameaçou empregar as Forças Armadas — ação inédita na história da república — para conter uma insurreição contra a democracia. Enquanto a militância negra avançava sobre as ruas dos principais centros urbanos, Trump, em comício realizado em Tulsa, Oklahoma, atacou o Black Lives Matter. O evento teve claramente a intensão de criticar o ativismo afro-americano, pois foi marcado no dia de celebração da abolição da escravidão nos Estados Unidos em uma cidade na qual, em 1921, ocorrera um dos maiores massacres raciais na história do país. Diante de pessoas que ostentavam símbolos associados aos confederados, ou seja, representações supremacistas, o presidente declarou que a nação basicamente se dividia entre patriotas e inimigos da pátria, chamou os manifestantes de "lunáticos" e chegou a mencionar o uso de armas para se defender de ameaças. Dessa forma, ao longo dos protestos, que se estenderam até o mês de novembro, Trump continuou a eletrificar sua base por meio de códigos raciais.[73]

Se o representante do governo federal desafiava publicamente o movimento, algumas autoridades locais passaram a ouvir parte das demandas das lideranças do Black Lives Matter e promoveram debates sobre o controle da polícia e o financiamento desproporcional das estruturas de segurança. No entanto, alguns estudos demonstram que o impacto do movimento sobre os orçamentos municipais foram quase nulos, e que os protestos foram acompanhados pela mobilização de grupos conservadores e sindicatos de policiais que não somente frearam cortes nos recursos destinados à segurança em cidades lideradas por democratas como provocaram o aumento de valores em cidades dominadas por republicanos.[74]

O movimento, como já mencionado, também desencadeou uma ampla discussão sobre racismo, fomentando ações de inclusão e promoção da diversidade nas universidades do país. À medida que as redes do Black Lives Matter se estruturavam, o debate público passou a incorporar narrativas de perspectivas afro-americanas, como o 1619 Project — encampado pelo *New York Times* —, que reunia escritos de historiadores e outros especialistas que interpretavam a escravidão como uma instituição fundadora do país. Segundo Nikole Hannah-Jones, o evento que havia originado a nação não fora a chegada dos peregrinos a Plymouth no *Mayflower*, em 1620, mas a chegada de um navio negreiro em 1619 trazendo cerca de vinte escravizados para serem vendidos na colônia da Virgínia.

As interpretações históricas capitaneadas pelo 1619 Project foram contestadas pelos conservadores. O antropólogo Peter W. Wood, em *1620: A Critical Response to 1619 Project*, considerou a empreitada quixotesca, estimulada pelo identitarismo e pelas teorias de opressão racial criadas nas universidades.[75] Uma articulação de conservadores se organizou para evitar que Hannah-Jones assumisse a condição de professora titular na Universidade da Carolina do Norte. Já a extrema direita empreendeu uma ofensiva sobre programas de inclusão de minorias raciais no ensino básico. Em estados como Virgínia, Arizona e Flórida, grupos de extremistas formularam planos de remoção do ensino antirracista, distorcendo tópicos sobre a história norte-americana a fim de resguardar as crianças brancas de uma pedagogia multicultural considerada ofensiva.

De qualquer modo, no momento das eleições de 2020, o Black Lives Matter cumpriu um papel fundamental ao aprofundar as críticas do campo progressista à presidência. As manifestações expuseram ainda mais as posturas autoritárias de Donald Trump, demonstrando a disposição do presidente para quebrar as regras e desvirtuar as instituições a fim de confrontar seus opositores.[76] Além disso, como revelam alguns estudos, nas cidades e comunidades impactadas pelas mobilizações, os eleitores progressistas compareceram em número maior às urnas para pôr um ponto-final em um governo marcado por atos antidemocráticos.[77]

O Black Lives Matter, enquanto um movimento que envolve organizações com agendas radicais e moderadas, criou um ambiente de insurgência negra no país, recuperando a tradição militante de organização comunitária tão comum na década de 1960. A ascensão dessa nova cultura política afro-americana, no entanto, foi acompanhada pela reorganização da extrema direita, que tem sido bem-sucedida em frear e desmantelar as conquistas dos movimentos sociais nas últimas décadas — tendo conseguido decisões da Suprema Corte que limitam o aborto no país e proíbem as ações afirmativas baseadas em categorias raciais — e que continuou a influenciar as dinâmicas políticas e partidárias mesmo depois da derrota eleitoral em 2020. Ainda que a economia do país tivesse retomado o crescimento, a raça continuou a ser uma categoria fundamental para a extrema direita explicar a sensação contínua de decadência em um ambiente supostamente hostil à população branca. Nesse cenário adverso para a militância negra, as reformas institucionais e do sistema democrático demandadas pelo Black Lives Matter são prontamente desafiadas pelas lideranças republicanas que disputam a base extremista no país.

A invasão ao Capitólio pela base de apoiadores de Donald Trump em 6 de janeiro de 2021 — que visava interromper os procedimentos de transição do poder presidencial — demonstrou a força da extrema direita no país. Mesmo derrotado nas urnas, o trumpismo continuou a mobilizar e orientar as ações no Partido Republicano, prevalecendo sobre as agendas da ala moderada. Além de Trump, outras figuras republicanas, como Ted Cruz, senador pelo Texas, e Ron DeSantis, governador da Flórida, a fim de se viabilizarem como lideranças, apostam em agendas radicais da extrema direita, pressionando as instituições para frear grupos considerados inimigos do patriotismo. Ainda que o furor golpista tenha sido contido no episódio da invasão do Capitólio, Donald Trump e outros republicanos radicais continuaram a ser tratados como figuras viáveis dentro do Partido Republicano.

O clima de guerra constituído ao longo da presidência de Trump, se estendeu durante a administração de Joe Biden — estimulado pela mídia conservadora, por políticos locais e por figuras de amplitude nacional — e, claro, se intensificou com a volta de Donald Trump à presidência, em 2025. A cruzada contra movimentos sociais e organizações políticas pautadas por programas de justiça social está fundamentada em discursos de "resistência" dos "verdadeiros americanos" contra tentativas de subversão da ordem social. Nesse sentido, o imaginário supremacista mantém sua funcionalidade, ao organizar a visão dos "soldados patriotas" que procuram restaurar uma democracia dissociada de qualquer simbologia multicultural. A quebra de protocolos institucionais, que não surgiu com Trump mas se intensificou em escala nacional durante seu governo, é naturalizada pela extrema direita belicosa. A militância negra, em um momento de renovação da agenda, encara um conjunto de ações recorrentes de supremacistas que não somente normalizam os ataques às instituições democráticas, como também naturalizam práticas racistas, diminuindo progressivamente o apoio às pautas do Black Lives Matter.

A experiência norte-americana é apenas uma entre várias outras nas quais as extremas direitas constroem agendas com dimensões raciais que afrontam as políticas de imigração, a presença de comunidades étnicas distintas e as políticas públicas para as populações racializadas. Em sociedades atravessadas historicamente por tensões étnicas e raciais, maiorias ou setores socialmente brancos são mobilizados a partir de narrativas que opõem os "verdadeiros cidadãos" ou "patriotas" às ameaças de grupos etnicizados e racializados que reivindicam justiça nas dinâmicas econômicas e inclusão simbólica no campo cultural.

Certa vez, Malcolm X comparou a supremacia branca a um Cadillac, que a cada ano surgia com um modelo atualizado. Ele enfatizava, assim, a capacidade da sociedade norte-americana de reimaginar a ideia de raça para manter as assimetrias socioeconômicas entre negros e brancos. Se em uma era de "normalidade" pós-racial o racismo se manifestava em uma racionalidade liberal, como vimos no início deste capítulo, a partir de expressões implícitas, em discursos e narrativas de trumpistas, assim como de outros grupos autoritários, a crença na raça se revela em discursos claros de desumanização de afro-americanos, latinos e asiáticos.[78] A raça é um elemento completamente enraizado na cultura norte-americana — e, com ela, as metamorfoses do racismo.

# *Notas*

## Introdução [pp. 9-24]

1. Luciana da Cruz Brito, "O Brasil por Frederick Douglass".
2. Ver Flávio Thales Ribeiro Francisco, *O novo negro na diáspora*.
3. Ver Flávio Thales Ribeiro Francisco, "O fim das fraternidades raciais latino-americanas no imaginário afro-americano".
4. Ver David J. Hellwig (Org.), *African-American Reflections on Brazil's Racial Paradise*.
5. Flávio Thales Ribeiro Francisco, *Fronteiras em definição*.
6. Ver Arthur Ramos, *Guerra e relações de raça*; Carl Degler, *Nem preto nem branco*.
7. Roger Bastide e Florestan Fernandes, *Brancos e negros em São Paulo*; Fernando Henrique Cardoso, "Os brancos a e ascensão social dos negros em Porto Alegre"; Octávio Ianni, *As metamorfoses do escravo*.
8. Carlos Hasenbalg e Nelson do Valle Silva, *Estrutura social, mobilidade e raça*.
9. Ver Theodore W. Allen, *The Invention of White Race*; Thomas A. Guglielmo, *Whites on Arrival*; Noel Ignatiev, *How the Irish Became White*; Reginald Horsman, *Race and Manifest Destiny*; Matthew Frye Jacobson, *Whiteness of a Different Color*; Paul A. Silverstein, *Postcolonial France*.
10. David Roediger, *The Wages of Whiteness*.
11. John Kuo Wei Tchen e Dylan Yeats (Orgs.), *Yellow Peril!*.
12. Ver Amy Elizabeth Ansell, *New Right, New Racism*; Norma Romm, *New Racism*; Liz Fekete, *Europe's Fault Lines*; Michelle Alexander, *A nova segregação*.

## 1. O novo negro [pp. 25-98]

1. Booker T. Washington, *Up from Slavery*.
2. Ver Eric Foner, *Reconstruction*.

3. Ibid.
4. Robert Harrison, *Washington during Civil War and Reconstruction*, p. 120.
5. Ibid., p. 185.
6. Ver Michael J. Klarman, *From Jim Crow to Civil Rights*; Desmond King, *Separate and Unequal*; Jennifer Ritterhouse, *Growing Up Jim Crow*.
7. Ver Juan Williams, *Eyes on the Prize*.
8. Harvard Sitkoff, *The Struggle for Black Equality, 1954-1992*.
9. David M. Chalmers, *Hooded Americanism*.
10. Reginald Horsman, *Race and Manifest Destiny*.
11. Ver Gary Gerstle, *American Crucible*.
12. Jane Rhodes, *Mary Ann Shadd Cary*.
13. Ver James N. Gregory, *The Southern Diaspora*; James R. Grossman, *Land of Hope*.
14. Thomas A. Guglielmo, *Whites on Arrival*.
15. Adriane Danette Lentz-Smith, *Freedom Struggles*.
16. Christopher Robert Reed, *Black Chicago's First Century, 1833-1900*.
17. Robert H. Zieger, *For Jobs and Freedom*, pp. 70-1.
18. Ibid., p. 73.
19. Frankie Hutton, *The Early Black Press in America, 1827-1860*.
20. Flávio Thales Ribeiro Francisco, *O novo negro na diáspora*.
21. Davarian L. Baldwin, *Chicago's New Negroes*.
22. Katie Marsico e Page Putnam Miller, *Madam C. J. Walker*.
23. Ver Beth Tompkins Bates, *The Unfinished Task of Emancipation*; Thomas A. Guglielmo, *Whites on Arrival*.
24. Ver Burton W. Peretti, *Lift Every Voice*; Eric J. Hobsbawm, *História social do jazz*.
25. Ibid., p. 79.
26. Chad Heap, *Slumming*.
27. Davarian L. Baldwin, *Chicago's New Negroes*.
28. Henry Louis Gates Jr., "The Trope of a New Negro and the Reconstruction of the Image of the Black".
29. Booker T. Washington, *A New Negro for a New Century*.
30. Jeffrey C. Stewart, "The New Negro as Citizen".
31. Jeffrey C. Stewart, *The New Negro*.
32. Alain Locke (Org.), *The New Negro*.
33. Ver Arnold Rampersad, *The Life of Langston Hughes*.

34. Deborah G. Plant, *Zora Neale Hurston*.
35. Jeffrey C. Stewart, *The New Negro*, p. 417.
36. Ver Brent Hayes Edwards, *The Practice of Diaspora*; Gary Edward Holcomb, *Claude McKay, Code Name Sacha*; Michel Fabre, *From Harlem to Paris*.
37. Ver Bruce A. Glasrud e Cary D. Wintz (Orgs.), *The Harlem Renaissance in the American West*.
38. David Levering Lewis, *W. E. B. Du Bois*.
39. W. E. B. Du Bois, *As almas da gente negra*.
40. Booker T. Washington (Org.), *The Negro Problem*, p. 29.
41. Gilbert Jonas, *Freedom's Sword*; Carlos Alexandre da Silva Nascimento, *Representando o negro norte-americano*.
42. Gilbert Jonas, *Freedom's Sword*, p. 16.
43. W. E. B. Du Bois, "Close Ranks", p. 111.
44. Alexander Keyssar, *The Right to Vote*.
45. Ver Flávio Thales Ribeiro Francisco, *O novo negro na diáspora*; William G. Jordan, *Black Newspapers and America's War for Democracy, 1914-1920*.
46. Adriane Danette Lentz-Smith, *Freedom Struggles*, p. 60.
47. Ibid., p. 107.
48. Adriane Danette Lentz-Smith, *Freedom Struggles*.
49. William M. Tuttle, *Race Riot*.
50. Chad Williams, "World War I in the Historical Imagination of W. E. B. Du Bois".
51. Sarah L. Silkey, *Black Woman Reformer*.
52. Ida B. Wells, *Southern Horrors*.
53. Ibid., p. 53.
54. Ibid., p. 115.
55. Ver Brittney C. Cooper, *Beyond Respectability*; Carmen Victoria Walker, *An Analysis of the National Association of Colored Women*.
56. Carmen Victoria Walker, *An Analysis of the National Association of Colored Women's Clubs 1896-1935*, p. 34.
57. Dean E. Robinson, *Black Nationalism in American Politics and Thought*.
58. Ver Mary Lawler, *Marcus Garvey*.
59. Ibid., p. 33.
60. Mary Lawler, *Freedom Struggles*, p. 50.
61. Flávio Thales Ribeiro Francisco, *Fronteiras em definição*.

62. Hakim Adi aponta que há uma diversidade de significados para o pan-africanismo. De maneira genérica, afirma que é um fenômeno da modernidade associado à emancipação econômica, social, cultural e política dos africanos e dos negros da diáspora. Esse processo supõe uma história e ações compartilhadas. Ver Hakim Adi, *Pan-africanism*.
63. Ver E. David Cronon, *Black Moses*.
64. Theodore Vincent, *Black Power and the Garvey Movement*; Robert A. Hill (Org.), *The Marcus Garvey and Universal Improvement Association Papers*; Tony Martin, *Race First*.
65. David R. Roediger, *The Wages of Whiteness*.
66. Reginald Horsman, *Race and Manifest Destiny*.
67. Ahmed Shawki, *Libertação negra e socialismo*, p. 141
68. Jeffrey B. Perry e Hubert Harrison, *The Voice of Harlem Radicalism, 1883-1918*.
69. O capital social associado à branquitude foi discutido pioneiramente na obra de William Du Bois; ver seu *Black Reconstruction in America*.
70. Ibid., p. 8.
71. Robin D. G. Kelley, *Race Rebels*.
72. Cedric Robinson, *Black Marxism*, p. 217.
73. Bruce A Glasrud e Cary D. Wintz, *The Harlem Renaissance and the American West*.
74. Lothrop Stoddard, *The Rising Tide of Color against White World Supremacy*.
75. Adriane Danette Lentz-Smith, *Freedom Struggles*; Jeffrey H. Jackson, *Making Jazz French*.
76. Davarian Baldwin e Minkah Makalani (Orgs.), *Escape from New York*.
77. Nikhil Pal Singh, *Race and America's Long War*.

## 2. New Deal sob uma perspectiva afro-americana [pp. 99-162]

1. Niall Palmer, *The Twenties in America*.
2. Cheryl Lynn Greenberg, *To Ask for an Equal Chance*, p. 31.
3. Don Hayner, *Binga*.
4. David Levering Lewis, *W. E. B. Du Bois*, p. 536.
5. Cheryl Lynn Greenberg, *To Ask for an Equal Chance*, p. 21.

6. Ira Katznelson, *When Affirmative Action Was White*, p. 70.
7. Cheryl Lynn Greenberg, *To Ask for an Equal Chance*, p. 24.
8. Ira Katznelson, *When Affirmative Action Was White*, p. 71.
9. Cheryl Lynn Greenberg, *To Ask for an Equal Chance*, p. 94.
10. Eric Rauchway, *The Great Depression and the New Deal*, p. 45.
11. Alan Lawson, *A Commonwealth of Hope*, p. 53.
12. Kenneth O'Reilly, *Nixon's Piano*, p. 111.
13. Ibid., p. 112.
14. Jon Meacham, *American Lion*, p. 317.
15. Thomas A. Guglielmo, *Whites on Arrival*; Douglas Bukowski, *Big Bill Thompson, Chicago, and the Politics of Image*.
16. Nancy J. Weiss, *Farewell to the Party of Lincoln*.
17. Ibid., p. 78.
18. Ibid., p. 87.
19. Ver Sondra Kathryn Wilson (Org.), *In Search of Democracy*.
20. Kenneth O'Reilly, *Nixon's Piano*, p. 121.
21. Nancy J. Weiss, *Farewell to the Party of Lincoln*.
22. Joyce A. Hanson, *Mary McLeod Bethune and Black Women's Political Activism*, p. 50.
23. Nancy J. Weiss, *Farewell to the Party of Lincoln*, p. 141.
24. Ibid., p. 150.
25. Ibid., p. 152.
26. Ira Katznelson, *When Affirmative Action Was White*, p. 33.
27. Ibid., p. 43.
28. Robert C. Lieberman, *Shifiting the Color Line*, p. 40.
29. Ibid., p. 60.
30. Ibid., p. 51.
31. Ibid., p. 61.
32. Beth Tompkins Bates, *Pullman Porters and the Rise of Protest Politics in Black America, 1925-1945*, p. 112.
33. Cheryl Lynn Greenberg, *To Ask for an Equal Chance*, p. 99.
34. Nancy J. Weiss, *Farewell to the Party of Lincoln*, p. 210.
35. Ibid., p. 211.
36. Ibid., p. 214.
37. Ibid., p. 218.
38. Harvard Sitkoff, *A New Deal for Blacks*.
39. Paul Moreno, "An Ambivalent Legacy", p. 519.
40. Ibid., p. 524.

41. Robert H. Zieger, *For Jobs and Freedom*, p. 118.
42. Ibid., p. 221.
43. Aruã Silva de Lima, *Comunismo contra o racismo.*
44. Ver Robin D. G. Kelley, *Hammer and Hoe.*
45. Ibid., p. 14.
46. Ibid., p. 15.
47. Ibid., p. 38.
48. Ibid., p. 41.
49. James R. Acker, *Scottsboro and Its Legacy*, p. 3.
50. Michael J. Klarman, "Scottsboro", p. 383.
51. Ibid., p. 385.
52. James R. Acker, *Scottsboro and Its Legacy*, p. 39.
53. Ibid., p. 54.
54. Ver Robin D. G. Kelley, *Hammer and Hoe*, p. 165.
55. Lee H. Walker, *Rediscovering Black Conservatism.*
56. Peter Eisenstadt (Org.), *Black Conservatism.*
57. Christopher A. Bracey, *Saviors or Sellouts.*
58. Peter Eisenstadt (Org.), *Black Conservatism*, p. 70.
59. Henry Lewis Suggs, *P. B. Young, Newspaperman.*
60. Andrew Buni, *Robert L. Vann of the Pittsburgh Courier.*
61. David Beito e Linda Royster Beito, "Selling Laissez-Faire Antiracism to the Black Masses".
62. George S. Schuyler, *Black and Conservative.*
63. Shelly Lynette Watson, *The Pittsburgh Courier*, p. 16.
64. Ibid., pp. 17-8.
65. Ibid., p. 25.
66. Patrick Washburn, "*The Pittsburgh Courier*'s Double v Campaign in 1942".
67. Shelly Lynette Watson, *The Pittsburgh Courier*, p. 11.
68. Ibid., p. 22.
69. Eric Arnesen, *Brotherhoods of Color*, p. 149.
70. Cornelius L. Bynum, *A. Philip Randolph and the Struggle for Civil Rights.*

## 3. A era do Movimento pelos Direitos Civis e do Black Power

[pp. 163-228]

1. Manning Marable, *Race, Reform and Rebellion.*

2. Ibid., p. 25.
3. Michael J. Klarman, *From Jim Crow to Civil Rights*, p. 112.
4. John A. Salmond, *My Mind Set on Freedom*, p. 7.
5. Bruce J. Dierenfield, *The Civil Rights Movement*.
6. Ibid., p. 26.
7. Ibid., p. 29.
8. Ibid., p. 18.
9. Rosa Parks, "Tired of Giving In".
10. Belinda Robnett, *How Long? How Long?*, p. 63.
11. Martin Luther King e Clayborne Carson, *A autobiografia de Martin Luther King*.
12. Peniel E. Joseph, *The Sword and the Shield*, p. 59.
13. Ibid., p. 62.
14. Bruce J. Dierenfield, *The Civil Rights Movement*, p. 46.
15. Ibid., p. 49.
16. Peniel E. Joseph, *The Sword and the Shield*, p. 67.
17. Ibid., p. 68.
18. Bruce J. Dierenfield, *The Civil Rights Movement*, p. 52.
19. Ibid., p. 54.
20. Ibid., p. 57.
21. John A. Salmond, *My Mind Set On Freedom*.
22. Bruce J. Dierenfield, *The Civil Rights Movement*, p. 80.
23. Martin Luther King, "Letter from Birmingham Jail".
24. Michael Jimenez, *To the Core*, p. 30.
25. John A. Salmond, *My Mind Set On Freedom*, p. 78.
26. Michael J. Klarman, *From Jim Crow to Civil Rights*, p. 436.
27. David Brown e Clive Webb, *Race in the American South*, p. 308.
28. Manning Marable, *Race, Reform and Rebellion*, p. 74.
29. Peniel E. Joseph, *The Sword and the Shield*.
30. Manning Marable, *Malcolm X*.
31. Ibid., p. 132.
32. Ibid., p. 116.
33. Peniel E. Joseph, *The Sword and the Shield*, p. 73.
34. Ibid., p. 94.
35. Manning Marable, *Malcolm X*, p. 149.
36. Ibid., p. 341.
37. Ibid., p. 513.
38. Janet L. Abu-Lughod, *Race, Space, and Riots in Chicago, New York, and Los Angeles*, p. 242.

39. Ibid., p. 215.
40. Barbara Maria de Albuquerque Mitchell, *A guerra à pobreza nos Estados Unidos*, p. 294.
41. Ver Lance Hill, *The Deacons for Defense.*
42. Ver Timothy B. Tyson, *"Radio Free Dixie".*
43. Joshua Bloom e Waldo E. Martin Jr., *Black against Empire.*
44. Huey P. Newton, *Revolutionary Suicide.*
45. Joshua Bloom e Waldo Martin Jr., *Black against Empire*, p. 22.
46. Curtin J. Austin, *Up Against the Well*, p. 34.
47. Ver Kwame Ture e Charles Hamilton, *Black Power.*
48. Peniel E. Joseph (Org.), *The Black Power Movement.*
49. Ver Nikhil Pal Singh, *Black is a Country.* Cambridge: Harvard University Press, 2005.
50. James Edward Smethurt, *The Black Arts Movement.* Chapel Hill: The University of North Carolina Press, 2005.
51. Ibid., p. 58.
52. Ver Sam Durant, *Black Panther.*
53. Franziska Meister, *Racism and Resistance*, p. 49.
54. Joshua Bloom e Waldo Martin Jr., *Black against Empire*, p. 183.
55. Ver Robyn Ceanne Spencer, "Engendering the Black Freedom Struggle"; Linda Lumsden, "Good Mothers With Guns".
56. Joshua Bloom e Waldo Martin Jr., *Black against Empire*, p. 105.
57. Ibid., p. 139.
58. Ver Elaine Brown, *A Taste of Power.*
59. Joshua Bloom e Waldo Martin Jr., *Black against Empire*, p. 384.
60. Franziska Meister, *Racism and Resistance*, p. 104.
61. Ver Ward Churchill e Jim Vander Wall, *Agents of Repression.*
62. Manning Marable, *Race, Reform and Rebellion*, p. 105.

## 4. A era pós-direitos civis [pp. 229-94]

1. Bernard K. Duffy e Richard D. Besel, "Martin Luther King Jr.'s 'I Have a Dream' and the Politics of Cultural Memory".
2. Daniel S. Lucks, *Reconsidering Reagan*, p. 8.
3. Ibid., p. 234.
4. Ver Joseph E. Lowndes, *From the New Deal to the New Right*, p. 106.
5. Ibid., p. 131.

6. William Julius Wilson, *The Declining Significance of Race*, p. 99.
7. Eduardo Bonilla-Silva, *Racism without Racists*.
8. Ver Michael Omi e Howard Winant, *Racial Formation in the United States*; Michelle Alexander, *Nova segregação*; Tim Wise, *Color-Blind*.
9. Daniel S. Lucks, *Reconsidering Reagan*, p. 13.
10. Ibid., p. 122.
11. Roberto Moll Neto, *Reaganation*, p. 129.
12. Gary Gerstle, *American Crucible*.
13. Ver Kaaryn S. Gustafson, *Cheating Welfare*.
14. Daniel S. Lucks, *Reconsidering Reagan*, p. 125.
15. Ibid., p. 152.
16. Ibid., p. 197.
17. Roberto Moll Neto, *Reaganation*, pp. 190-5. Ver também Manning Marable, *Beyond Black and White*.
18. Michelle Alexander, *Nova segregação*.
19. Sherri Smith, "The Individual Ethos".
20. Ver Hanes Walton Jr, "Remaking African American Public Opinion".
21. Ver Angela D. Dillard, *Guess Who's Coming to Dinner Now?*.
22. Thomas Sowell, *Ethnic America*.
23. Angela D. Dillard, *Guess Who's Coming to Dinner Now?*.
24. Charles E. Jones, "From Protest to Black Conservatism".
25. Ver Karin L. Stanford, "Reverend Jesse Jackson and the Rainbow/PUSH Coalition".
26. Paul Frymer, *Uneasy Alliances*, p. 110.
27. Manning Marable, *Beyond Black and White*, p. 94.
28. Paul Frymer, *Uneasy Alliances*, p. 118.
29. Ibid., p. 138.
30. Michael Omi e Howard Winant, *Racial Formation in United States*, p. 224.
31. Nathan J. Robinson, *Superpredator*.
32. Michelle Alexander, *Nova segregação*, pp. 106-7.
33. Ibid.
34. Robert Gooding-Williams (Org.), *Reading Rodney King, Reading Urban Uprising*.
35. Michael Omi e Howard Winant, "The Los Angeles 'Race Riot' and Contemporary US Politics".
36. Sumi K. Cho, "Korean Americans vs. African Americans".

37. Thomas J. Durant Jr. e Dawood Sultan, "The Impact of Hurricane Katrina on the Race and Class Divide in America", p. 195.
38. Ver Manning Marable, "Introduction: Seeking Higher Ground".
39. Sandra L. Barnes, Zandria F. Robinson e Earl Wright II, *Repositioning Race*; Michael Omi e Howard Winant, *Racial Formation in United States*; Nicholas A. Yanes e Carter Derrais (Orgs.), *The Iconic Obama (2007-2009)*; Gary Gerstle, *American Crucible*.
40. Justin S. Vaughn, "Character-in-Chief".
41. Maureen Callahan, "A President in Real-Time".
42. Ver Manning Marable, "Racializing Obama".
43. Robert C. Smith, "System Values and African American Leadership".
44. Ver Will Kymlicka, *Politics in the Vernacular*; Nancy Fraser, "Recognition or Redistribution?".
45. "Transcript: Illinois Senate Candidate Barack Obama". *Washington Post*, 27. jul. 2004. Acessado em: <www.washingtonpost.com/wp-dyn/articles/A19751-2004Jul27.html>.
46. Ver Eduardo Bonilla-Silva, "Race Matters in 'Post Racial' OBAMERICA and How to Climb Out of the Rabbit Hole".
47. Barack Obama, *Uma terra prometida*, p. 410.
48. Ver Laura Flanders (Org.), *At the Party*.
49. Theda Skocpol e Vanessa Williamson, *The Tea Party and the Remaking of Republican Conservatism*.
50. Ibid., p. 123.
51. Gary Gerstle, *American Crucible*, p. 405.
52. Joseph E. Lowndes, "The Past and Future of Race in the Tea Party Movement", pp. 152-3.
53. Michael Omi e Howard Winant, *Racial Formation in United States*, p. 224
54. United States Census Bureau, *National Population by Characteristics: 2010-2019*.
55. Justin Gest, *The New Minority*.
56. Ver Angela Nagle, *Kill All Normies*; Stephanie L. Hartzell, *Alt-White*; George Hawley, *Making Sense of the Alt-Right*.
57. Barbara Ransby, *Making All Black Lives Matter*, pp. 40-5.
58. Keeanga-Yamahtta Taylor, *#VidasNegrasImportam e libertação negra*, p. 287.
59. Barbara Ransby, *Making All Black Lives Matter*, p. 29.
60. Ibid., p. 49

61. Ibid., p. 40.
62. Keeanga-Yamahtta Taylor, *#VidasNegrasImportam e libertação negra*, p. 304.
63. Ibid., pp. 310-3.
64. Barbara Ransby, *Making All Black Lives Matter*, pp. 81-2.
65. Kathleen J. Fitzgerald, "Understanding Racialized Homophobic and Transphobic Violence".
66. Jennifer L. Borda, "Creating a Space to #SayHerName".
67. "Petition Wants Jesse Williams Fired for His Speech at BET Awards". *The New York Times*, 5 jul. 2016. Acessado em: <www.nytimes.com/2016/07/06/arts/television/fire-jesse-williams-for-bet-speech-petition-says-but-hes-not-worried.html>.
68. Mamie E. Locke, "The Perils of Populism, Racism, And Sexism".
69. Donald J. Trump, *Crippled America*.
70. Keeanga-Yamahtta Taylor, "The White Power Presidency".
71. Samuel Perry, *President Trump and Charlottesville*.
72. Michael Eric Dyson, "Breathe Again", p. xv.
73. Aysar T. Yaseen, "Donald Trump's Incendiary Rhetoric...".
74. Mathis Ebbinghaus, Nathan Bailey e Jacob Rubel, "The Effect of the 2020 Black Lives Matter Protests on Police Budgets".
75. Peter W. Wood, *1619*.
76. Ver Steven Levitsky e Daniel Ziblatt, *Como as democracias morrem*.
77. Neal Caren, Kenneth T. Andrews e Micah H. Nelson, "Black Lives Matter Protests and the 2020 Presidential Election".
78. Lawrence D. Bobo, "Racism in Trump's America".

# *Referências bibliográficas*


ABU-LUGHOD, Janet L. *Race, Space, and Riots in Chicago, New York, and Los Angeles*. Nova York: Oxford University Press, 2007.

ACKER, James R. *Scottsboro and Its Legacy: The Cases that Challenged American Legal and Social Justice*. Westport: Praeger, 2008.

ALEXANDER, Michelle. *Nova segregação: Racismo e encarceramento em massa*. São Paulo: Boitempo, 2019.

ALLEN, Theodore W. *The Invention of White Race: The Origin of White Oppression in Anglo-America*. Nova York; Londres: Verso, 1997.

ANSELL, Amy Elizabeth. *New Right, New Racism: Race and Reaction in the United States and Britain*. Nova York: New York University Press, 1997.

ARNESEN, Eric. *Brotherhoods of Color: Black Railroad Workers and the Struggle for Equality*. Cambridge: Harvard University Press, 2001.

AUSTIN, Curtin J. *Up Against the Well: Violence in the Making and Unmaking of the Black Panther Party*. Fayetteville: University of Arkansas Press, 2006.

BALDWIN, Davarian L. *Chicago's New Negroes: Modernity, the Great Migration and Black Urban Life*. Chapel Hill: University of North Carolina Press, 2007.

BALDWIN, Davarian; MAKALANI, Minkah (Orgs.). *Escape from Nova York: The New Negro Renaissance beyond Harlem*. Minneapolis: University of Minnesota Press, 2013.

BARNES, Sandra L; ROBINSON, Zandria F.; WRIGHT II, Earl (Orgs.). *Repositioning Race: Prophetic Research in a Post Racial Obama Age*. Albany: State University of New York Press, 2014.

BASTIDE, Roger; FERNANDES, Florestan. *Brancos e negros em São Paulo: Ensaio sociológico sobre aspectos da formação, manifestações atuais e efeitos do preconceito de cor na sociedade paulistana*. São Paulo: Global, 2008.

BATES, Beth Tompkins. *The Unfinished Task of Emancipation: Protest Politics Come of Age in Black Chicago, 1925-1943*. Nova York: Columbia University, 1997. Tese (Doutorado).

BATES, Beth Tompkins. *Pullman Porters and the Rise of Protest Politics in Black America, 1925-1945*. Chapel Hill: The University of North Carolina Press, 2001.

BEITO, David; BEITO, Linda Royster. "Selling Laissez-Faire Antiracism to the Black Masses: Rose Wilder Lane and the 'Pittsburgh Courier'", *The Independent Review*, Oakland, v. 15, n. 2, pp. 279-94, outono 2010.

BLOOM, Joshua; MARTIN JR., Waldo E. *Black against Empire: The History and Politics of the Black Panther Party*. Oakland: University of California Press, 2013.

BOBO, Lawrence D. "Racism in Trump's America: Reflections on Culture, Sociology, and the 2016 US Presidential Election", *The British Journal of Sociology*, Londres, v. 68, n. S1, 2017.

BONILLA-SILVA, Eduardo. *Racism without Racists: Color-Blind Racism and the Persistence of Racial Inequality in the United States*. Nova York: Rowman & Littlefield, 2006.

______. "Race Matters in Post Racial OBAMERICA and How to Climb Out of the Rabbit Hole". In: BARNES, Sandra L.; ROBINSON, Zandria, F.; WRIGHT II, Earl. *Repositioning Race: Prophetic Research in a Post Racial Obama Age*. Albany: State University of New York Press, 2014. pp. 23-48.

BORDA, Jennifer L. "Creating a Space to #SayHerName: Rhetorical Stratification in the Networked Sphere", *Quarterly Journal of Speech*, Washington, v. 106, n. 2, pp. 1-23, 2020.

BRACEY, Christopher A. *Saviors or Sellouts: The Promise and Peril of Black Conservatism, from Booker T. Washington to Condoleezza Rice*. Boston: Beacon Press, 2008.

BRITO, Luciana da Cruz. "O Brasil por Frederick Douglass: impressões sobre escravidão e relações raciais no Império", *Estudos Avançados*, São Paulo, v. 33, n. 96, pp. 199-222, 2019.

BROWN, David; WEBB, Clive. *Race in the American South: From Slavery to Civil Rights*. Edimburgo: Edinburgh University Press, 2007.

BROWN, Elaine. *A Taste of Power: A Black Woman's story*. Nova York: Doubleday, 1992.

BUKOWSKI, Douglas. *Big Bill Thompson, Chicago, and the Politics of Image*. Champaign: University of Illinois Press, 1997.

BUNI, Andrew. *Robert L. Vann of the Pittsburgh Courier: Politics and Black Journalism*. Pittsburgh: University of Pittsburgh Press, 1974.

BYNUM, Cornelius L. *A. Philip Randolph and the Struggle for Civil Rights*. Urbana: University of Illinois Press, 2010.

CALLAHAN, Maureen. "A President in Real-Time". *New York Post*, 24 fev. 2008. Acessado em: <nypost.com/2008/02/24/a-president-inreal-time>.

CARDOSO, Fernando Henrique. "Os brancos e a ascensão social dos negros em Porto Alegre", *Anhembi*, São Paulo, n. 117, pp. 583-96, ago. 1960.

CAREN, Neal; ANDREWS, Kenneth T.; NELSON, Micah H. "Black Lives Matter Protests and the 2020 Presidential Election", *Social Movements Studies*, Londres, pp. 1-18, maio 2023.

CHALMERS, David M. *Hooded Americanism: The History of the Ku Klux Klan*. Durham: Duke University Press, 2007.

CHO, Sumi K. "Korean Americans vs. African Americans: Conflict and Construction". In: GOODING-WILLIAMS, Robert (Org.). *Reading Rodney King, Reading Urban Uprising*. Nova York: Routledge, 1993. pp. 205-32.

CHURCHILL, Ward; WALL, Jim Vander. *Agents of Repression: The FBI's Secret Wars against the Black Panther Party and the America Indian Movement*. Boston: South End Press, 1988.

COOPER, Brittney C. *Beyond Respectability: The Intellectual Thought Of Race Woman*. Champaign: University of Illinois Press, 2017.

CRONON, Edmund David. *Black Moses: The Story of Marcus Garvey and the Universal Negro Improvement Association*. Madison: The University of Wisconsin Press, 1960.

DEGLER, Carl. *Nem preto nem branco: Escravidão e relações raciais no Brasil e nos EUA*. Campinas: Labor do Brasil, 1976.

DIERENFIELD, Bruce J. *The Civil Rights Movement*. Nova York: Nova York: Pearson Longman, 2004.

DILLARD, Angela D. *Guess Who's Coming to Dinner Now?: Multicultural Conservatism in America*. Nova York: New York University Press, 2001.

DU BOIS, W. E. B. "Close Ranks". *The Crisis*, Nova York, jul. 1918.

______. *As almas da gente negra*. Rio de Janeiro: Lacerda Editores, 1999.

______. *Black Reconstruction in America*. Londres: Transaction Publishers, 2013.

DUFFY, Bernard K.; BESEL, Richard D. "Martin Luther King Jr.'s 'I Have a Dream' and the Politics of Cultural Memory", *A Quarterly Journal of Short Articles Notes and Reviews*, Filadélfia, v. 23, n. 3, pp. 184-91, 2010.

DURANT, Sam. *Black Panther: The Revolutionary Art of Emory Douglas*. Nova York: Rizzoli, 2014.

DURANT JR., Thomas J.; SULTAN, Dawood. "The Impact of Hurricane Katrina on the Race and Class Divide in America". In: MARABLE, Manning; CLARKE, Kristen (Orgs.). *Seeking Higher Ground: The Hurricane Katrina Crisis and Public Policy Reader*. Nova York: Palgrave Macmillan, 2008. pp. 191-202.

DYSON, Michael Eric. "Breathe Again". In: *Religion, Race, and Covid-19: Confronting White Supremacy in the Pandemic*. Nova York: New York University Press, 2022. pp. xi-xvii.

EBBINGHAUS, Mathis; BAILEY, Nathan; RUBEL, Jacob. "The Effect of the 2020 Black Lives Matter Protests on Police Budgets: How 'Defund the Police' Sparked Political Backlash", *Social Problems*, Oxford, v. 20, pp. 1-18, 2024.

EDWARDS, Brent Hayes. *The Practice of Diaspora: Literature, Translation, and the Rise of Black Internationalism*. Cambridge: Harvard University Press, 2003.

EISENSTADT, Peter (Org.). *Black Conservatism: Essays in Intellectual and Political History*. Nova York: Routledge, 2015.

FABRE, Michel. *From Harlem to Paris: Black American Writers in France, 1840-1980*. Champaing: University of Illinois Press, 1993.

FEKETE, Liz. *Europe's Fault Lines: Racism and the Rise of the Right*. Londres: Verso, 2018.

FITZGERALD, Kathleen J. "Understanding Racialized Homophobic and Transphobic Violence". In: WEISSINGER, Sandra E.; MACK, Dwayne A.; WATSON, Elwood (Orgs.). *Violence against Black Bodies: An Intersectional Analysis of How Black Lives Continue to Matter*. Nova York: Routledge, 2017.

FLANDERS, Laura (Org.). *At the Party: The Wing Nuts, Whack Jobs and Whitey-Whiteness of the New Republican Right... and Why We Should Take It Seriously*. Nova York: Or Books, 2010.

FONER, Eric. *Reconstruction: America's Unfinished Revolution, 1863-1877*. Nova York: Harper & Row, 1988.

FRANCISCO, Flávio Thales Ribeiro. *Fronteiras em definição: Identidades negras e imagens dos Estados Unidos e da África no jornal O Clarim da Alvorada (1924-1932)*. São Paulo: Alameda/Fapesp, 2013.

______. *O novo negro na diáspora: Modernidade afro-americana e as representações sobre o Brasil e a França no jornal Chicago Defender (1916-1940)*. São Paulo: Intermeios/Fapesp, 2016.

FRANCISCO, Flávio Thales Ribeiro. "O fim das fraternidades raciais latino-americanas no imaginário afro-americano: A viagem de George Schuyler pela América Latina (1948)", *Topoi*, Rio de Janeiro, v. 21, n. 45, pp. 657-81, 2020.

FRASER, Nancy. "Recognition or Redistribution? A Critical Reading of Iris Young's Justice and the Politics of Difference", *Journal of Political Philosophy*, Londres, v. 3, n. 2, pp. 166-80, 1995.

FRYMER, Paul. *Uneasy Alliances: Race and Party Competition in America*. Princeton: Princeton University Press, 1999.

GATES JR., Henry Louis. "The Trope of a New Negro and the Reconstruction of the Image of the Black". *Representations*, Oakland, n. 24, edição especial: *America Reconstructed, 1840-1940*, pp. 129-55, outono 1988.

GERSTLE, Gary. *American Crucible: Race and Nation in the Twentieth Century*. Princeton: Princeton University Press, 2017.

GEST, Justin. *The New Minority: White Working Class Politics in an Age of Immigration and Inequality*. Oxford: Oxford University Press, 2016.

GLASRUD, Bruce A.; WINTZ, Cary D. (Orgs.). *The Harlem Renaissance in the American West: The New Negro's Western Experience*. Nova York: Routledge, 2012.

GOODING-WILLIAMS, Robert (Org.). *Reading Rodney King, Reading Urban Uprising*. Nova York: Routledge, 1993.

GREENBERG, Cheryl Lynn. *To Ask for an Equal Chance: African Americans in the Great Depression*. Lanham: Rowman & Littlefield Publishers, 2009.

GREGORY, James N. *The Southern Diaspora: How Great Migrations of Black and White Southerners Transformed America*. Chapel Hill: University of North Carolina Press, 2005.

GROSSMAN, James R. *Land of Hope: Chicago, Black Southerners, and the Great Migration*. Chicago: University of Chicago Press, 1989.

GUGLIELMO, Thomas A. *Whites on Arrival: Italians, Race, Color, and Power in Chicago, 1890-1945*. Nova York: Oxford University Press, 2004.

GUSTAFSON, Kaaryn S. *Cheating Welfare: Public Assistance and the Criminalization of Poverty*. Nova York: New York University Press, 2011.

HAKIM, Adi. *Pan-Africanism: A History*. Londres: Bloomsbury Academic, 2018.

HANSON, Joyce A. *Mary McLeod Bethune and Black Women's Political Activism*. Columbia: University of Missouri Press, 2003.

HARRISON, Robert. *Washington during Civil War and Reconstruction: Race and Radicalism*. Nova York: Cambridge University Press, 2011.

HARTZELL, Stephanie L. "Alt-White: Conceptualizing the 'Alt-Right' as a Rhetorical Bridge between White Nationalism and Mainstream Public Discourse", *Journal of Contemporary Rhetoric*, Champaign, v. 8, n. 1/2, pp. 6-25, 2018.

HASENBALG, Carlos; SILVA, Nelson do Valle. *Estrutura social, mobilidade e raça*. São Paulo; Rio de Janeiro: Vértice; Iuperj, 1988.

HAWLEY, George. *Making Sense of the Alt-Right*. Nova York: Columbia University Press, 2017.

HAYNER, Don. *Binga: The Rise and Fall of Chicago's First Black Banker*. Evanston: Northwestern University Press, 2019.

HEAP, Chad. *Slumming: Sexual and Racial Encounters in American Nightlife, 1885-1940*. Chicago: The University of Chicago Press, 2009.

HELLWIG, David J. (Org.). *African-American Reflections on Brazil's Racial Paradise*. Filadélfia: Temple University Press, 1992.

HILL, Lance. *The Deacons for Defense: Armed Resistance and the Civil Rights Movement*. Chapel Hill: The University of Carolina Press, 2004.

HILL, Robert A. (Org.). *The Marcus Garvey and Universal Improvement Association papers: Africa for the Africans (1923-1945)*. Berkeley, Califórnia: University of California Press, 2006.

HOBSBAWM, Eric J. *História social do jazz*. São Paulo: Paz e Terra, 1990.

HOLCOMB, Gary Edward. *Claude McKay, Code Name Sacha: Queer Black Marxism and the Harlem Renaissance*. Pensacola: University Press of Florida, 2007.

HORSMAN, Reginald. *Race and Manifest Destiny: The Origins of American Racial Anglo-Saxonism*. Cambridge: Harvard University Press, 1981.

HUTTON, Frankie. *The Early Black Press in America, 1827-1860*. Westport: Greenwood Press, 1992.

IANNI, Octávio. *As metamorfoses do escravo: apogeu e crise da escravatura no Brasil Meridional*. São Paulo: Difel, 1962.

IGNATIEV, Noel. *How the Irish Became White*. Nova York: Routledge, 1995.

JACKSON, Jeffrey H. *Making Jazz French: Music and Modern Life in Interwar Paris*. Durham: Duke University Press, 2003.

JACOBSON, Matthew Frye. *Whiteness of a Different Color: European Immigrants and the Alchemy of Race*. Cambridge: Harvard University Press, 1999.

JIMENEZ, Michael. *To the Core: The Congress of Racial Equality, the Seattle Civil Rights Movement, and the Shift of Black Militancy*. Flórida: University of Central Florida, 2009. Tese (Doutorado em História).

JONAS, Gilbert. *Freedom's Sword: The NAACP and the Struggle against Racism in America*. Nova York; Londres: Routledge, 2005.

JONES, Charles E. "From Protest to Black Conservatism: The Demise of Congress of Racial Equality". In: JOHNSON III, Ollie A.; STANFORD, Karin L. (Orgs.). *Black Political Organizations in the Post-Civil Rights Era*. Brunswick: Rutgers University Press, 2002. pp. 80-98.

JORDAN, William G. *Black Newspapers and America's War for Democracy, 1914-1920*. Chapel Hill: The University of North Carolina Press, 2001.

JOSEPH, Peniel E. *The Black Power Movement: Rethinking the Civil Rights--Black Power Era*. Nova York: Routledge, 2006.

______. *The Sword and the Shield: The Revolutionaries Lives of Malcolm X and Martin Luther King Jr.* Nova York: Basic Books, 2020.

KATZNELSON, Ira. *When Affirmative Action Was White: An Untold History of Racial Inequality in Twentieth-Century America*. Nova York: W. W. Norton & Company, 2006.

KELLEY, Robin D. G. *Hammer and Hoe: Alabama Communists during the Great Depression*. Chapel Hill: The University of North Carolina Press, 1990.

______. *Race Rebels: Culture, Politics, and the Black Working Class*. Nova York: The Free Press, 1996.

KEYSSAR, Alexander. *The Right to Vote: The Contested History of Democracy in United States*. Nova York: Basic Books, 2000.

KING, Desmond. *Separate and Unequal: Black Americans and the US Federal Government*. Oxford: Oxford University Press, 1997.

KING, Martin Luther. "Letter from Birmingham Jail". In: WEST, Cornel. *The Radical King*. Boston: Beacon Press, 2015. pp. 127-46.

KING, Martin Luther; CARSON, Clayborne. *A autobiografia de Martin Luther King*. Rio de Janeiro: Zahar, 2014.

KLARMAN, Michael J. *From Jim Crow to Civil Rights: The Supreme Court and The Struggle for Racial Equality*. Oxford: Oxford University Press, 2006.

______. "Scottsboro", *Marquette Law Review*, Milwaukee, v. 93, pp. 379-432, 2009.

KYMLICKA, Will. *Politics in the Vernacular: Nationalism, Multiculturalism, and Citizenship*. Nova York: Oxford University Press, 2001.

LAWLER, Mary. *Marcus Garvey: The Black Nationalist Leader.* Filadélfia: Chelsea House Publishers, 2005.

LAWSON, Alan. *A Commonwealth of Hope: The New Deal Response to Crisis.* Baltimore: John Hopkins University Press, 2006.

LENTZ-SMITH, Adriane Danette. *Freedom Struggles: African Americans and World War I.* Cambridge: Harvard University Press, 2010.

LEVITSKY, Steven; ZIBLATT, Daniel. *Como as democracias morrem.* Rio de Janeiro: Zahar, 2018.

LEWIS, David Levering. *W. E. B. Du Bois: A Biography 1868-1963.* Nova York: Holt Paperback, 2009.

LIEBERMAN, Robert C. *Shifiting the Color Line: Race and the American Welfare State.* Cambridge: Harvard University Press, 2001.

LIMA, Aruã Silva de. *Comunismo contra o racismo: Autodeterminação e vieses de integração de classe no Brasil e nos Estados Unidos.* São Paulo: FFLCH-USP, 2015. Tese (Doutorado em História Social).

LOCKE, Alain (Org.). *The New Negro: Voices of Harlem Renaissance.* Nova York: Touchstone, 1999.

LOCKE, Mamie E. "The Perils of Populism, Racism, and Sexism: The Trump Lesson Plan for African Americans and Women". In: JOHANSEN, Bruce E.; AKANDE, Adebowale (Orgs.). *Get Your Knee Off Our Necks: From Slavery to Black Lives Matter.* Vancouver: Springer, 2022, pp. 83-110.

LOWNDES, Joseph E. *From the New Deal to the New Right: Race and the Southern Origins of Modern Conservatism.* New Haven: Yale University Press, 2008.

______. "The Past and Future of Race in the Tea Party Movement." In: ROSENTHAL, Lawrence; TROST, Christine (Orgs.). *Steep: The Precipitous Rise of the Tea Party.* Oakland: The University of California Press, 2012. pp. 152-70.

LUCKS, Daniel S. *Reconsidering Reagan: Racism, Republicans, and the Road to Trump.* Boston: Beacon Press, 2020.

LUMSDEN, Linda. "Good Mothers With Guns: Framing Black Womanhood In The Black Panther, 1968-1980". *Journalism & Mass Communication Quarterly*, Columbia, v. 86, n. 4, pp. 900-22, 2009.

MARABLE, Manning. *Race, Reform and Rebellion: The Second Reconstruction in Black America, 1945-1982.* Jackson: University of Mississippi Press, 1984.

MARABLE, Manning. "Introduction: Seeking Higher Ground: Race, Public Policy and the Hurricane Katrina Crisis". In: MARABLE, Manning; CLARKE, Kristen (Orgs.). *Seeking Higher Ground: The Hurricane Katrina Crisis and Public Policy Reader.* Nova York: Palgrave Macmillan, 2008. pp. IX-XVI.

______. "Racializing Obama: The Enigma of Postblack Politics and Leadership". In: MARABLE, Manning; CLARKE, Kristen (Orgs.). *Barack Obama and African American Empowerment: The Rise of Black America's New Leadership.* Nova York: Palgrave Macmillan, 2009. pp. 1-12.

______. *Malcolm X: Uma vida de reinvenções.* São Paulo: Companhia das Letras, 2013.

______. *Beyond Black and White: From Civil Rights to Barack Obama.* Nova York: Verso, 2016.

MARSICO, Katie; MILLER, Page Putnam. *Madam C. J. Walker.* Ann Arbor: Cherry Lake Press, 2007.

MARTIN, Tony. *Race First: The Ideological and Organizational Struggles of Marcus Garvey and the Universal Negro Improvement Association.* Westport: Greenwood Press, 1976.

MEACHAM, Jon. *American Lion: Andrew Jackson in the White House.* Nova York: Random House, 2008.

MEISTER, Franziska. *Racism and Resistance: How Black Panthers Challenged White Supremacy.* Bielefeld: Transcript, 2017.

MITCHELL, Barbara Maria de Albuquerque. *A guerra à pobreza nos Estados Unidos: Os debates e as contradições no desafio de solucionar o problema da pobreza (1964-1968).* Rio de Janeiro: UFRJ, 2020. Tese (Doutorado em História Social).

MOLL NETO, Roberto. *Reaganation: A nação e o nacionalismo (neo) conservador nos Estados Unidos (1981-1988).* Niterói: UFF, 2010. Dissertação (Mestrado em História).

MORENO, Paul. "An Ambivalent Legacy: Black Americans and the Political Economy of the New Deal". *The Independent Review,* Oakland, v. 6, n. 4, pp. 513-39, primavera 2002.

NAGLE, Angela. *Kill all Normies: The Online Cultural Wars from 4chan and Tumblr to the Trump and the Alt-Right.* Washington: Zero Books, 2017.

NASCIMENTO, Carlos Alexandre da Silva. *Representando o negro norte--americano: W. E. B. Du Bois e a revista The Crisis: 1910-1920.* São Paulo: FFLCH-USP, 2015. Dissertação (Mestrado em História Social).

NEWTON, Huey P. *Revolutionary Suicide*. Nova York: Penguin Classics, 2009.

O'REILLY, Kenneth. *Nixon's Piano: Presidents and Racial Politics from Washington to Clinton*. Nova York: Free Press, 1995.

OBAMA, Barack. *Uma terra prometida*. São Paulo: Companhia das Letras, 2020.

OMI, Michael; WINANT, Howard. "The Los Angeles 'Race Riot' and Contemporary US Politics". In: COODING-WILLIAMS, Robert (Org.). *Reading Rodney King, Reading Urban Uprising*. Nova York: Routledge, 1993. pp. 97-115.

______. *Racial Formation in the United States*. 3. ed. Nova York: Routledge, 2015.

PALMER, Niall. *The Twenties in America: Politics and History*. Edimburgo: Edinburgh University Press, 2006.

PARKS, Rosa. "Tired of Giving In: The Launching of the Montgomery Bus Boycott". In: COLLIER-THOMAS, Bettye; FRANKLIN, V. P. (Orgs.) *Sisters in the Struggle: African American Women in the Civil Rights--Black Power Movement*. Nova York: New York University Press, 2001. pp. 61-82.

PERETTI, Burton W. *Lift Every Voice: The History of African American Music*. Nova York: Rowman & Littlefield Publishers, 2009.

PERRY, Jeffrey B. *Hubert Harrison: The Voice of Harlem Radicalism, 1883--1918*. Nova York: Columbia University Press, 2009.

PERRY, Samuel. "President Trump and Charlottesville: Uncivil Mourning and White Supremacy", *Journal of Contemporary Rhetoric*, Champaign, v. 8, n. 1/2, pp. 57-71, 2018.

PLANT, Deborah G. *Zora Neale Hurston: A Biography of the Spirit*. Westport; Londres: Praeger, 2007.

RAMOS, Arthur. *Guerra e relações de raça*. Rio de Janeiro: Departamento Editorial da União Nacional dos Estudantes, 1943.

RAMPERSAD, Arnold. *The Life of Langston Hughes*, v. 1: *Too, Sing America (Life of Langston Hughes, 1902-1941)*. Oxford: Oxford University Press, 2002.

RANSBY, Barbara. *Making All Black Lives Matter: Reimagining Freedom in the Twenty-First Century*. Oakland: University of California Press, 2018.

RAUCHWAY, Eric. *The Great Depression and the New Deal: A Very Short Introduction*. Oxford: Oxford University Press, 2008.

REED, Christopher Robert. *Black Chicago's First Century, 1833-1900*. Columbia; Londres: University of Missouri Press, 2005.

RHODES, Jane. *Mary Ann Shadd Cary: The Black Press and Protest in the Nineteenth Century*. Bloomington: Indiana University Press, 1999.

RITTERHOUSE, Jennifer. *Growing Up Jim Crow: How Black and White Southern Children Learned Race*. Chapel Hill: The University of North Carolina Press, 2006.

ROBINSON, Cedric. *Black Marxism: The Making of the Black Radical Tradition*. Chapel Hill: The University of Carolina Press, 1983.

ROBINSON, Dean E. *Black Nationalism in American Politics and Thought*. Cambridge: Cambridge University Press, 2008.

ROBINSON, Nathan J. *Superpredator: Bill Clinton's Use and Abuse of Black America*. Sommerville: Current Affairs, 2016.

ROBNETT, Belinda. *How Long? How Long?: African American Women in the Struggle for Civil Rights*. Oxford: Oxford University Press, 1997.

ROEDIGER, David R. *The Wages of Whiteness: Race and the Making of the American Working Class*. Nova York: Verso, 2007.

ROMM, Norma. *New Racism: Revisiting Researcher Accountabilities*. Nova York: Springer, 2010.

SALMOND, John A. *My Mind Set On Freedom: A History of the Civil Rights Movement, 1954-1968*. Chicago: Ivan R. Dee, 1997.

SCHUYLER, George S. *Black and Conservative: The Autobiography of George Schuyler*. New Rochelle: Arlington House Publishers, 1966.

SHAWKI, Ahmed. *Libertação negra e socialismo*. São Paulo: Sundermann, 2017.

SILKEY, Sarah L. *Black Woman Reformer: Ida B. Wells, Lynching and Transatlantic Activism*. Athens: University of Georgia Press, 2015.

SILVERSTEIN, Paul A. *Postcolonial France: Race, Islam, and the Future of the Republic*. Londres: Pluto Press, 2018.

SINGH, Nikhil Pal. *Black is a Country: Race and the Unfinished Struggle for Democracy*. Cambridge: Harvard University Press, 2005.

______. *Race and America's Long War*. Oakland: University of California Press, 2019.

SITKOFF, Harvard. *The Struggle for Black Equality, 1954-1992*. Nova York: Hill & Wang, 1993.

______. *A New Deal for Blacks: The Emergence of Civil Rights as a National Issue: The Depression Decade*. Oxford: Oxford University Press, 2009.

SKOCPOL, Theda; WILLIAMSON, Vanessa. *The Tea Party and the Remaking of Republican Conservatism*. Oxford: Oxford University Press, 2012.

SMETHURT, James Edward. *The Black Arts Movement: Literary Nationalism in the 1960s and 1970s*. Chapel Hill: The University of North Carolina Press, 2005.

SMITH, Robert C. "System Values and African American Leadership". In: MARABLE, Manning; CLARKE, Kristen (Orgs.). *Barack Obama and African American Empowerment: The Rise of Black America's New Leadership*. Nova York: Palgrave Macmillan, 2009. pp. 15-24.

SMITH, Sherri. "The Individual Ethos: A Defining Characteristic of Contemporary Black Conservatism". In: TATE, Gayle T.; RANDOLPH, Lewis A. (Orgs.). *Dimensions of Black Conservatism in United States*. Nova York: Palgrave, 2002, pp. 119-40.

SOWELL, Thomas. *Ethnic America: A History*. Nova York: Basic Books, 1981.

SPENCER, Robyn Ceanne. "Engendering the Black Freedom Struggle: Revolutionary Black Womanhood and the Black Panther Party in the Bay Area, California." *Journal of Women's History*, Baltimore, v. 20, n. 1, pp. 90-113, 2008.

STANFORD, Karin L. "Reverend Jesse Jackson and the Rainbow/PUSH Coalition: Institutionalizing Economic Opportunity". In: JOHNSON III, Ollie A.; STANFORD, Karin L. (Orgs.). *Black Political Organizations in the Post-Civil Rights Era*. Brunswick: Rutgers University Press, 2002. pp. 150-69.

STEWART, Jeffrey C. "The New Negro as Citizen". In: HUTCHINSON, George (Org.). *The Cambridge Companion to Harlem Renaissance*. Cambridge: Cambridge University Press, 2007. pp. 13-27.

______. *The New Negro: The Life of Alain Locke*. Oxford: Oxford University Press, 2018.

STODDARD, Lothrop. *The Rising Tide of Color against White World Supremacy*. Nova York: Charles Scribner's Sons, 1920.

SUGGS, Henry Lewis. *P. B. Young, Newspaperman: Race, Politics and Journalism in the New South, 1910-1962*. Charlottesville: University of Virginia Press, 1988.

TAYLOR, Keeanga-Yamahtta. "The White Power Presidency: Race and Class in the Trump Era", *New Political Science*, Durham, v. 40, n. 1, pp. 103-12, 2018.

TAYLOR, Keeanga-Yamahtta. *#VidasNegrasImportam e libertação negra*. São Paulo: Elefante, 2020.

TCHEN, John Kuo Wei; YEATS, Dylan (Org.). *Yellow Peril!: An Archive of Anti-Asian Fear*. Nova York: Verso, 2014.

TRUMP, Donald J. *Crippled America: How to Make America Great Again*. Nova York: Threshold Editions, 2015.

TURE, Kwame; HAMILTON, Charles. *Black Power: The Politics of Liberation*. Nova York: Vintage Books, 1992.

TUTTLE, William M. *Race Riot: Chicago in the Red Summer of 1919*. Champaign: University of Illinois Press, 1996.

TYSON, Timothy B. *"Radio Free Dixie": Robert F. Williams & the Roots of Black Power*. Chapel Hill: The University of North Carolina Press, 1999.

UNITED STATES CENSUS BUREAU. *National Population by Characteristics: 2010-2019*. Washington DC, 2021. Acessado em: <www.census.gov/data/tables/time-series/demo/popest/2010s-national-detail.html>.

VAUGHN, Justin S. "Character-in-Chief: Barack Obama and His Pop Culture Predecessors". In: YANES, Nicolas A.; DERRAIS, Carter (Orgs.). *The Iconic Obama (2007-2009): Essays on Media Representations of the Candidate and New President*. Jefferson: McFarland, 2012. pp. 45-62.

VINCENT, Theodore. *Black Power and the Garvey Movement*. San Francisco: Ramparts, 1972.

WALKER, Carmen Victoria. *An Analysis of the National Association of Colored Women's Clubs 1896-1935*. Atlanta: Georgia State University, 2008. Tese (Doutorado).

WALKER, Lee H. *Rediscovering Black Conservatism*. Chicago: The Heartland Institute, 2009.

WALTON JR., Hanes. "Remaking African American Public Opinion: The Role and Function of the African American Conservatives". In: TATE, Gayle T.; RANDOLPH, Lewis A. (Orgs.). *Dimensions of Black Conservatism in United States*. Nova York: Palgrave, 2002, pp. 141-62.

WASHBURN, Patrick. "*The Pittsburgh Courier*'s Double V Campaign in 1942". Trabalho apresentado no 64º Encontro Anual da Associação para Educação em Jornalismo. East Lansing, Michigan, 8-11 ago. 1981.

WASHINGTON, Booker T. *A New Negro for a New Century*. Nova York: Arno Press, 1969.

WASHINGTON, Booker T. *Up from Slavery*. Nova York: Dover, 1995.

______(Org.). *The Negro Problem*. Nova York: James Pott & Company, 1903.

WATSON, Shelly Lynette. *The Pittsburgh Courier: Advocate for Integration of the US Armed Forces (1934-1940)*. Califórnia: San José State University, 2013. Dissertação (Mestrado).

WEISS, Nancy J. *Farewell to the Party of Lincoln: Black Politics in the Age of FDR*. Princeton: Princeton University Press, 1983.

WELLS, Ida B. *Southern Horrors: Linch Law in All Its Phases*. Nova York: Age Print, 1892.

WILLIAMS, Chad. "World War I in the Historical Imagination of W. E. B. Du Bois". *Modern American History*, Boston, v. 1, n. 1, pp. 3-22, 2018.

WILLIAMS, Juan. *Eyes on the Prize: America's Civil Rights Years, 1954-1965*. Nova York: Penguin Books, 2013.

WILSON, William Julius. *The Declining Significance of Race: Blacks and Changing American Institutions*. Chicago: The University of Chicago Press, 1980.

WILSON, Sondra Kathryn (Org.). *In Search of Democracy: The NAACP Writings of James Weldon Johnson, Walter White, and Roy Wilkins (1920--1977)*. Oxford: Oxford University Press, 1999.

WISE, Tim. *Color-Blind: The Rise of Post-Racial Politics and Retreat from Racial Equity*. San Francisco: City Light Books, 2010.

WOOD, Peter W. *1619: A Critical Response to the 1619 Project*. Nova York: Encounter Books, 2020.

YANES, Nicholas A.; DERRAIS, Carter (Org.). *The Iconic Obama (2007--2009): Essays on Media Representations of the Candidate and New President*. Jefferson: McFarland, 2012.

YASEEN, Aysar T. "Donald Trump's Incendiary Rhetoric and Hate Speech in Tulsa, Oklahoma Rally on June 20, 2020 Put the United States on the Verge of Racial and Cultural Division", *World Journal of Social Science*, Ontario, v. 8, n. 1, pp. 81-103, 2021.

ZIEGER, Robert H. *For Jobs and Freedom: Race and Labor in America since 1865*. Lexington: The University Press of Kentucky, 2007.

# *Índice remissivo*

ESTA OBRA FOI COMPOSTA POR MARI TABOADA EM DANTE PRO E IMPRESSA EM OFSETE PELA LIS GRÁFICA SOBRE PAPEL PÓLEN NATURAL DA SUZANO S.A. PARA A EDITORA SCHWARCZ EM OUTUBRO DE 2025

FSC
www.fsc.org
MISTO
Papel | Apoiando o manejo florestal responsável
FSC® C112738

A marca FSC® é a garantia de que a madeira utilizada na fabricação do papel deste livro provém de florestas que foram gerenciadas de maneira ambientalmente correta, socialmente justa e economicamente viável, além de outras fontes de origem controlada.